O sorriso da sociedade

Literatura e Academicismo no Brasil
da virada do século (1890-1920)

Maurício Silva

O sorriso da sociedade

Literatura e Academicismo no Brasil
da virada do século (1890-1920)

Copyright © 2013 Maurício Pedro da Silva

Grafia atualizada segundo o Acordo Ortográfico da Língua Portuguesa de 1990, que entrou em vigor no Brasil em 2009.

PUBLISHERS: Joana Monteleone/ Haroldo Ceravolo Sereza/ Roberto Cosso
EDIÇÃO: Joana Monteleone
EDITOR ASSISTENTE: Vitor Rodrigo Donofrio Arruda
ASSISTENTE EDITORIAL: João Paulo Putini
PROJETO GRÁFICO E DIAGRAMAÇÃO: João Paulo Putini
CAPA: Gabriela Cavallari
REVISÃO: Juliana Pellegrini
IMAGEM DA CAPA: *O ateliê do artista*, de Rodolfo Amoedo

Este livro foi publicado com o apoio da Fapesp

CIP-BRASIL. CATALOGAÇÃO-NA-FONTE
SINDICATO NACIONAL DOS EDITORES DE LIVROS, RJ

S581s

Silva, Maurício Pedro da
O SORRISO DA SOCIEDADE – LITERATURA E ACADEMICISMO NO BRASIL DA VIRADA DO SÉCULO (1890-1920)
Maurício Pedro da Silva
São Paulo: Alameda, 2013.
282p.

   Inclui bibliografia
   ISBN 978-85-7939-181-1

  1. Academia Brasileria de Letras - História. 2. Sociedades literárias - Brasil - História. I. Título.

13-0439.   CDD: 869.906
                                      CDU: 821.134.3(81):061.22

                                               042301

ALAMEDA CASA EDITORIAL
Rua Conselheiro Ramalho, 694 – Bela Vista
CEP 01325-000 – São Paulo – SP
Tel. (11) 3012-2400
www.alamedaeditorial.com.br

A meu pai (*in memoriam*),
cujo sorriso tornou tudo isso possível...

Sumário

PREFÁCIO 9

INTRODUÇÃO 13
Literatura e Academicismo no Brasil
da virada do século (1890-1920)

A INSTITUCIONALIZAÇÃO DO 19
ACADEMICISMO NO BRASIL

Considerações acerca da construção de um cânone 21
literário academicista

A Academia Brasileira de Letras e a institucionalização 35
do academicismo no Brasil

Tradição acadêmica no Brasil e formação do 49
Homo Academicus

A ideologia academicista na literatura brasileira: 65
a *Revista Brazileira* e os discursos acadêmicos

ACADEMICISMO E INSTÂNCIAS LEGITIMADORAS 75

Consagração e decadência do academicismo literário: 77
o caso do jornalismo

Salões literários: memória e sociabilidade mundana 99
na passagem do século

"O Éden feérico dos desejos": cultura francesa 107
no Brasil pré-modernista

O SORRISO DA SOCIEDADE: PRESSUPOSTOS ESTÉTICOS E PRÁXIS ACADEMICISTA ... 127

    Pressupostos estéticos do academicismo literário: a literatura brasileira da passagem do século ... 129

    Literatura academicista e formalismo estético na passagem do século: a prosa parnasiana ... 139

    Literatura academicista e formalismo estético na passagem do século: as poesias neoparnasiana e neossimbolista ... 153

    O sorriso da sociedade: dimensão estética do *modelo acadêmico* na literatura brasileira ... 169

CONCLUSÃO ... 201
"O braço constróe, o espírito eternisa"

BIBLIOGRAFIA ... 213

    Ficção, crônicas, ensaios, correspondência etc. (1890-1920) ... 213

    Estudos sobre a época, história geral e do Brasil ... 224

    Teoria geral e literária ... 268

    Dicionários, manuais bibliográficos e afins ... 280

PREFÁCIO

AOS OLHOS DE HOJE, a Academia Brasileira de Letras pode parecer uma instituição distante, discreta e silenciosa, que vez por outra aparece no noticiário para se pronunciar sobre questões da língua portuguesa, ou então graças à manifestação de um ou outro autor desejoso de ocupar uma de suas 40 cadeiras. Nessas ocasiões, inclusive, não raro a polêmica se instaura, fazendo com que nossos escritores, acadêmicos ou não, venham a público manifestar sua posição sobre coisas outras, para além dos livros. De todo modo, estabelecido o consenso, seja sobre a linguagem, seja sobre o novo "imortal", a vida parece retomar seu curso normal, ainda que até o despontar da próxima querela.

Há cerca de um século, porém, a Academia ditava regras não apenas linguísticas, os literatos eram figuras públicas marcantes e, sobretudo, entre aquela e aqueles havia uma forte relação, fosse por vias diretas, fosse por vias indiretas. Como Maurício Silva mostra neste livro, era um tempo então em que, parafraseando a célebre formulação de Antonio Candido, a Academia, mais que a própria literatura, parecia ser o fenômeno central da vida do espírito entre nós, a partir e em torno do qual toda uma ideologia se exprimia – o *academicismo*. Tal ideologia, em seus esforços por corresponder aos anseios de uma época pretensamente bela, forjava o espelhamento entre criação literária e vida social, num movimento que acabou por alçar a literatura à condição de "sorriso da sociedade", na expressão de um de seus maiores expoentes, o médico, escritor e, claro, acadêmico Afrânio Peixoto.

Entre um momento e outro, sabemos bem o que aconteceu: a *belle époque* tropical perdeu o brilho, suas veleidades cosmopolitas cederam lugar ao nacionalismo, seu mundanismo ao engajamento e o modernismo se impôs como referencial estético-literário a autores, críticos e leitores. Outras formas e outras redes de sociabilidade se constituíram, novos valores, instâncias e instituições legitimadoras apareceram e tanto o mercado editorial quanto o próprio público cresceram e se diversificaram. O sistema intelectual brasileiro, enfim, assumiu uma nova configuração, mais condizente com as profundas transformações sofridas pelo país no sentido da modernização capitalista; a Academia, em contrapartida, com sua inspiração tipicamente oitocentista, tornou-se símbolo de um passado a ser superado, como superados tornaram-se os autores que a ela se ligaram desde a sua fundação até meados da década de 1920.

Diante de tal quadro, rápida e grosseiramente esboçado, caberia a pergunta: por que, então, voltar a um passado "ultrapassado" e aos seus autores esquecidos? A resposta será encontrada nas páginas seguintes, quando o leitor adentrar o trabalho de Maurício Silva. Habilmente arquitetado entre a crítica literária e a análise histórica, fundamentado em registros os mais diversos e escrito com objetividade e clareza, seu livro recupera e reconstitui toda a complexidade de um momento-movimento que durante muito tempo foi visto como mera antessala do modernismo e, justamente por isso, acabou por transformar-se em "um dos mais marginalizados períodos de nossa literatura", como ele mesmo não deixa de notar. Trata-se, portanto, de um livro corajoso, voltado também à contestação de marcos que, embora há tempos sejam alvo de certeiras críticas, poucas vezes foram desafiados com o arsenal teórico, metodológico e documental de que aqui se lança mão.

Mais interessante ainda, Maurício Silva não mascara suas pretensões. Ao tecer, logo no início do livro, algumas considerações acerca da construção de um cânone literário academicista, ele demonstra muito bem como tais marcos nada têm de naturais: são, antes, históricos, elaborados mais ao sabor dos interesses do presente de quem os define que aos valores do passado ao qual pertencem; nesse sentido, ao mesmo tempo em que contesta as omissões de que têm sido vítimas os academicistas, pode também reivindicar a legitimidade de um conjunto de características que os definiria como grupo digno de frequentar as páginas das histórias da literatura brasileira. Não para "substituir" um determinado cânone por outro, nem para estabelecer qual seria o mais "correto", mas sim para defender, citando-o mais uma vez, "a adoção de novos paradigmas historiográficos, capazes de deslocar a velha ordem instituída, arejar o nosso processo de historicização da literatura e equacionar problemas diversos de natureza metodológica".

Para um historiador, é reconfortante encontrar propostas assim em trabalhos oriundos de campos diferentes do seu, pois elas indicam que certa concepção de história, tão tradicional quanto equivocada, começa a ser superada também em outras disciplinas. Dito de maneira mais circunscrita e adequada, se a *história da literatura* é, antes de tudo, *história*, é extremamente salutar perceber que sua produção atual busca aproximar-se de análises bem mais densas e multifacetadas que aquelas permitidas pelo mero enquadramento descritivo-cronológico do elenco de nomes e obras tidos por "mais importantes", "mais marcantes", "mais influentes" em um determinado período. Logo, o contexto revela-se tão crucial quanto o texto, senão mais, à medida que deixa de ser apenas o pano de fundo da produção literária: é na dinâmica das relações não somente intelectuais, mas também sociais, políticas, econômicas, que passa a residir a chave privilegiada da compreensão dessa mesma produção.

No caso deste livro, tal perspectiva se concretiza graças a um duplo viés analítico: por um lado, a reconstrução criteriosa dos fundamentos do academicismo, em permanente diálogo com as demandas postas, com acento francês, pelos ideais da "civilização" e do "progresso" imperantes à época; por outro, o contraste entre o *modus faciendi* academicista e suas contradições e tensões, tanto internas quanto externas. Sem desprender o olhar da Academia Brasileira de Letras e reforçando a todo o tempo sua centralidade no cenário cultural da virada do século XIX para o XX, Maurício Silva investiga os efeitos e reflexos de seu poder de atração (e, às vezes, de repulsa) nas páginas da imprensa, nos bastidores da política, nos salões literários e, evidentemente, na obra literária então produzida. Ao fazê-lo, expõe as realizações, os desejos, as agruras e o lugar do homem de letras num país de analfabetos; por extensão, expõe também a fragilidade de uma literatura que aparentava mostrar-se satisfeita com seu mundo e consigo mesma. Ou seja, o "sorriso da sociedade" não era tão verdadeiro e belo como se queria fazer crer.

Sem querer protelar ainda mais o prazer da leitura e das descobertas que ela trará, importa, por fim, chamar a atenção para um singelo episódio que não faz parte das histórias da literatura brasileira, nem está presente neste trabalho, mas corrobora toda a análise aqui apresentada por Maurício Silva. Em 1930, a nossa seleção de futebol preparava-se para entrar em campo para disputar seu primeiro jogo na primeira Copa do Mundo promovida pela FIFA, em Montevidéu, quando recebeu um telegrama do escritor Coelho Netto, enviado pelo cabo submarino desde o Rio de Janeiro. Antigo entusiasta dos esportes (os leitores deste livro logo saberão seus motivos), o célebre e orgulhoso pai do jogador João Coelho Netto, mais conhecido como Preguinho, dizia o seguinte em sua mensagem:

> Jovens do Brasil! Lembrai-vos do coro da multidão á hora em que partistes. Já íeis longe, no mar, e ainda o vento levava á nave que vos conduzia. Que elles ressoem em vossos corações ardentes quando sairdes a campo para defender, não as cores de um pavilhão social, mas a bandeira que elevastes, como insignia da patria. O Brasil confia em vosso brio, certo de que tudo fareis para que no prelio em que vos ides empenhar, o vosso nome seja proclamado pelos arautos da victoria.

Uma vez academicista, sempre academicista, poderíamos dizer. Depois de lermos este livro, contudo, saberemos que, entre a literatura e o futebol, como entre tantas outras práticas, havia coisas que somente o espírito de uma época poderia compreender. E, graças a Maurício Silva, podemos aqui reencontrá-las.

Fábio Franzini
Professor do Departamento de História da Escola de Filosofia, Letras e Ciências Humanas
– Universidade Federal de São Paulo (EFLCH-Unifesp)

INTRODUÇÃO
Literatura e academicismo no Brasil da virada do século (1890-1920)

EMBORA A ACADEMIA BRASILEIRA DE LETRAS tenha sido, indubitavelmente, a principal instituição legitimadora da produção literária brasileira na passagem do século XIX para o XX, pode-se dizer que, no rigor dos fatos, nem todos os *academicistas* eram *acadêmicos*. Pois não se tratava apenas de uma questão de institucionalização formal, mas também – e, talvez, principalmente – de uma institucionalização informal: se a Academia Brasileira de Letras representa a concreção oficial do academicismo literário, era esse mesmo academicismo que ditava as regras na constituição da complexa engrenagem cultural brasileira. O que pressupõe desde o bom relacionamento com editores e com meios divulgadores das obras literárias (como o jornalismo) até a adesão a determinados padrões de sociabilidade, como a participação em conferências e salões literários mundanos.

De qualquer maneira, o academicismo impõe-se definitivamente no cenário literário nacional da passagem do século, e a Academia Brasileira de Letras passa a "legislar" sobre assuntos diversos (da publicação de obra esgotada à premiação de novos autores, da reforma ortográfica à oficialização do vernáculo), prescrevendo uma estética e um gosto literários que tinham como uma de suas marcas mais relevantes a anuência a uma norma linguística pautada pelo purismo idiomático e pelo esteticismo.

Assim, ainda que parte da estética academicista tenha evoluído independentemente da constituição formal da Academia, não se pode falar em academicismo literário sem tratar da principal instituição ligada a esse princípio estético. Como sugere Maingueneau ao estudar a tragédia clássica francesa, a *instituição*, em conjunto com outros fatores socioculturais, define, de certo modo, a formação de uma determinada tendência literária:

> não se tem, por um lado, um texto e, por outro, o lugar e o momento de sua enunciação, mas o "modo de emprego" é uma dimensão completa do discurso [...] A tragédia clássica francesa é inseparável da instalação de teatros e da constituição de um público dotado de uma certa cultura e levando um certo tipo de vida (MAINGUENEAU, 1995, p. 66).

Semelhante constatação nos remete diretamente à consideração de uma ideologia academicista que se insinua em todos os meandros da realização literária do período. Pode-se dizer sem nenhum receio que não existe campo institucional neutro: a Academia possuía uma ideologia que professava por meio de uma ética e uma estética academicistas, dominando o código literário da época e impondo, sub-repticiamente, um *modus faciendi* estético-literário específico, uma práxis literária determinada. Em outras palavras, ao institucionalizar-se, a Academia Brasileira de Letras acabava institucionalizando certa estética literária por meio do estabelecimento de convenções artísticas previamente elaboradas. Nesse sentido, cabe completar, o poder de influência do academicismo ultrapassava o limiar da Academia, chegando a estender seus tentáculos sobre a constituição de um mercado editorial condizente com as necessidades e anseios dos próprios acadêmicos:

> a instituição literária, na complexidade de seus meandros, coloca novas questões para a história da leitura. É o lugar das convenções e protocolos literários, sendo sua dimensão a da regulamentação do negócio literário, isto é, do modo de produção da mercadoria livro, em nome de cujo consumo é preciso que narradores e leitores estabeleçam uma certa parceria, constantemente rompida e refeita, e que favorecendo, de um lado, a legibilidade das obras, assegura, de outro, a vendabilidade delas (LAJOLO & ZILBERMAN, 1996, p. 57).

Aliás, como a citação acima sugere, o poder de influência desse academicismo tem implicações na própria historiografia literária brasileira: se pode-se dizer, no rastro das mais recentes teorias elaboradas pela historiografia contemporânea (DOSSE, 1992; VEYNE, 1978; HUNT, 1995), que não é possível compreender o discurso literário fora das instituições que o produzem, isto será tanto mais adequado no caso da literatura produzida na passagem do século. Assim, *mutatis mutandis*, só se pode compreender a literatura pré-modernista ao levarmos em consideração o papel desempenhado pela Academia no contexto cultural da época, mesmo que – numa perspectiva mais redutora – se considere a designação "pré-modernista" como contraponto da literatura academicista e antessala da literatura modernista, pois se pode afirmar seguramente que nossa literatura se "moderniza", entre outros motivos, no afã de se afirmar como o anverso de uma história literária fortemente marcada pelo movimento acadêmico.

Como já se demonstrou em mais de um estudo sobre o assunto, a Academia Brasileira de Letras representou, na passagem do século, até pelo menos o começo da década de 1920, a principal base institucional para a consolidação e desenvolvimento da estética academicista. Com a sua decadência, a partir dessa época, o Estado – e não mais por meio da mediação da Academia, como vinha sendo feito até então – passa a ser o elemento institucionalizador, tutelador, divulgador e consagrador da produção literária (MICELI, 1979). Mas de tudo o que acabamos de falar, a ideia que permanece é a da consciência das múltiplas vantagens que a Academia Brasileira de Letras oferece ao seu corpo social:

> a idéia de uma Academia não foi [...] uma atitude isolada de um grupo de literatos. Antes de tudo os projetos de criação de tal agremiação corresponderam às expectativas do contexto social, político e cultural da década de 1880 e 1890. Pertencentes a uma corporação institucionalizada socialmente, os literatos teriam a chance de adquirir tudo o que há muito haviam desejado: o reconhecimento de uma profissão emergente, maior repercussão do discurso literário, melhores remunerações, prestígio social, facilidade na publicação de suas obras (EL FAR, 1997, p. 93).

Esse foi o resultado prático da institucionalização do academicismo no Brasil da passagem do século, embora, na teoria, a intenção que norteou a fundação da Academia fosse outra: a manutenção de uma "unidade literária", pautada nos conceitos de "estabilidade" e de "tradição", nas palavras do presidente Machado de Assis, em seu discurso de abertura na sessão inaugural da Academia; uma unidade, aliás, que não dispensava a contribuição de uma sociabilidade literária definida como corporativismo explícito, na sua expressa adesão ao "espírito de tolerância" e à "admiração comum", nas palavras do secretário-geral Joaquim Nabuco, durante a mesma sessão, que completaria seu raciocínio nos seguintes termos: "a uma Academia importa mais elevar o culto das letras, o valor do esforço, do que realçar o talento e a obra do escritor" (ASSIS, 1897, p. 138).[1]

Esse descompasso entre teoria e prática já era de se esperar, em se tratando de um amplo complexo de elementos constitutivos do universo intelectual brasileiro do período, um universo em que entram em conflito os mais variados interesses. Ademais, deve-se levar em consideração o esforço realizado pelos escritores para que a esfera literária propriamente dita se afirme de forma independente em um universo intelectual mais global, emancipando-se dele. Nesse sentido, o papel desempenhado pela Academia – com todo o seu conjunto de normas institucionais, com a definição de diretrizes estéticas determinadas, com a propagação de uma ideologia condizente com a posição social de seus agregados – revela-se fundamental nesse processo. É, pelo menos, o que sugere Alain Viala, ao afirmar que

> a gênese do campo literário deve [...] ser considerada em relação com a emancipação do campo intelectual, do qual ele é um subconjunto. É no processo dessa emancipação e em relação, ou até mesmo em concorrência ou em conflito, com os outros domínios da atividade intelectual ou artística que são forjados os traços distintivos e as instituições do campo literário [...] As grandes linhas desse processo se exprimem de maneira particularmente clara na implementação de novas instituições: as academias. Não que a formação de um mundo acadêmico constitui o todo desse fenômeno; mas é que as propriedades específicas do campo literário e seus demais elementos constitutivos (mecenato, direitos autorais, relações com o público) se iluminam a partir do dispositivo de forças em ação no espaço das academias (VIALA, 1985, p. 14, tradução minha).

---

1 Por meio dessas palavras de Joaquim Nabuco, pode-se perceber o quanto, durante a passagem do século, a valorização da *vida literária* em detrimento da *literatura* – a que já se referiu com propriedade Brito Broca (BROCA, 1960) – era programática.

É justamente nesse complexo institucional que a Academia Brasileira de Letras tornou plausível o surgimento de uma estética prevalente, a que denominamos *literatura academicista*. Mas em nenhuma hipótese esse processo poderia ser levado adiante se não estivesse devidamente assentado em bases institucionais, capazes de lhe dar o necessário respaldo para seu bom êxito, ou seja, sem que houvesse nesse processo de consagração estética, de constituição ética e de consolidação institucional algumas indispensáveis instâncias legitimadoras.

A INSTITUCIONALIZAÇÃO
DO ACADEMICISMO NO BRASIL

"Que é um dia? Lampejo ephemero do sol.
O sol, esse sim, é eterno, é o principio,
a propria Luz. Assim a Academia."
Coelho Neto

"a Academia é a única amostra organizada
de nossa vida intelectual."
João Ribeiro

"A Literatura tem necessidade
de institucionalização."
Dominique Maingueneau

Considerações acerca da construção de um cânone literário academicista

O PROBLEMA DA CONSTITUIÇÃO de um determinado cânone literário passa, obrigatoriamente, pela necessidade de se expandir os princípios e critérios de interpretação estética. Para que se possa estabelecer, por exemplo, um determinado cânone literário, torna-se mister considerar, além das particularidades inerentes à própria obra, aspectos que lhe são aparentemente alheios, como os relacionados à produção e à recepção literárias. Em outras palavras, o estabelecimento de um quadro historiográfico que contemple satisfatoriamente obras e autores de uma determinada cultura literária carece de uma consideração particular de cada obra analisada, mas também de uma contextualização adequada dessas mesmas obras, a fim de que se possam estabelecer parâmetros reais para a compreensão dos recursos estéticos de que o autor se utilizou em seu processo de criação artística. Desse ponto de vista, poder-se-ia afirmar de antemão que fatores como a nacionalidade do autor, a região onde a obra foi engendrada, a abordagem cronológica ou a língua em que a obra foi redigida pouco auxiliam no trabalho de instituição de uma historiografia literária condizente com a complexidade da produção artística. É necessário, antes de tudo, que se verifique uma conjunção de fatores que efetivamente contribuam para a realização plena de uma determinada obra, fatores que vão das condições sócio-históricas em que se criou a obra às relações institucionais que seu autor estabelecia durante sua vida produtiva ou aqueles concernentes aos meios de divulgação e ao seu acolhimento pelo público (REIS, 1992).

A constituição de qualquer manifestação artística não depende, exclusivamente, do meio pelo qual ela se exprime, por isso a interpretação e a coerência artística pressupõem – ao menos no âmbito da historiografia literária – a consideração dos elementos contextuais, responsáveis pela inserção efetiva das obras de arte no circuito literário de uma determinada cultura. Como já se afirmou uma vez,

> num país de tradição escrita tão recente e precária como o Brasil, e consequentemente com uma história de leitura, enquanto prática social, tão incipiente, não deixa de ser curioso que as histórias literárias só muito raramente, e sempre em surdina, se ocupem das condições de produção e circulação dos livros. Esta mal-amada faceta da literatura também faz parte dela, tanto quanto as entrelinhas que a crítica investiga e interpreta e cujo valor se assinala ao longo de um eixo que não só sacramenta certos textos como maiores ou menores, mas também lhes outorga ou denega estatuto de literariedade (LAJOLO & ZILBERMAN, 1996, p. 117).

Há, contudo, uma distância muito grande entre as diversas perspectivas empregadas no trabalho de instituição canônica no âmbito da literatura. As obras submetidas à abordagem historiográfica nem sempre correspondem à expectativa do crítico literário, levando-o a lançar mão de atitudes seletivas cômodas e conservadoras. Carecendo de um fundamento mais consistente, tais atitudes acabam por adotar uma abordagem crítica parcial das obras literárias, desconsiderando seus principais elementos constitutivos: utilizar-se de um cabedal analítico simplificado para se estabelecer um determinado cânone literário é, no mínimo, uma atitude contraproducente, na medida exata em que prejudica uma futura análise e compreensão das obras que compõem o conjunto proposto. Essa atitude simplista revela uma compreensão reducionista da própria atividade literária, fato que passa a comprometer de maneira cabal um trabalho mais elaborado e rigoroso de historiografia, pelos vícios que cria e pelos preconceitos que gera.

Não obstante, há muitas perspectivas críticas relacionadas à literatura que se revelam exequíveis, expressando diversas particularidades que uma obra apresenta e abrangendo de modo bastante satisfatório a complexidade estrutural que lhe é peculiar. Tais perspectivas revelam-se, assim, uma atividade percuciente de análise e interpretação dos fatores extra e intraliterários que toda obra necessariamente contém.

Urge atentar, portanto, com maior acuidade para os problemas que o estabelecimento de um cânone, com vista à instituição de uma história literária, apresenta, já que, em última instância, a questão do estabelecimento de um cânone literário pressupõe, necessariamente, a abordagem de vários problemas estabelecidos pela própria historiografia. Desse modo, promover o resgate de autores e obras que têm sido sistematicamente alijados de nossas histórias de literatura significa também promover uma reavaliação dos modos tradicionais de se *escrever* essa história. E a adoção de uma atitude crítica que encontra seus principais fundamentos na consideração conscienciosa dos aspectos *sociais* da produção literária parece ser o melhor caminho para se reavaliar o papel da historiografia literária nos dias atuais. Daí o fato de não podermos nos apoiar meramente em determinados *episódios* literários independentes e com uma tênue relação com outras práticas, sem levar em consideração fatores imprescindíveis para a consolidação de uma *tradição* literária e de uma fruição estética, sob pena de – como já se sugeriu uma vez – estarmos construindo uma pseudo-história:

> a história da literatura é um processo de recepção e produção estética que se realiza na atualização dos textos literários por parte do leitor que os recebe, do escritor, que se faz novamente produtor, e do crítico, que sobre eles reflete. A soma [...] de "fatos" literários conforme os registram as histórias da literatura convencionais é um mero resíduo desse processo, nada mais que passado coletado e classificado, por isso mesmo não constituindo história alguma, mas pseudo-história (JAUSS, 1994, p. 25).

Academicismo e cânone literário

A passagem do século XIX para o século XX, no Brasil como nos demais países do Ocidente, traz como uma de suas características mais marcantes um indefectível apreço pelo *novo*. Com efeito, o século passado parece ter sido inaugurado sob os auspícios da inovação em praticamente todos os âmbitos da atividade humana, fenômeno de que a realidade brasileira pode ser um índice exemplar: no que tange à política, a República substituía, ao menos formalmente, as instituições monárquicas até então vigentes; no que diz respeito à sociedade, uma nova maneira de se relacionar com o mundo era regida por outra realidade tecnológica e urbana que se impunha; e no âmbito artístico, os desgastados cânones românticos e naturalistas eram substituídos pelas novidades estéticas advindas da Europa, fazendo vigorar preceitos que mesclavam positivamente ciência e arte e, mais tarde, arte e espírito.

Diante de tão extensas modificações, o cenário era apreciado como resultante de um verdadeiro *bouleversement* social, onde tudo deveria passar necessariamente pelo crivo das transformações, as quais ocorriam em graus diversos, mas sempre dando uma aparente roupagem nova a tudo o que pudesse ser considerado relativamente ultrapassado, arcaico e obsoleto.

Nesse sentido, tanto a última década do século XIX quanto as duas primeiras do século XX podem ser consideradas modelares, sendo esses anos marcos históricos de um período singular, sintomaticamente denominado *Belle Époque*, em que ascensões políticas conturbadas, transformações sociais infrenes e revoluções culturais silenciosas (MOLLIER, 1997) assinalaram indelevelmente o período. Entre esses dois limites cronológicos, portanto, assistiu-se a um abrangente plano de modernização social, voltado expressamente para a tentativa de forjar novos padrões de sociabilidade (CARVALHO, 1989; OLIVEIRA, 1990; COSTA, 1985; JANOTTI, 1986).

A partir desse primeiro esboço histórico, outros acontecimentos podem ser destacados, agora de extração mais propriamente estético-cultural, já que começa a se impor no cenário artístico brasileiro uma singular cultura pré-moderna, num sentido amplo, moldada a partir de transformações modernizadoras diversas. De fato, o estudo do universo literário brasileiro, que conheceu um relativo impulso durante os anos que marcaram a passagem do século, mostra-se fecundo para a compreensão de um dos mais marginalizados períodos de nossa literatura, revelando-nos uma riqueza estética quase sem precedentes na história cultural brasileira. Por isso, nada parece mais irracional aos olhos de um observador acostumado a uma rígida articulação lógica, embora artificial, de movimentos estéticos absolutos, do que o emaranhado de tendências surgido no Brasil ainda na virada do século, já que conviviam, nem sempre pacificamente, tanto movimentos literários díspares – como o Simbolismo, o Parnasianismo ou o Naturalismo – quanto tendências estéticas variadas – como o regionalismo, a ficção urbana ou ornamental (BOSI, 1969; MIGUEL-PEREIRA, 1950; BROCA, 1960; MACHADO NETO, 1973; NEEDELL, 1993; BRITO, 1974).

Porém, em meio a esse panorama literário, podem-se depreender algumas constantes, cujos fundamentos são, ao mesmo tempo, sociológicos e estéticos; e entre elas, assoma com particular vigência o que podemos chamar de *academicismo*. Assim, o ecletismo verificado durante nossa *Belle* Époque literária só alcança uma relativa homogeneidade sob os pressupostos de uma estética marcadamente acadêmica, ainda que se trate de uma homogeneidade relativa, já que no próprio interior dessa tendência verifica-se certa heterogeneidade estética. Afora os remanescentes de um Naturalismo já em vias de desaparecimento ou os adeptos marginalizados de um Pré-Modernismo de cunho deliberadamente social, resta uma série de tendências literárias multifacetadas, sugerindo, para quem se debruça sobre o período, um verdadeiro caleidoscópio literário, que, no entanto, obedece ao rigor de uma estética de cunho marcadamente acadêmico: sob os auspícios da Academia Brasileira de Letras, vários autores e obras agrupam-se sob o mesmo rótulo de *academicistas*, procurando seguir uma mesma e única cartilha estética.

No que concerne à natureza sociológica dos fundamentos da literatura academicista, é possível observar, ainda, certa identidade entre os vários autores que produziram no período, como sua participação nos principais meios de comunicação da época (em geral, articulados com autoridades políticas diversas) ou a simples ocupação de cargos públicos durante os primeiros governos republicanos. Mas é ainda no âmbito literário que as articulações de grupo se revelam mais claras e categóricas, já que, evidentemente, uma nova realidade sociopolítica pressupõe modificações sintomáticas nas atividades culturais de uma nação, e a literatura emerge como um dos principais índices dessas modificações. No Brasil da passagem do século, portanto, a atividade cultural manifesta-se – enquanto expressão e vida literárias – como um incomparável universo de observação das modificações sofridas pelo país. Aliando-se à mentalidade progressista e liberal que se desenvolvia por aqui, ela irá denunciar uma nova dimensão da produção literária: aquela que via no processo modernizador um caminho seguro rumo à "civilização". E a consequência mais imediata desse fenômeno – sobretudo por se tratar de uma modernização conservadora e excludente – é a emergência de uma estética literária que tinha no movimento academicista da época seu ponto de partida e na consideração da literatura como *o sorriso da sociedade* seu mais contundente pressuposto ideológico.

Já se disse mais de uma vez que, durante as décadas que mediaram o fim do Naturalismo e o advento da Semana de Arte Moderna, uma das principais características culturais foi a prevalência da *vida literária* sobre a *literatura*, isto é, de índices extraliterários tenazes, em detrimento da expressão literária propriamente dita (BROCA, 1960). Com efeito, não foram poucos, nem efêmeros, os fatores mundanos, por assim dizer, que contribuíram efetivamente para a formação de uma eficaz *ambientação literária*, muito mais consistente do que a própria *expressão literária*, ambas, contudo, responsáveis pelo estabelecimento de um cânone literário absolutamente de acordo com os princípios estéticos formal ou informalmente configurados pela Academia Brasileira de Letras.

Dentro e fora da Academia, o mundanismo vigorava inconteste como uma das marcas mais expressivas da produção cultural na época. Era comandado por personalidades populares nas páginas efêmeras de periódicos da moda, como Figueiredo Pimentel ou Elísio de Carvalho, mas, via de regra, lograva ultrapassar os limites desse jornalismo afetado para introduzir-se nos romances acadêmicos. Desse modo, tornou-se tema de narrativas consagradas pela crítica do período, como o comprovam os romances de João do Rio, Afrânio Peixoto ou Júlia Lopes de Almeida. E se, por um lado, a literatura acadêmica adotava o mundanismo literário como um dos principais recursos artísticos – manifestação estética de uma realidade social intimamente relacionada às elites cariocas do começo do século, com suas modas arrojadas, seus costumes urbanizados, seu estilo pedantemente "moderno" –, não deixava de valorizar, por outro lado, o que poderíamos chamar de cosmopolitismo literário. Ao contrário do mundanismo – que centra seu foco de interesse numa realidade interna, embora de roupagem europeia –, o cosmopolitismo volta-se deliberadamente para o exterior, privilegiando temas, personagens, cenários e ideologias estrangeiras. É o que comprova a profusão de romances e autores wildeanos, d'annunzianos, nietzscheanos, anatolianos, ecianos e outros, de que foi palco nossa *Belle* Époque tropical. Afora isso, não nos causa espécie o fato de termos como uma das principais características estéticas da literatura acadêmica a utilização de alguns recursos insólitos, como o chamado orientalismo ou o helenismo – de que é exemplo acabado a produção literária de Coelho Neto –, entendendo esses conceitos num sentido estrito, ou seja, como o emprego de um estilo empolado, a par de temáticas voltadas para uma realidade artificialmente oriental.

Numa perspectiva que busca unir expressão cultural e sociedade, é curioso perceber que, particularmente durante as primeiras décadas do século XX, a literatura buscou uma aproximação mais efetiva com o que poderíamos chamar vagamente de progresso. Não cabe, neste trabalho, levantar um debate sobre os fundamentos histórico-sociológicos dessa noção, que tem raízes numa concepção muito mais larga e discutível, como a de *modernidade* (IANNI, 1992; FAORO, 1992). Basta lembrar, aqui, que a literatura academicista no Brasil sofreu o impacto da modernização por que passou o país a partir das últimas décadas do século XIX, o que é fato mais ou menos consensual entre os estudiosos do período. A começar pelo relacionamento nem sempre pacífico entre as novas técnicas de difusão da comunicação e a literatura, como já demonstrou a crítica especializada; ou, nesse mesmo sentido, lembrando o impacto das transformações urbanas sobre a expressão artística num Rio de Janeiro que trazia como marca principal a remodelação completa da cidade (SÜSSEKIND, 1986; SÜSSEKIND, 1987; GOMES, 1994). Evidentemente, tais acontecimentos acabavam acarretando outras consequências para o universo cultural da época, como a concentração urbana da produção literária ou sua massificação por meio de revistas mundanas e de grandes tiragens editoriais.

Tão interessante, contudo, quanto pensar nos pressupostos sociais e históricos da literatura academicista, é analisar seus fundamentos propriamente estéticos, a fim de melhor compreender sua importância e sua capacidade de intervenção na sociedade. Nesse sentido, um dos principais recursos empregados pela estética acadêmica foi o que poderíamos chamar de estilização, recurso, aliás, que acabou servindo de fundamento à própria consolidação da literatura academicista no Brasil. Não sem razão, semelhante expediente literário foi empregado por alguns dos principais autores da época, seja sob a forma de expressão *art nouveau* (em João do Rio), seja sob a forma de ornamentação (em Xavier Marques). Outros recursos bastante empregados foram o diletantismo artístico, espécie de atitude descompromissada frente à atividade literária, como ocorre em Afrânio Peixoto; o retoricismo, exagero formal utilizado obstinadamente por Coelho Neto; a padronização do enredo, adotada por romancistas menores e denunciada por Lima Barreto no calor da hora. Tudo isso resumido nestas palavras sugestivas de Lúcia Miguel-Pereira, a respeito dos principais representantes dessa tendência estética:

> não descem de ordinário às regiões onde moram as dúvidas, nem tampouco se alçam a debater os problemas eternos; a inquietação que de longe em longe deixam transparecer tem sempre um ressaibo artificial. As grandes questões do destino humano interessam-nos menos do que o quotidiano, os dramas menos do que a comédia, esta menos do que a fantasia (MIGUEL-PEREIRA, 1950, p. 251).

A vigência de uma literatura acadêmica durante a *Belle* Époque carioca é um fato pouco explorado pela crítica especializada e/ou pela historiografia literária. Contudo, não são poucas as alusões esparsas à ocorrência desse fenômeno ou de seus elementos condicionantes, isto é, elementos que apontam – ainda que de modo não explícito – para a existência de fatores responsáveis pela consolidação do fenômeno acadêmico. As manifestações estéticas vigentes nesse período remetem-nos invariavelmente à prevalência de um *modus faciendi* consagrado por instituições que conformavam certa oficialidade literária e acabavam ditando padrões de gosto e fruição estéticos, como a crítica institucionalizada ou organizações e agrupamentos literários oficiais. No rastro dessas observações, não parece exagero afirmar que nenhuma noção se revela tão cara a esse contexto do que a de *academicismo*, vocábulo que, melhor do que qualquer outro, caracteriza a produção ficcional da época, sob o ponto de vista do procedimento estético, como já sugeriu, com sua proverbial perspicácia, Antonio Candido:

> uma literatura satisfeita, sem angústia formal, sem rebelião nem abismos. Sua única mágoa é não parecer de todo europeia, seu esforço mais tenaz é conseguir pela cópia o equilíbrio e a harmonia, ou seja, o *academicismo* [...] Uma literatura para a qual o mundo exterior existia no sentido mais banal da palavra, e que por isso mesmo se

instalou num certo *oficialismo* graças, em parte, à ação estabilizadora da *Academia Brasileira* (CANDIDO, 1985, p. 113, grifos nossos).

Conforme salientamos acima, a passagem do século traz como uma de suas marcas principais e uma das mais instigantes, do ponto de vista literário, o domínio do eclético, mas um ecletismo particularmente circunscrito: de um lado, temos os estertores da escola Realista-Naturalista que dava, impassível, seu último alento, simbolizado pela passagem de Aluísio Azevedo para a diplomacia e o consequente abandono da literatura; de outro lado, temos o movimento iconoclasta dos modernistas de 1922, a denegrir tudo o que pudesse ser, ainda que de forma tênue, associado ao passadismo e à Academia Brasileira de Letras. De permeio, um emaranhado de tendências estéticas que ora voltam os olhos para o passado, resgatando a tradição parnasiana e, porventura, romântica, ora apontam para tendências futuras, fazendo emergir inovações de que os modernistas serão, muitas vezes, ingratos tributários: uma espécie de "hiato" estético, que parte da nossa historiografia insiste em classificar de intervalar (SODRÉ, 1965; MOISÉS, 1984).

Ocorre que, sob o manto translúcido de um suposto ecletismo, pode-se depreender uma relativa homogeneidade, forjada pelos pressupostos do que aqui denominamos academicismo literário: com a fundação da Academia Brasileira de Letras em 1897, um grupo singular de autores toma de assalto o campo literário brasileiro do entresséculos, expandindo-o consideravelmente e institucionalizando não apenas uma estética, mas também uma ética academicista. A partir de então, uma nova maneira de *ser* escritor e de *fazer* literatura impõe-se no cenário cultural brasileiro, tornando-se de imediato prevalente, já que tanto a ideologia quanto a fatura literária academicistas passam a ocupar todas as lacunas estéticas – e socioculturais! – deixadas pelas escolas em declínio (como a realista-naturalista e a parnasiana), marginalizadas (como a pré-modernista e a socialista) ou minoritárias (como a decadentista e a simbolista).

Ética e estética se aliam, portanto, no intuito de criar um sentido de unidade capaz de agrupar autores e obras que começavam a ganhar espaço na cultura nacional. Próceres da Academia Brasileira de Letras ou entusiastas de seus pressupostos estético-institucionais, trata-se de autores representativos de um ideário ético e estético oficializado, os quais tinham em comum exatamente o pendor à expressão acadêmica, promovido por uma instituição que passou a ser vista como símbolo de uma literatura a que já se convencionou denominar, como salientamos antes, *o sorriso da sociedade*. São, no âmbito da prosa, os cultores da narrativa de dicção parnasiana (como Coelho Neto e Humberto de Campos); do mundanismo literário (como João do Rio e Benjamim Costallat); do regionalismo estilizado (como Xavier Marques e Alcides Maya); da crônica de costumes urbanos (como Afrânio Peixoto e Júlia Lopes de Almeida); ou, nos limites da poesia, os devotos do neoparnasianismo (como Goulart de Andrade e Antonio Salles), do neossimbolismo (como Félix Pacheco e Guilherme de Almeida) ou da mescla destas duas tendências (como Amadeu Amaral e Raul de Leoni).

A literatura, nesse contexto, é discurso permissivo: expõe-se sem pudor, como pêndulo que oscila entre o retrato e a desfiguração. Num sentido, reflete novas concepções de mundo empírico ou imaginário, reescreve a realidade à sua maneira, interfere na construção de uma condição "moderna". Noutro sentido, sofre consequências: é reescrita. Sintoma de uma convivência nem sempre pacífica com o que se poderiam denominar transformações modernizadoras, mas com um feitio interno particularmente conservador: o campo em conflito com a cidade, o belo com o justo, o ético com o estético... Tudo retratado por obras e autores que compõem, num conjunto mais ou menos homogêneo e sob a égide da oficialidade literária, um autêntico *cânone acadêmico*.

Pré-modernismo literário brasileiro: uma omissão

Há muitos critérios para se escrever uma história da literatura, e, em maior ou menor grau, os críticos têm-se utilizado de parte deles, aumentando, dia a dia, o cabedal de reflexão crítica sobre a expressão literária no país. Das primeiras pesquisas realizadas pelos estrangeiros Bouterwek, Sismondi e Denis, ou das primeiras coletâneas organizadas pelos nacionais Januário da Cunha Barbosa (1831), Pereira da Silva (1842) e Varnhagen (1858), até os mais recentes estudos de literatura brasileira, muitos deles de natureza visivelmente enciclopédica, adotaram-se desde os critérios biográfico e temático até os critérios estético ou simplesmente cronológico. E há ainda muitos outros que poderiam ser utilizados, aleatoriamente ou não (LIMA, 1968).

Contudo, qualquer que seja o critério adotado, há algumas evidências de que a subtração de certos autores, verificada em nossos principais estudos de historiografia literária, ultrapassa o âmbito do *esquecimento* justificável e esbarra na simples e inequívoca *omissão*. Evidentemente, não se trata aqui de culpar, indistintamente, os historiadores de literatura, posto que a própria escolha de um determinado critério supõe, de antemão, a proposição de limites e, consequentemente, a exclusão de autores e obras. Além disso, os estudos destinados à abordagem da tradição literária já nos ensinaram que não é o *passado literário* um componente autossuficiente e que exista por si mesmo, mas antes depende da interpretação presente que dele se faça: ao contrário do que se poderia pensar, portanto, é a atualidade quem cria os seus próprios precursores (NITRINI, 1997; CARVALHAL, 1986; PERRONE-MOISÉS, 1990).

Nesse sentido, poder-se-ia argumentar, um escritor esquecido hoje pode perfeitamente ser resgatado amanhã, motivo pelo qual não nos precisaríamos preocupar com o problema do esquecimento e/ou omissão de alguns autores e obras na história literária brasileira.

Embora esses argumentos sejam verossímeis e apesar de concorrerem, em conjunto, para justificar a maior parte das omissões/esquecimentos percebidos nos estudos de história literária que se têm feito até hoje, há que se ter consciência da responsabilidade que o trabalho do historiador da literatura requer. É preciso, antes de tudo e com urgência, "resgatar" nomes e obras de autores que têm sido sistemática e, às vezes, propositadamente relegados ao completo esquecimento pela maioria dos nossos críticos e estudiosos, um "esquecimento", como sugerimos, que diante da insistência com que se manifesta, chega a se assemelhar mais a uma deliberada omissão: trata-se, em outros termos, da necessidade de se redimir, num determinado período de nossa história literária, a lembrança de inúmeros autores – e suas respectivas obras – que têm sido total ou parcialmente relegados ao ostracismo pela historiografia oficial, a fim de que nossa memória cultural seja, de certo modo e até onde for possível, preservada e poupada da ação do tempo. Não se trata, por outro lado, de uma atitude "salvacionista", mas antes da consciência de que, cedo ou tarde, autores agora completamente desprezados pelos estudiosos possam vir a ser descobertos por uma historiografia que, com certeza, não obedecerá aos mesmos padrões críticos atualmente em vigor, como são exemplos as historiografias escritas, presentemente, a partir de critérios que levam em conta as práticas de leitura ou fenômenos contextuais, relacionados à produção/difusão do texto literário. Assim aconteceu e tem acontecido com diversos escritores no mundo inteiro, os quais, embora tenham sido um dia "esquecidos" por uma parcela considerável das histórias de literatura, tiveram a oportunidade de ser recuperados por estudiosos cujos valores e critérios certamente difeririam daqueles que vigoravam na época em que foram sumariamente alijados da cultura social e historicamente valorizada.

Adotando critérios diversos dos que até então vigoraram, o lugar ocupado pelos autores e obras academicistas pode sofrer, nesse sentido, alterações consideráveis: basta nos lembrarmos de que a passagem do século XIX para o XX foi uma época de particular expansão dos suportes materiais e de práticas que deram sustentação efetiva ao aparecimento e divulgação das obras produzidas no período: alargamento do processo de alfabetização, desenvolvimento da indústria de produção gráfica, aprimoramento do comércio do livro, proliferação das bibliotecas públicas, profissionalização do escritor por meio da imprensa, crescimento da publicidade editorial e uma série de outros fatores que implicariam uma mais ampla difusão da literatura academicista. Certamente, diante de tal realidade, alguns autores tão pouco lembrados hoje por nossas histórias da literatura – como Afrânio Peixoto, Coelho Neto, Benjamim Costallat, Théo Filho, Humberto de Campos, Júlia Lopes de Almeida, João do Rio, Arthur Azevedo e outros –, desempenharam um papel importante para o desenvolvimento da "tradição" literária nacional, merecendo maior destaque numa *outra* história da literatura brasileira, que deveria se apoiar em novos paradigmas judicatórios.

Evidentemente, não defendemos aqui o processo excludente que regeu, na passagem do século, o estabelecimento do cânone literário pelos academicistas – aliás, o mesmo espírito que, mais tarde, daria sustentação ideológica ao iconoclastismo dos modernistas –, mas o fato é que o relativo ostracismo de que esses autores foram e têm sido vítimas parece ser, no final das contas, o diferencial que faz de nossas histórias de literatura uma larga fonte de preconceitos velados contra tendências estéticas marginalizadas por críticos e historiadores, como é o caso – para citar apenas um exemplo – da prosa libertária da passagem do século, sobre a qual já se declarou que

> há toda uma literatura não oficial no Brasil que precisa ser redescoberta e analisada. O valor interpretativo desta natureza é imenso, pois, além dos problemas literários e estilísticos que podem suscitar, resta investigar porque, de antemão, foram sistematicamente excluídas do *corpus* literário preparado pelas histórias da literatura e pelas antologias, que oficializaram determinado saber em nossa pátria (LUCAS, 1987, p. 122).

Com igual propriedade, Gentil de Faria afirmou sobre a mesma questão e sobre o mesmo período:

> a crítica brasileira tem sido impiedosa e às vezes injusta quando julga o período [pré-modernista]. Em geral, a "belle époque" é vista como uma época de esterilidade, de puro servilismo cultural. É muito comum as histórias da literatura saltarem esse período. Após o estudo de Machado de Assis, pulam vinte anos e começam a falar da Semana de Arte Moderna, ou de seus antecedentes como se nada tivesse ocorrido nesse lapso de tempo [...] A "belle époque não pode representar um vácuo na literatura brasileira" (FARIA, 1988, p. 217).

Mas isso só é possível, como já ressaltamos, a partir da adoção de novos paradigmas historiográficos, capazes de deslocar a velha ordem instituída, arejar o nosso processo de historicização da literatura e equacionar problemas diversos de natureza metodológica. Em outros termos, a partir de uma nova pragmática que considere o *fenômeno literário* como um "sistema social específico caracterizado por complexas relações comunicacionais e contextuais" (OLINTO, 1996, p. 19), o que nos leva a uma definição da *literatura* como uma "rede de múltiplos processos interativos e instáveis [que] obriga a repensar a esfera do literário de modo mais complexo e a refletir sobre as próprias circunstâncias sócio-históricas dos fenômenos literários no circuito da produção e da recepção" (OLINTO, 1996, p. 20) e do *texto* como elementos "articulados com atores e suas condições socioculturais de ação" (OLINTO, 1996, p. 113).

A Academia Brasileira de Letras e a institucionalização do academicismo no Brasil

A QUESTÃO DA INSTITUCIONALIZAÇÃO da literatura no Brasil – e, especificamente, da literatura academicista – é um dos mais interessantes, embora menos estudados, temas relacionados à constituição do campo literário no Brasil do século XIX.

Em seu sucinto, mas denso artigo sobre o assunto, Jacques Dubois afirma que a institucionalização literária pressupõe pelo menos dois fenômenos indispensáveis: a) a existência de "instâncias de legitimação" da literatura; e b) a "articulação do sistema literário com o sistema social" (DUBOIS, *in* DUCHET, 1979, p. 159, tradução minha). Com efeito, pode-se verificar a ocorrência de ambos os fenômenos no caso da literatura produzida no Brasil no final do século XIX e durante sua passagem para o século XX, num imbricamento quase indistinto entre eles. Começando com o segundo, a articulação entre os sistemas literário e social, não é difícil perceber, nesse período, como essa articulação adquire concretude exatamente a partir do processo de institucionalização da Academia Brasileira de Letras e de uma literatura representativa de seu ideário estético. Sobre o primeiro, a existência de instâncias de legitimação literária, pode-se afirmar que a própria Academia Brasileira de Letras – ao lado de outras instituições, como a imprensa, as livrarias, os centros acadêmicos e entidades culturais diversas – desempenhava esse papel, contribuindo decisivamente para a consolidação do cenário literário finissecular no Brasil.

Academia e academicismo

Desde pelo menos o século XVII, o Brasil conheceu um pródigo movimento academicista, que congregava diversos letrados. Tais movimentos propagaram-se por várias regiões e, em momentos diferentes, ditaram regras e/ou seguiram de perto cânones artísticos. No século XIX, agremiações semelhantes, mas com propósitos diversos, passaram a ser confundidas com certa oficialidade intelectual, e nesse sentido a Academia Imperial de Belas Artes (1816) pode ser tomada como um precursor. Já no final desse mesmo século, com a criação da Academia Brasileira de Letras (1897), pode-se dizer que começava a vigorar uma autêntica expressão literária academicista, que ganha certa aura de estética oficial e compete, em condições desiguais, com tendências artísticas relativamente marginalizadas. Assim, se do ponto de vista estritamente institucional a Academia Brasileira de Letras apresenta aspectos comuns com as academias do século XVIII, do ponto de vista histórico ela se inscreve no panorama da criação das grandes academias e institutos criados no Brasil a partir do século XIX, com o propósito declarado, mas nem sempre realizado de fato, de dar ao Brasil um *sentido fundador*, seja no campo das artes plásticas (com a criação da já citada Academia Imperial de Belas Artes), seja no campo histórico e político (com a criação do Instituto Histórico e Geográfico Brasileiro, em 1838), seja finalmente no âmbito da expressão literária (com a criação da própria Academia Brasileira de Letras).

Desse modo, a fundação da Academia Brasileira de Letras serviu como uma espécie de divisor de águas no âmbito da estética literária brasileira: de um lado, situavam-se os acadêmicos, cuja condição especial concedia-lhes um prestígio almejado por muitos autores e contribuía para a manutenção de um *status quo*; de outro lado, encontravam-se os não-acadêmicos, que além de precisarem angariar a atenção do público por méritos muito próprios, não possuíam as benesses e o reconhecimento da oficialidade artística e da sociedade em geral. É preciso lembrar, ainda, que um dos mais importantes movimentos acadêmicos surgidos no país – exatamente o que se deu em torno da Academia Brasileira de Letras – desponta, como sugerimos antes, numa época singular de indecisões estéticas ou, no mínimo, de ecletismo literário: ao mesmo tempo em que havia os estertores da estética realista-naturalista competindo com as inovações do movimento simbolista, raramente reconhecido pela crítica e pouco permeável aos desejos do público, assistia-se à ascensão periférica de obras e autores que propunham uma renovação de fundo da literatura nacional, a que circunstancialmente deu-se o nome de pré-modernistas, já no início do século XX.

Nesse contexto, a Academia tornou-se, na época de sua fundação, uma referência artística incontestável. Foi objeto de desejo, ainda que não declarado, da maior parte de nossos escritores, mesmo daqueles cuja obra estava, reconhecidamente, distante dos cânones acadêmicos; deu prestígio aos eleitos e causou despeito em muito autor cujos méritos iam além do reconhecimento oficial. Do ponto de vista da expressão artística, mais do que de uma perspectiva social, o movimento academicista foi segregacionista: cooptou exclusivamente os autores que, de certo modo, ajustavem-se aos seus padrões de fruição estética, alijando de suas lides os demais. Isso permite visualizar a Academia Brasileira de Letras – pelo menos durante o que se pode considerar seu *período áureo*, as duas primeiras décadas do século XX – como uma agremiação esteticamente homogênea.

Embora a historiografia literária brasileira pareça ter rejeitado esse fato, o movimento academicista a que nos referimos foi também o responsável pela consolidação de uma práxis literária singular: ajudou a fortalecer determinadas tendências artísticas que, a certa altura, tornaram-se vigentes no cenário nacional. Determinadas atitudes estéticas passaram a ser compulsoriamente rejeitadas, enquanto outras eram acatadas pela oficialidade literária sem reservas; autores eram proscritos do rol dos eleitos, na medida em que outros eram agregados mesmo com uma visível deficiência criativa; os livros dos participantes da agremiação eram aceitos e divulgados como verdadeiras obras-primas, enquanto a produção artística daqueles que não faziam parte do círculo acadêmico acabava dependendo, muitas vezes, da complacência dos editores e do público leitor.

Inaugurou-se uma nova tendência literária a partir de um agrupamento menos aleatório do que a historiografia sugere: reunidos sob aspirações estéticas comuns, os acadêmicos puderam fazer valer, de forma incontestável, os ideais da literatura como *o sorriso da sociedade*, cujos princípios podem ser resumidos nos seguintes conceitos: expressão mundana e diletante, fenômeno artístico visceralmente ligado a uma determinada oficialidade cultural e política, culto da forma em detrimento do conteúdo...

É no contexto histórico da Primeira República, com todas as contradições sociais e políticas que ele pressupõe, que a Academia Brasileira de Letras erigia-se como um ponto de referência necessário à vida cultural, conhecendo, nas primeiras décadas, sua época de maior prestígio e influência (NEVES, 1940; LIMA, 1942; GALVÃO, 1937; LIMA NETO, 1942; PEIXOTO, 1923). A ela ligava-se também boa parte do poder constituído, o que lhe concedia o *status* de representante oficial da literatura brasileira: os autores que a ela se associavam estabeleciam, por extensão, um vínculo com o *establishment* político-administrativo da República, podendo inclusive – como aconteceu em muitos casos – desempenhar papéis burocráticos ligados à máquina do poder republicano (MACHADO NETO, 1973; MICELI, 1977). Logicamente, semelhante relação pressupunha uma reciprocidade: ao mesmo tempo em que os acadêmicos desempenhavam, tácita ou manifestamente, o papel de defensores do poder político vigente, disseminava-se a ideologia da autopreservação por meio da diferenciação/hierarquização das atividades literárias. Assim, de um ponto de vista pragmático, o autor acadêmico era considerado um elemento indispensável ao regime político e ao governo estabelecido, em oposição aos outros atores do cenário artístico sem expressão reconhecida; de um ponto de vista estético, defendiam-se – em quase todas as instâncias da vida cultural do país – os recursos literários empregados pelos acadêmicos: em geral, uma escrita empolada, de natureza classicizante, via de regra encomiástica e/ou edificante, quase sempre parnasiana; de um ponto de vista da construção literária e de sua recepção, privilegiava-se a literatura burguesa e elitista, em franca oposição a uma vertente popular, massificada, da expressão artística (GOULEMOT & OSTER, 1992; VIALA, 1985; SÜSSEKIND, 1987; THIESSE, 1985)

Assim, como entidade reconhecida oficialmente, a Academia Brasileira de Letras agrupava em seu meio nomes ligados não apenas à oficialidade literária, mas sobretudo à oficialidade burocrática nacional e à sociabilidade burguesa. Pelo menos dois índices socioliterários podem comprovar semelhante assertiva: a rejeição de alguns boêmios assumidos entre os pares acadêmicos (como o demonstram os casos de Emílio de Meneses ou Lima Barreto) e a inclusão, entre os membros da Academia, de personalidades pelo controvertido critério dos expoentes (como revelam os casos de Lauro Müller ou Osvaldo Cruz) (EL FAR, 1997).[1] Indubitavelmente, estar de alguma forma ligado à Academia representava um considerável impulso no árduo caminho da fama e do reconhecimento literários, embora nem sempre isso tenha significado a permanência do acadêmico nos anais da literatura nacional mais consagrada. De qualquer maneira, para a época, importava bastante ter o nome associado à principal entidade cultural do país, oficializada sob o beneplácito do poder constituído, já que a não inserção do literato entre os acadêmicos podia redundar, como em muitos casos aconteceu de fato, num indesejável ostracismo artístico pela via da marginalização. Isso fazia parte, sem dúvida, de uma estratégia de atuação literária que visava à diferenciação estética por meio de índices não artísticos na sua constituição, como a ocupação de cargos públicos, a participação em atividades literárias mundanas (conferências, saraus, jantares, salões "literários"), a colaboração frequente na imprensa etc.

É certo que, após a segunda década do século XX, o academicismo – e sua contrapartida institucional, a Academia Brasileira de Letras – entrou em franco declínio, causando mal-estar entre os autores empenhados em criar uma literatura de caráter oficial: ainda em 1917, por exemplo, aqueles que, anos mais tarde, se agrupariam em torno de um ideário iconoclastamente modernista, já tinham despertado para o interesse de se forjar uma consciência rigidamente antiacadêmica (BRITO, 1974). Já nos primeiros anos da década de 1920, Amadeu Amaral (AMARAL, 1976) apontava para esse declínio e, em 1918, Humberto de Campos (CAMPOS, 1935) já sentia, entre a geração academicista (da qual ele mesmo participou intensamente) e a modernista, diferenças substanciais. Ao mesmo tempo, Afrânio Peixoto (FILHO, 1972), um acadêmico modelar, confessava já não se sentir à vontade no ambiente acadêmico, excessivamente modificado pela nova realidade social e cultural por que passava o país. Não podemos nos esquecer, finalmente, do golpe de misericórdia dado num academicismo já em ruínas por um de seus mais eminentes representantes,

---

1   A *teoria dos expoentes* – pela qual a Academia se comprometia a aceitar entre seus pares nomes que, embora não fossem direta e evidentemente ligados às letras, eram representativos da intelectualidade brasileira, isto é, eram *expoentes* da cultura nacional – foi amplamente discutida pela maior parte dos intelectuais do período, acadêmicos ou não. Para um posicionamento favorável a essa teoria, cf. PEIXOTO, 1947. Para um posicionamento contrário, cf. AMADO, 1922.

Graça Aranha, que em retumbante discurso, proferido em 1924 (SERRA, 2001), proclamava peremptoriamente, assinalando sua definitiva derrocada: "a fundação da Academia foi um equívoco e foi um erro [...] a Academia está no vácuo. Não tem função possível a exercer [...] se a Academia não se renova, morra a Academia" (ARANHA, 1924, p. 230).

Cumpre assinalar que, por motivos diferentes dos de Graça Aranha, João Ribeiro já tinha decretado, desde 1915, a sentença de morte da instituição (LEÃO, 1962). Eram os epígonos da Academia Brasileira de Letras evidenciando os seus estertores e assinalando os primeiros sinais de esgotamento da estética que vigorara incontestavelmente durante duas décadas na cultura brasileira.

Academia: condições de institucionalização

Antes, porém, desses primeiros sinais de decadência, a Academia viveu dias de glória ímpar, a ponto de, durante duas décadas, "regular" esteticamente a literatura nacional, impondo preceitos estéticos, mas também normas de comportamento que orientavam os artistas, bem como padrões de sociabilidade e princípios profissionais que acabavam por definir a importância e o *status* do escritor da época.

A Academia funcionava, nesse sentido, como uma entidade rigorosamente seletiva, espécie de órgão controlador de uma suposta qualidade estética a ser preservada como índice da intelectualidade brasileira e da condição do país como nação civilizada. Assim, a principal preocupação dos acadêmicos voltava-se – ainda que não como uma ação programática ou, ao menos, conscientemente programática – para a *institucionalização* do academicismo e, por extensão, de seus membros e dos ideais estéticos que professavam.

Para a Sociologia, a institucionalização deve ser vista, sobretudo, como um particular "processo de cristalização contínua de variados tipos de normas, de organizações e de esquemas reguladores dos procedimentos de intercâmbio dos diversos bens" (EISENSTADT, 1975, p. 95, tradução minha). Mas, pode-se completar, uma instituição é algo muito mais complexo do que semelhante exposição sugere: pressupõe, além de um conjunto de normas e regulamentos, a existência de um corpo social definido e de desdobramentos institucionais, que compõem suas diversas esferas (política, econômica, religiosa, cultural etc). Finalmente, pode-se ainda apontar duas características próprias do processo de institucionalização, que nos interessam em particular: o fato de uma instituição, em geral, surgir do "impacto de novas circunstâncias sobre antigos costumes" e a constatação de que "em sua imagem ideal uma instituição normalmente cria sua própria apologia" (HAMILTON, 1935, p. 86, tradução minha).

Desse modo, feitas as devidas adaptações e salvaguardadas as necessárias especificidades de cada caso, tínhamos no último quartel do século XIX todas as condições para que a Academia Brasileira de Letras emergisse como a principal instituição cultural do período: um conjunto de normas e regulamentos (preceitos éticos e estéticos, prescritos em seus estatutos e regimentos ou simplesmente subentendidos em condutas e sanções diversas), um corpo social definido (seus membros e sua sede física) e, finalmente, sua inclusão numa ampla esfera cultural que pode ser representada pela literatura brasileira.

Além disso, ela surge do impacto de novas condições de criação e divulgação literárias, sustentando todo um ideário encomiástico voltado para a apologia própria e de seus pares. Com efeito, parece-nos um truísmo destacar semelhante evidência, já que se trata de um consenso construído a partir de suas mais relevantes características: sua criação por literatos relevantes da época; a denominação explícita que recebeu, indicando seu vínculo indelével com a sociedade letrada; o papel que desempenhou no cenário literário nacional (com concursos, edições, encargos oficiais etc.). Particularmente, sobre a questão dos esquemas reguladores, cumpre lembrar que a Academia Brasileira de Letras foi, desde sua fundação, regida por regras formalmente estatuídas, quando então se definiram quais seriam as principais normas a serem obedecidas por seus membros, bem como se traçaram os principais objetivos da instituição, particularmente o incentivo e a preservação "da língua e da cultura nacional" (ACADEMIA BRASILEIRA DE LETRAS, 1917, p. 5)

Resta-nos uma questão que reputamos relevante: a de seu corpo social, que – ao lado do que aqui denominamos ideário encomiástico – é condição *sine qua non* para que se possa declarar legítima a existência de uma instituição. Como já referimos anteriormente, a Academia constituiu-se, a princípio, numa singular espécie de agremiação literária, com sede própria, embora instável em seus primeiros anos, e com um conjunto de quarenta membros rigorosamente selecionados, a exemplo do que ocorria na similar francesa, que a nossa tomara como modelo (SIGNER, 1988; TAVARES, 1979). Mas suas particularidades, nesse aspecto, vão além desse fato prosaicamente formal: mais interessante do que isso, é observar como a Academia buscou resolver, internamente, as contradições que perpassavam um corpo social muito mais amplo e complexo e no qual, em última instância, ela se assentava: a sociedade da República das Letras.

Com efeito, no que concerne à atuação do escritor brasileiro na época, pode-se afirmar que o contexto social era, no mínimo, caleidoscópico: vivia-se numa época em que se misturavam, num mesmo cenário cultural, os guardiões de estéticas passadistas, escrevinhadores marginais, orgulhosos plumitivos, jovens literatos com propostas de renovação estética, boêmios idealistas, medalhões da literatura e escritores profissionais. Mas a nem todos estavam destinados os assentos consagradores da Academia, já que apenas alguns poucos – que, via de regra, agrupavam-se em torno de um ideário estético comum – podiam desfrutar dos privilégios concedidos aos membros da corporação acadêmica. Os boêmios ou os humoristas declarados, os nefelibatas ou os independentes, por exemplo, eram compulsoriamente alijados das hostes acadêmicas, o que revela, como sugerimos, não apenas um empenho na preservação do corpo social instituído, mas uma cooptação rigorosamente seletiva. Foram, nesse sentido, muitos os recusados: do decadentista baudelairiano Fontoura Xavier ao independente marginalizado Lima Barreto, do temeroso satírico Bastos Tigre ao iconoclasta Antônio Torres, do simbolista dipsomaníaco B. Lopes ao poeta e cancionista popular Orestes Barbosa, todos aqueles que não compartilhavam dos mesmos ideais éticos e estéticos da Academia acabavam vetados pela proverbial sisudez acadêmica.

E tudo, é bom que se saliente, sob o beneplácito de seu presidente vitalício, Machado de Assis, que representava, nas palavras de Beatriz Jaguaribe, "o homem da polidez respeitável e da preservação institucional" (JAGUARIBE, 1998, p. 37). O caso mais célebre talvez seja o de Emílio de Meneses: conhecido pela irreverência e por uma vida assumidamente boemia, teve sua candidatura vetada pelo próprio Machado de Assis, que via nele o exemplar mais acabado da irresponsabilidade discordante do sério papel de representante das letras nacionais. De acordo com o testemunho de Rodrigo Octávio, que nos conta esse episódio, Machado de Assis entendia que

> a Academia devia ser, também, uma casa de boa companhia; e o critério das boas maneiras, da absoluta respeitabilidade pessoal, não podia, para ele, ser abstraído dos requisitos essenciais para que ali se pudesse entrar (OCTÁVIO, 1979, p. 54; MENEZES, 1945).

Mais do que as noções de polidez e de responsabilidade, *reputação* talvez seja a palavra-chave nesse contexto, já que o acadêmico deveria ser, sobretudo, homem de inabalável reputação literária e pessoal, a fim de que pudesse compartilhar das benesses oferecidas a seus pares pelo ambiente acadêmico. Para José Veríssimo, por exemplo, que participara ativamente da fundação da Academia e se destacava como um de seus membros mais atuantes, a instituição acadêmica surgia com o propósito de ser uma entidade destinada à "consagração das *reputações* literárias" (VERÍSSIMO, 1897, p. 313, grifos nossos).

Evidentemente, tais reputações faziam-se num sintomático ambiente de mútua ajuda, revelando uma espécie de corporativismo próprio de uma instituição seletiva e fechada, como era a Academia. Um agrupamento de literatos singular como esse não podia deixar de lado o tão afamado *esprit de corps*, forjando reputações por meio de favores, influências e proteções: quando secretário da Fazenda do Rio de Janeiro, Coelho Neto, por exemplo, não hesitou em angariar emprego para vários amigos, colocando-os no circuito das boas relações profissionais e políticas; Machado de Assis, igualmente, não medira esforços ao prestigiar a polêmica candidatura de Mário de Alencar para a Academia; o Barão do Rio Branco, por sua vez, agiria em favor de Euclides da Cunha na vaga para professor do Colégio D. Pedro II; Joaquim Nabuco, a exemplo de Machado, usaria sua influência para beneficiar a candidatura de Graça Aranha à Academia; Medeiros e Albuquerque nomearia Valentim Magalhães e José Veríssimo para cargos oficiais (NEEDELL, 1993; MACHADO NETO, 1973; MICELI, 1977; SÜSSEKIND, 1987; BROCA, 1960). Portanto, para a ética acadêmica, os limites entre uma reputação conquistada a duras penas e de modo independente e aquela que nascia de favorecimentos diversos era muito tênue, já que, nesse caso, os fins justificavam os meios.

Assim era formado o corpo social de uma das mais prestigiadas instituições do período. O fato é que o academicismo representava a legitimação, mais do que de um escritor, de uma personagem social, dando realce ao papel desempenhado pela instituição acadêmica de regulador de uma estética e de uma norma linguística, bem como de uma ética de conduta social, o que acabava permitindo que, indiretamente, além de legitimar, a Academia tutelasse parte da produção intelectual e literária do período.

A atividade de escritor, que desde a Independência – quando uma atuação literária mais intensa se desenvolve no Brasil – era marginalizada, pouco rentável e instável, começa a sofrer sensível alteração, sobretudo a partir da fundação da Academia Brasileira de Letras, quando se assiste a uma "organização durável e institucionalizada dos escritores consagrados" (MÉRIAN, 1988, p. 385). Nesse sentido, a entrada para a Academia representava prestígio e reconhecimento, transformando um escritor "marginal" em institucional e abrindo portas para diversos benefícios legais, como já ressaltou Nicolau Sevcenko:

> a Academia Brasileira, com o seu condão de consagrar os escritores, garantindo-lhes crédito total em qualquer casa editora do Rio, mas sobretudo colocando-os sob a tutela protetora do Estado, tornou-se um reduto de estabilidade no qual todos lutam para entrar (SEVCENKO, 1989, p. 101).

De fato, a concorrência era árdua e demandava uma larga rede de relações sociais, mais do que literárias, como já se sugeriu uma vez: "o academismo sempre foi um fenômeno tanto (ou mais) social quanto cultural, mormente no caso da literatura" (CAVALIERI, 1990, p. 23). E, mais do isso, a aceitação de um escritor pela Academia Brasileira de Letras podia inclusive corresponder, nas condições aqui esboçadas, à entrada para o cânone literário brasileiro, já que a canonização de um autor pela historiografia nacional depende, não poucas vezes, desse complexo processo institucional e legitimador.

Um exemplo desse prestígio adquirido pelo acadêmico, das vantagens institucionais de que ele desfrutava e do benefício pessoal que a institucionalização lhe conferia era a possibilidade de se colocar, na folha de rosto dos livros publicados, logo abaixo do nome do autor, a sugestiva chancela *"da Academia Brasileira de Letras"*, como que conferindo à obra ali apresentada um peso institucional e, consequentemente, um valor literário supostamente maior. A colocação nos livros da chancela acima referida, aliás, parece ter mais um efeito:

instaura uma nova legibilidade, apontando ao leitor a clave pela qual se quer que o livro seja lido e recebido, pois, como afirma Roger Chartier, no rastro de Jauss, "uma nova legibilidade pressupõe um novo horizonte de recepção" (CHARTIER, 1996, p. 81; JAUSS, 1994).

Evidentemente, todos os fatores aqui arrolados, que de certo modo contam, no cômputo geral, a favor dos literatos acadêmicos, não impediam que mesmo entre os mais preclaros representantes da Academia se disseminasse uma visão contundentemente pessimista do quadro literário nacional, marcado, na opinião dos escritores da época, pelo mais constrangedor desinteresse por parte do público leitor, desinteresse, aliás, em grande medida, resultante dos altos índices de analfabetismo no Brasil, que entre os últimos anos do século XIX e os primeiros do XX, ficavam entre setenta e oitenta por cento da população, o que resultaria, nas palavras de Antonio Candido, numa "literatura sem leitores" (CANDIDO, 1985, p. 82; NAGLE, 1976; LAJOLO & ZILBERMAN, 1996; SEVCENKO, 1982).

José Veríssimo, por exemplo, afirmava, no alvorecer do novo século, ser a Literatura Brasileira uma "literatura de poucos, interessando a poucos" (VERÍSSIMO *apud* SEVCENKO, 1989, p. 88), enquanto que, em 1892, Aluísio Azevedo traçava um diagnóstico igualmente desanimador da mesma literatura: "infelizmente a vida literária de hoje no Brasil é uma cousa tão hipotética como a vida elegante na costa d'África" (AZEVEDO, 1938, p. 60). Até mesmo uma publicação como a célebre *Revista Brazileira*, na sua segunda fase, traçava um quadro não menos pessimista do que os anteriores, ao proferir o seguinte diagnóstico, no editorial de seu primeiro número:

> o povo brazileiro – não é sem magoa que o dizemos [...] – não está ainda preparado para consumir o livro, substancial alimento das organizações virís e fortemente caracterisadas. Faltam-lhe as condições de gosto, instrucção, meios, saudavel direcção de espirito, sem as quaes não se pode cumprir a livre obrigação [...] de comprar, ler e entender verdades ou idéas colligidas em um volume, cuja leitura demanda largo folego e cujo estudo requer tempo de que o povo em geral não dispõe (ANÔNIMO, 1879, p. 6).

Mas mesmo num contexto tão desabonador para o escritor brasileiro, o papel da Academia Brasileira de Letras parece ter sido "positivo", trazendo vantagens inauditas para o seu corpo social, um papel que ganha mais relevo ao levarmos em consideração uma série de acontecimentos socioculturais – além, evidentemente, do já citado analfabetismo – que, no conjunto, contribuíam para o agravamento da situação, como a concorrência da produção literária nacional com os folhetins franceses e ingleses e com a literatura portuguesa; a proliferação das revistas ilustradas efêmeras; a falta de profissionalismo por parte de alguns escritores, excessivamente arraigados a algumas práticas boêmias; a escassez de editoras e livrarias; a concentração das atividades culturais nos grandes centros urbanos. Se tudo isso apontava, inegavelmente, para uma espécie de depauperação endêmica da literatura nacional, tornava, em contrapartida, mais relevante o aparecimento e a manutenção de uma entidade representativa da sociedade letrada, como era, na época, a Academia Brasileira de Letras, a qual, a partir de então, seria vista como uma tábua de salvação da literatura nacional, aumentando, de um lado, o prestígio do escritor nativo e conseguindo, de outro lado, impor uma cartilha ética e estética pela qual todos teriam de se orientar.

A Academia passa, assim, a ostentar uma importância que se vai perpetuar ao menos pelas duas décadas seguintes, transferindo aos literatos que abrigava todo o prestígio de uma entidade que, cada vez mais, se firmava como a principal instituição cultural do período, ainda que – de um ponto de vista sociológico e pragmático – a literatura fosse relegada a um segundo plano em relação à própria vida literária, como sugerem alguns estudiosos do período, como João Carlos Rodrigues, para quem

> embora a existência ou não de uma literatura nacional ainda fosse motivo de discussão entre os críticos, os literatos, estes sim existiam, ninguém podia negar [...] Com a fundação da Academia Brasileira de Letras, eles passaram a adquirir importância (RODRIGUES, 1996, p. 53);

ou Nelson Werneck Sodré, ao afirmar que

> as camadas cultas, no fim do século XIX, permanecem ilhadas, impotentes os seus elementos para se realizarem como tais [...] Daí a preponderância da vida literária sobre a obra literária e o esforço de congregação que se resolve com a fundação da Academia Brasileira de Letras, em 1896, correspondendo, na sua tendência à seleção e ao brilho social, à tentativa de suprir aquilo que a ausência de público impedia que fosse proporcionado aos que se davam às letras [...] Mas a verdade é que, de certo modo, correspondia à tradição eminentemente literária de nossa cultura essa instituição que valorizava indivíduos e lhes conferia o brilho que suas obras não lhes podiam conferir (SODRÉ, 1979, p. 52).

Enfim, as palavras com que Daniel Roche procura ilustrar a constituição das academias do século XVIII, principalmente a Academia Francesa, modelo da brasileira, parecem servir literalmente à situação da Academia Brasileira de Letras, resumindo sua conformação:

> três elementos que vão dominar a vida acadêmica do século XVIII são então estabelecidos: um modelo estatutário que define o direito e revela a mentalidade do meio academista, um tipo de ligação contínua com o poder [...], o controle das formas de expressão e o controle de uma língua normalizada e unificada que basicamente distinga um tipo humano, moral e social, ao mesmo tempo em que precise uma ética cívica e cultural (ROCHE, 1988, p. 159, tradução minha).

Embora a questão academicista seja mais complexa do que esse pequeno entrecho sugere, ele parece resumir bem os principais conceitos que norteiam a constituição do academicismo de um modo geral e, coincidentemente, aquele que se forjou na passagem do século no Brasil.

Tradição acadêmica no Brasil e formação do *Homo Academicus*

UM DOS FENÔMENOS MAIS CURIOSOS e instigantes da historiografia literária brasileira é o aparecimento, no final do século XIX, de um movimento academicista que se forma no Rio de Janeiro, a partir do qual se buscam equacionar, num mesmo conjunto de atitudes sociais e representações literárias, uma ética e uma *estética* rigidamente reguladas. Não se trata, evidentemente, do mesmo academicismo presente no Brasil desde o século XVII e que ganha particular expressão social no século seguinte, o qual já fora estudado por nossa historiografia de forma relativamente ampla. Sem surgir como uma ação continuada do academicismo setecentista, esse novo movimento acadêmico revela-se – como acabamos de sugerir – uma tendência até certo ponto autônoma, nascida antes de um projeto deliberado de preservação da língua nacional, consolidação da produção literária brasileira e institucionalização de um conjunto de princípios estéticos, regidos – no plano da sociabilidade, isto é, da *vida literária*, mais do que da *literatura* – por uma ética espontaneamente incorporada por autores e intelectuais do período.

Não se pode negar, contudo, que algumas de suas características mais flagrantes mantêm uma clara relação – ainda que mais simbólica do que histórica – com o movimento academicista de dois séculos atrás, sobretudo no que se refere ao ideário encomiástico que movia seus pares, às estratégias de preservação de seus membros, ao retoricismo estilístico e linguístico, ao sentido gregário e ao corporativismo do grupo e, finalmente, ao profundo sentimento de aristocracia cultural que presidia a instituição academicista. Todas estas práticas, evidentemente, traduziam-se em atitudes cujo alcance ultrapassava os limites estreitos da atividade literária, ganhando, inclusive, um sentido explicitamente político, na medida em que – ao lado do projeto de constituição de um sistema literário amplo, que envolvia escritores, leitores, instituições legitimadoras etc. – verificavam-se esforços no sentido de consolidação de uma literatura efetivamente nacional e da constituição de uma sociabilidade literária definida a partir de padrões de comportamento pré-determinados. As principais diferenças, contudo, ficam por conta das várias idiossincrasias que o academicismo do século XVIII possuía, configurando-se, nas palavras de um estudioso do assunto, no "movimento cultural mais complexo e legítimo que tivemos em toda a era colonial" e caracterizando-se pelo reforço do "sentimento nativista", pelo desenvolvimento de uma "atividade crítica orientada e valorizadora sobretudo dos estudos históricos e científicos" e pela intensificação de "estudos dos aspectos fundamentais de nossa vida e de nossa formação", tudo regido por um flagrante "esforço de unificação" da colônia (CASTELLO, 1968, p. 311; CASTELLO, 1969; CASTELLO, 1975).

Não eram exatamente esses os propósitos declarados do academicismo finissecular, que estava muito mais ligado a um projeto de valorização e preservação do profissional da escrita do que a veleidades nativistas e ideários de afirmação de uma identidade própria. Contudo, se há diferenças de fundo, há semelhanças de superfície, sobretudo no que concerne a alguns fatos meramente episódicos e pontuais, como o de as academias de ambos os séculos possuírem representantes efetivos e correspondentes, sendo aqueles em número de quarenta, com igualdade de direito de voto, obrigatoriedade de se fazer o elogio do antecessor no momento da posse etc.; ou como o ideário encomiástico que presidiu a atuação de ambas as academias, presente por "determinação estatutária" (LIMA, 1980, p. 66) no academicismo do século XVIII e servindo como sustentação ideológica e institucional para o academicismo durante a passagem do século XIX ao XX: índice mais importante daquela estratégia de preservação própria da instituição acadêmica, o ideário encomiástico insere-se, aliás, numa substancial tendência ao corporativismo, buscando, por meio do elogio mútuo e até do autoelogio, uma presença mais garantida na cultura brasileira. Tal ideário emerge, assim, como resquício de práticas acadêmicas próprias do século XVIII, estas também afeitas a estratégias de conservação/

valorização de seus membros por meio de práticas laudatórias. Nas palavras de José Aderaldo Castello, as academias do século XVIII caracterizavam-se pelo "panegírico e elogio de qualquer natureza", com uma visível "tendência para o encômio e para a bajulação" (CASTELLO, 1975, p. 85). Tal perspectiva é igualmente ressaltada por Afrânio Coutinho, ao tratar das academias setecentistas, para quem

> à sombra das academias literárias, pratica-se uma literatura anêmica e sensaborona, literatura empolada, de louvação e encômios, numa linguagem farfalhante, carregada de exagerado metaforismo e conceitos arrevesados (COUTINHO, 1988, p. 125).

Evidentemente, semelhantes afirmações necessitam ser relativizadas, na medida em que a sociedade portuguesa do século XVIII era definida, segundo o Direito Canônico então vigente, como "corpo místico" de estamentos e ordens subordinados ao regente, fazendo com que o encômio e a bajulação tivessem também uma função de reforço do corpo político do Estado, reiterando o pacto de sujeição que vigorava entre súditos e regente. Não obstante, as afirmações acima transcritas podem ser quase literalmente adotadas para explicar o que se passava, por exemplo, já em fins do século XIX, entre os componentes da Academia Brasileira de Letras, que, com algumas raras exceções, adotavam integralmente a estratégia do elogio explícito, numa flagrante tendência ao corporativismo.

O ideário encomiástico e a Academia Brasileira de Letras

Na prática, o panegírico acadêmico tanto poderia ser verificado nas sessões internas da Academia, concentrado em discursos de recepção de novos agregados e afins, quanto fora do ambiente acadêmico, disseminado em livros e periódicos mundanos em geral. É assim que, ao lado de obras assumidamente encomiásticas, como o tardio *Nós, as Abelhas* (1936), de Martins Fontes, e de revistas que destinavam seções exclusivas para a troca mútua de elogios, como *A Semana* (1885-1895), de Valentim Magalhães, era possível se deparar com afirmações declaradamente encomiásticas, como a alocução que Coelho

Neto pronunciou em 1926, ao assumir a presidência da Academia Brasileira de Letras, afirmando, num exemplo comum de falsa modéstia, que

> a roda que formamos em volta de um ideal tem quarenta raios, todos iguais e todos girando com a mesma diligencia no movimento de marcha. Chegou a minha vez de culminar. Isto, porém, não significa que eu me tenha destacado de vós em preeminência – tudo é uma questão de volteio (NETO, 1928, p. 105).

Asserções como essa eram bastante comuns nos discursos de recepção de novos acadêmicos, quando o elogio se tornava muito mais incisivo e pessoal. Nem sempre, contudo, o elogiado era propriamente um dos agregados; às vezes, a apologia direcionava-se para a instituição acadêmica como um todo, atingindo por extensão seus associados. É o que se pode perceber nas palavras do acadêmico Augusto de Lima que, em crônica escrita em 1919 para o jornal *A Noite*, destacava a importância da Academia para a pátria brasileira:

> a Academia não é uma simples associação particular, mas uma fundação nacional, zelada com carinho pelos poderes publicos, que nella têm um collaborador espontaneo para a realização da principal missão do Estado – educar e instruir (LIMA, 1923, p. 127);

ou, ainda, nas palavras de Souza Bandeira, outro acadêmico, durante a inauguração dos bustos de acadêmicos eméritos, em que adota a mesma perspectiva nacionalista de seu confrade e, numa sintomática alusão à Academia como sendo "a nossa corporação", afirma:

> já passou para a Academia a época das lutas iniciais. Agora tem firmada a sua individualidade. É indiscutível a sua influência. O ardor com que as mais notáveis personalidades procuram fazer parte dela, a violencia mesma dos ataques que lhe são dirigidos, provam suficientemente ser ela uma força nacional (BANDEIRA, 1917, p. 189).

Entre a *fundação nacional* do primeiro e a *força nacional* do segundo, a diferença é apenas formal, posto que o sentido seja o mesmo, já que ambos compactuam do espírito apologético que prevalece na época em torno da Academia, um espírito, aliás, largamente difundido entre quase todos os membros da agremiação.

Outra maneira de propagar esse sentido de autopreservação acadêmica era atuar em campo inverso do mútuo louvor, uma tática que, embora por caminhos transversos, participava do mesmo ideário encomiástico a que aludimos há pouco: ao invés de elogiar os amigos, partia-se para o ataque aos inimigos, enfatizando a atmosfera corporativista que prevalecia no ambiente acadêmico. Os ataques tinham como objetivo o combate aos chamados *novos*, fossem eles os simbolistas, que – a partir de uma estética antiparnasiana e, por extensão, antiacadêmica – propunham uma nova relação entre arte e sociedade, inclusive no que diz respeito à pragmática literária; fossem eles os modernistas, igualmente antiacadêmicos, mas agora com propostas diferenciadas no campo artístico, a partir de um ideário vanguardista de renovação estética.

Os simbolistas foram, sem dúvida, os mais atacados: chamados pejorativamente de *novos*, eram execrados pela quase absoluta maioria dos acadêmicos, que os viam menos como uma ameaça a uma posição social já há muito consolidada do que como um empecilho aos seus ideais de homogeneização estética. Via de regra, eram tomados como decadentes, mais preocupados com o excessivo culto de uma personalidade desviante do que com o profissionalismo nas letras; mais voltados para uma "mística" literária que abrigava todos os exageros simbólicos do que para o culto da perfeição formal; mais ocupados com a imposição de um novo estilo de vida entre os jovens literatos do que com a sujeição "natural" desses mesmos jovens aos princípios éticos que regiam a sociabilidade acadêmica. Assim, os simbolistas não só passaram a ser alijados do convívio social dos acadêmicos, mas também amargaram um quase que completo ostracismo em termos de publicação, divulgação e recepção de suas obras. Parece haver, desse modo, certo consenso na historiografia literária nacional de que a derrota dos simbolistas diante dos acadêmicos parnasianos deveu-se antes à própria incapacidade daqueles em impor seus ideais estéticos, já que, como afirmou Machado Neto, "a inapetência social dos simbolistas os incapacitou para a vitória sobre o parnasianismo-naturalismo dominante, na pugna pela vigência intelectual" (MACHADO NETO, 1973, p. 208; MOISÉS, 1984; MURICI, 1952).

Em relação aos modernistas, o enfoque era diferenciado: esses pareciam ser levados mais a sério pelos acadêmicos, talvez por sua mais incisiva iconoclastia e também por atuarem numa época em que a Academia Brasileira de Letras já não apresentava o mesmo vigor e a mesma disposição de outrora para os embates literários. Por isso mesmo, relativamente aos modernistas, os acadêmicos pareciam sentir-se sensivelmente mais incomodados, um incômodo que se traduz, por exemplo, na clara indisposição do grupo diante de atitudes como as de Graça Aranha, celebrizado mais tarde pelo episódio da dissidência em favor da adoção generalizada de um *espírito moderno* (BOSI, 1977; OLIVEIRA, 1993; BRITO, 1974; LOPES, 1997).

Não eram poucos, portanto, os acadêmicos que se dispunham a combater em prol do ideário academicista e contra os *novos* literatos da oposição. Afrânio Peixoto, por exemplo – um acadêmico dos mais representativos, em função de sua assumida empatia para com a instituição –, não hesitou em terçar armas contra os "inimigos", assumindo não poucas vezes o papel de paladino das tradições literárias acadêmicas: temperamento pouco afeito a calorosas e enérgicas polêmicas, preferiu transpor para alguns romances a temática do litígio entre novos e antigos – uma espécie de curiosa reabilitação literária, em tom menor, da célebre *Querelle des ancients et des modernes*, ocorrida durante a passagem para o século XVIII francês –, ainda que em poucos e circunstanciais episódios. Assim, em *As Razões do Coração* (1925), o romancista expõe dois personagens secundários dialogando a respeito das disputas travadas em torno de grupos literários distintos, os chamados "novos" (os modernistas) e "velhos" (os acadêmicos):

> — Aqueles são "novos"... — velhos que fossem, era o mesmo... um grupo clamoroso de "novos"... agressivos porque supõem que lhes tomam o direito ao sol... Os velhos detêm editores e leitores... uma injustiça! [...] Ali quem não é imbecil é o Ricardo Sena, que se agita, para que não o esqueçam [...] E, com uma multidão, investe agora contra os consagrados, a Academia [...] Academia, à qual pertencerá, entretanto, como é de justiça...

> em letras, temos a nossa Academia Brasileira – é verdade. É uma bela senhora, generosa, piedosa, religiosa; mas tem um defeito: só estima e julga com talento os seus filhos legítimos, naturais, espúrios e, mesmo, os adotivos. Quem não sugou o leite da academia ou não foi acalentado por ela, quando de colo, a rabugenta matrona não dá mérito algum. Daí, a falta de formalidade marcada nos felizes autores, velhos e novos, consagrados, cujos nomes não são acintosamente omitidos dos jornais (BARRETO, 1956, p. 172).

Em relação à segunda vertente, lembramos que a alegoria foi um recurso bastante usado por Lima Barreto como forma de criticar e atacar instituições e personalidades de sua época, as quais considerava injustas ou pouco éticas. Tal recurso pode ser facilmente exemplificado pela novela *Os Bruzundangas* (1923), em que a crítica à Academia Brasileira de Letras esconde-se sob os ataques desferidos aos literatos e aos acadêmicos da imaginária Bruzundanga. Também em "Harakashy e as Escolas de Java", uma curiosa *estória* de Lima Barreto, o romancista carioca destila seu fel irônico contra a Academia, ao tratar de algumas peculiaridades culturais de Batávia, ilha imaginária de Java, em que as semelhanças com o Brasil são mais do que mera coincidência; ao falar, especificamente, da Academia de Letras da ilusória região, afirma sarcasticamente:

> a sua Academia de Letras é muito conhecida na rua principal da cidade, e os literatos da ilha brigam e guerreiam-se cruamente, para ocuparem um lugar nela. A pensão que recebem é módica [...]; eles, porém, disputam o *fauteuil* acadêmico por todos os processos imagináveis. Um deles é o empenho, o nosso *pistolão*, que procuram obter de quaisquer mãos [...] O sujeito, que é acadêmico, tem facilidade em arranjar bons empregos na diplomacia, na alta administração; e a grande burguesia da terra, burguesia de acumuladores de empregos, de políticos de honestidade suspeita, de leguleios afreguesados, de médicos milagrosos ou de ricos desavergonhados, cujas riquezas foram feitas à sombra de iníquas e aladroadas leis [...] tem em grande conta o título de membro da Academia, como todo outro qualquer, e o acadêmico pode bem arranjar um casamento rico ou coisa equivalente (BARRETO, 1951, p. 28).

Em relação à terceira vertente, pode-se dizer que seus ataques ao que considerava uma espécie de *estilo oficial*, representado pela literatura academicista, perpassa quase todo seu espólio literário. A mesma crítica à padronização narrativa, que estaria presente tanto em seu primeiro romance (*Recordações do Escrivão Isaías Caminha*, 1909) quanto no último (*Vida e Morte de M. J. Gonzaga de Sá*, 1919), já se manifestara, como desencantada confissão, em 1905, no seu *Diário Íntimo*, ao atacar a subserviência dos literatos brasileiros aos escritores portugueses *menores*, numa clara crítica ao estilo de nossos acadêmicos:

> é uma literatura de clube, uma literatura imbecil, de palavrinhas, de coisinhas, não há neles um grande sopro humano, uma grandeza de análise, um vendaval de epopeia; o cicio lírico que há neles é mal encaminhado para a literatura estreitamente pessoal, no que de pessoal há de inferior e banal: amores ricos, mortes de parentes e coisas assim (BARRETO, 1953, p. 68).

Semelhantes citações revelam, no conjunto, a dimensão da crítica limabarretiana contra a Academia e seus agregados, num posicionamento ideológico que guarda muito do mulato ressentido que por duas vezes inscreveu-se para uma vaga na Academia que tanto criticara, sem nunca ter obtido êxito, e que, além disso, viveu à margem da oficialidade literária de seu tempo, numa espécie de perene ostracismo (BARBOSA, 1981; BORBA, 1941). Mas guarda também – e aí reside, para nós, sua importância – uma das marcas mais prezadas da literatura do romancista carioca: seu realismo polêmico e sua inegável habilidade como retratista da sociedade de seu tempo, tudo forjado por um temperamento irascível, mas de uma honestidade a toda prova.

Sua crítica à oficialidade literária, por exemplo, pontua bem a ascendência do academicismo de grande parte dos literatos do período, ao mesmo tempo em que o consagra como uma voz divergente dessa mesma oficialidade (LINS, 1976; PRADO, 1976; FANTINATI, 1978; CARVALHO, 1972; NADÓLSKIS, 1989). Por fim, como para Lima Barreto o pressuposto estético jamais deveria se desvincular de um pressuposto ético, também no âmbito ideológico suas idiossincrasias antiacademicistas se manifestavam com todo o vigor, revelando assim uma veemência crítica que ultrapassava em muito a mera desilusão de alguém social e literariamente renegado (CURY, 1981; ANTÔNIO, 1977; RESENDE, 1989) e fazendo dele um dos mais representativos antiacadêmicos da República das Letras.

Condições de formação do *homo academicus*

Se os fenômenos socioliterários aqui referidos, com destaque para a ideologia encomiástica, são semelhanças circunstanciais entre os movimentos academicistas tratados, há ainda outras aproximações que se mostram mais relevantes para o entendimento do papel desempenhado pelo autor vinculado à Academia Brasileira de Letras e sobretudo para a compreensão da formação do que se poderia chamar de *homo academicus*.

Em seu capítulo sobre o academicismo literário na fase final do século XVIII luso-brasileiro, Antonio Candido lembra que pelo menos três fenômenos socioliterários marcaram o surgimento e a manutenção do que ele chamou de *literatura congregada*: o favorecimento de uma consciência de grupo entre os homens cultos da época, levando-os à produção literária de fato, identificando o indivíduo como *letrado* e definindo-lhe um *status* de escritor; a formação de um público leitor, tanto entre os próprios membros das Academias quanto entre os cidadãos em condições de consumir suas obras; a manutenção de uma cultura dominante e erudita, direta ou indiretamente ligada ao *establishment* político-administrativo e religioso (CANDIDO, 1981). De forma resumida, as palavras do mesmo crítico, em obra diversa, são bastante apropriadas:

> a partir da metade do século XVIII já se pode falar pelo menos do esboço de uma literatura como fato cultural configurado, não apenas como produções individuais de pouca repercussão. A consciência de grupo por parte dos intelectuais, o reconhecimento que começou existir de um passado literário local, o começo de maior receptividade por parte de públicos, embora débeis e pouco numerosos, começam a definir uma articulação dos fatos literários. Esta foi a importância decisiva do século XVIII, cuja base é o movimento das Academias de cujo coroamento será a plena consciência de autonomia no século XIX (CANDIDO, 1998, p. 27).

Essa é uma ideia recorrente no pensamento de Antonio Candido, a que se pode acrescentar, ainda sobre a mesma época e ligada ao movimento academicista do período, a gênese do sentimento nativista brasileiro, que se traduzia em "atitudes nacionalistas em embrião" (CANDIDO, 1989, p. 167) ou no "desejo de mostrar que também nós tínhamos capacidade para criar uma expressão racional da natureza, generalizando o nosso particular mediante as disciplinas intelectuais aprendidas com a Europa" (CANDIDO, 1985, p. 97).

Mutatis mutandis, poderíamos considerar esses mesmos fenômenos como condicionantes da instauração dos academicismos oitocentista e novecentista: o agrupamento em torno da Academia Brasileira de Letras e, mais ainda, em torno do academicismo literário em sentido *lato*, trazia, a um só tempo, claras vantagens para os letrados do período, proporcionando-lhes um estatuto de escritor, concedendo-lhes as condições necessárias para seu sucesso junto ao público leitor, para sua atuação na imprensa, para a aceitação social, para a participação na cultura dominante local, para sua inserção em esferas administrativas do Estado, para a formação de uma consciência do intelectual e sua atuação na sociedade, base para a conformação de uma literatura nacional independente.

Esse sentido claro de valorização do acadêmico, de afirmação de sua identidade como *homem de letras*, enfim, de preservação de um *status quo* a muito custo adquirido, reverbera, ainda uma vez, os anseios do letrado do século XVIII, tal como se verificou na França de Luís XV, quando começa a se consolidar, de fato, um campo literário em que se assinala uma série de práticas sociais e culturais voltadas para a emancipação, para a consolidação e reconhecimento da *gens de lettres* (GOULEMOT, 1992; VIALA, 1985; ROCHE, 1998).

Com as devidas ressalvas, esse mesmo espírito corporativista, ligado a interesses tanto pessoais quanto de mercado, imperou incontestavelmente durante a passagem do século XIX para o XX no Brasil, o que sem dúvida alguma trazia inúmeras vantagens ao literato brasileiro: além daquelas que citamos há pouco, uma pelo menos de incontestável importância: a recepção/veiculação de suas obras, lidas e consumidas senão pela totalidade do parco público leitor da época, ao menos por seus pares intelectuais. É o que mostra, por exemplo, a enquete promovida por João do Rio nas páginas da *Gazeta de Notícias* a partir de 1905 e, posteriormente, publicada sob o sugestivo título *O Momento*

Literário (1907) (RIO, 1994). Em suas reportagens para a *Gazeta de Notícias*, João do Rio entrevistou aqueles que considerava os principais escritores e intelectuais da época, arrolando uma série de perguntas, sobretudo a respeito de suas leituras preferidas e influências literárias assumidas.

Analisando algumas das respostas dos intelectuais brasileiros para a pergunta que versava sobre a leitura preferida de cada um, obtemos informações bastante significativas. No que se refere especificamente à Literatura Brasileira, percebemos que os autores nacionais mais lidos eram contemporâneos à época da pesquisa (realistas, naturalistas, parnasianos), seguidos pelos românticos, pelos simbolistas e por outros (barrocos, árcades etc.). Entre todos os citados, destacam-se aqueles que, por algum motivo, estabeleciam uma relação estreita com certa oficialidade cultural, simbólica e praticamente representada, no período, pela Academia Brasileira de Letras, ainda que nem todos pudessem ser chamados de academicistas *stricto sensu*: Bilac, Machado de Assis, Coelho Neto, Alberto de Oliveira, Aluísio Azevedo, Raimundo Correa, Graça Aranha e outros. Mesmo entre as raras mulheres citadas, sobressaem aquelas que mantinham um vínculo informal com a estética academicista, representadas pelos nomes de Júlia Lopes de Almeida e Francisca Júlia.

Vejamos alguns desses dados ilustrados num gráfico, contendo a porcentagem de respostas relativas aos autores lidos, seguindo para tanto a seguinte lista, limitada a alguns autores brasileiros:

A) Bilac;
B) Machado de Assis;
C) Alberto de Oliveira e Coelho Neto;
D) Aluísio Azevedo, Castro Alves, Fagundes Varela e Gonçalves Dias;
E) Graça Aranha e Raimundo Correa;
F) Curvelo de Mendonça, Cruz e Sousa, José de Alencar e Luís Delfino;
G) Euclides da Cunha;
H) Álvares de Azevedo, Emílio de Meneses e Luís Murat;
I) Outros (66 autores).

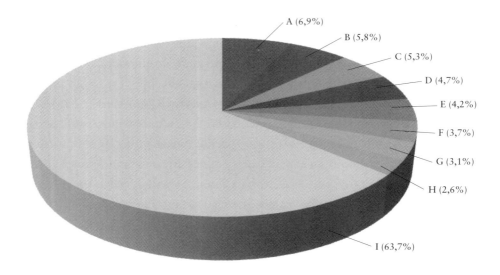

Como se pode facilmente comprovar, entre os autores citados como os mais lidos encontram-se justamente aqueles que, direta ou indiretamente, mantinham um vínculo com a oficialidade literária representada pela Academia. A análise dos dados expostos vem confirmar – na medida em que inventaria, na sua maior parte, nomes comprometidos com o movimento academicista da passagem do século – outras ideias que antes tínhamos sugerido, principalmente a de que havia um espírito corporativista a conformar boa parte da literatura produzida na época e a de que a filiação, formal ou informal, à estética e à ética academicistas redundava em inegáveis vantagens – do ponto de vista da recepção da obra literária – para os autores oficializados.

A hipótese de que esses mesmos autores – seguidos de outros que compactuavam com a estética academicista – também fossem lidos por um público menos intelectualizado, menos comprometido com o corporativismo acadêmico, revela-se plausível se atentarmos para alguns indícios claros da recepção literária no período. Por exemplo, é significativa outra enquete, agora promovida pelo periódico *A Semana*, de Valentim Magalhães, em 1893, a respeito das obras e autores de língua portuguesa mais lidos pelo público, resultando na escolha de autores que, se não compactuavam integralmente com a estética academicista, ao menos possuíam um vínculo incondicional com a Academia Brasileira de Letras e todo seu *entourage*: principalmente Machado de Assis e

Aluísio Azevedo. Outras enquetes populares – uma realizada por *O Malho* e outra pela revista *Fon-Fon!* – elegeram, respectivamente, Coelho Neto e Olavo Bilac, príncipes dos prosadores e dos poetas brasileiros. Fontes diversas nos dão conta ainda da acolhida pelo público leitor de nossos primeiros *best-sellers*, entre os quais encontram-se nomes de relevo no meio acadêmico, como Afrânio Peixoto (com *A Esfinge*, 1908). São dados incontestáveis – uma vez que pautados na suposta objetividade de enquetes e estatísticas –, que atestam a popularidade de autores ligados ao academicismo literário (BROCA, 1960; BROCA, 1993a; BROCA, 1993b; BROCA, 1991; MENESES, 1944; MENESES 1966; MENESES, 1953; MENESES, 1945; MENESES, 1958).

São esses pressupostos, mais sociais do que estéticos, que fundamentavam a ideologia academicista, norteando o modo de atuação literário e social e, finalmente, contribuindo de maneira decisiva para a formação do *homo academicus*.

A ideologia academicista na literatura brasileira: a *Revista Brazileira* e os discursos acadêmicos

COMO ACABAMOS DE VER, uma das características mais instigantes da literatura brasileira é a existência de um *corpo social* que, inspirado por um complexo ideário encomiástico – o qual funciona como sustentação ideológica do movimento academicista –, atua nos quadros de nossa sociabilidade literária, na passagem do século XIX para o XX. Ao contrário do que possa parecer, essa ideologia encontra-se moldada por uma pragmática literária regulada, em que obras e autores valem tanto pelo que dizem quanto pelo modo como expõem, esteticamente, suas ideias.

Nesse sentido, torna-se particularmente proveitoso o estudo de alguns elementos constitutivos dessa ideologia, que irão agir como uma espécie de divisor de águas entre dois modos diversos de atuação literária e de sociabilidade: trata-se, primeiro, da *Revista Brazileira* (1895-1900), berço institucional da Academia Brasileira de Letras e do ideário estético academicista; e, segundo, dos *discursos* proferidos pelos literatos em sessões acadêmicas. Ambos apontam para algumas características ideológicas que serão, ao longo de todo esse período, resgatadas pelos acadêmicos institucionalizados e por sua literatura oficializada.

Uma revista de formação acadêmica

Assim como os românticos da primeira geração se agruparam em torno do Instituto Histórico e Geográfico, da revista *Niterói* (e, depois, da *Minerva Brasiliense*) e de personalidades de destaque do século XIX, a fim de promoverem a oficialização, ainda que não declarada, da estética romântica (CANDIDO,

1981), também os literatos da passagem do século se agruparam em torno da Academia Brasileira de Letras, da *Revista Brazileira* e de personalidades da época, com propósitos semelhantes.

A *Revista Brazileira*, em sua terceira fase, surge como resultado do espírito empreendedor de José Veríssimo (EL FAR, 1997; OLIVEIRA, 1997), que se apressa, desde o começo, em desvincular o periódico da Academia Brasileira de Letras, embora seja notório o fato de que, primeiro, ela tenha servido de embrião da própria instituição a que se filiava e, segundo, seus colaboradores eram, em sua maioria, acadêmicos consagrados. Assim, um ano depois da fundação da Academia, José Veríssimo declara, respondendo a uma afirmação veiculada na célebre *Revue des Revues*, que a *Revista Brazileira* "não é orgão official nem officioso da Academia Brazileira" (VERÍSSIMO, 1898, p. 246). Mas o fato é que a *Revista Brazileira* surge como uma espécie de apoio institucional a um fazer literário que, em pouco tempo, seria tomado como modelo a ser seguido pelos membros da Academia Brasileira de Letras, embora seu aparecimento tenha sido saudado até por críticos aparentemente avessos a uma tentativa de institucionalização da literatura nacional, como é o caso de Araripe Júnior, em seu famoso opúsculo *O Movimento Literário de 1893*, que a coloca como um dos mais importantes acontecimentos da vida cultural brasileira (JÚNIOR, 1963).

A crítica contemporânea tem sido unânime na vinculação da revista à oficialidade literária promovida pela Academia, como nos revelam as afirmações de Machado Neto, para quem é possível detectar, nos últimos anos do Império, um grupo oficial que se posicionou em torno da *Revista Brazileira* e da Academia Brasileira de Letras (MACHADO NETO, 1973); ou de Antônio Dimas, para quem

> contemporânea da fundação da Academia Brasileira de Letras, esta e aquela [a *Revista Brazileira*] espelhavam-se reciprocamente na sisudez intelectual que lhe imprimiam seus responsáveis maiores e mais aplicados: Veríssimo, na revista; Machado, na Academia (DIMAS, 1994, p. 557).

Se tal vinculação pudesse ser disfarçada ou renegada, isso se daria não pelas já citadas afirmações de um José Veríssimo nas páginas da mesma revista, mas antes pela tentativa de aproximar o periódico de uma ideologia pretensamente pautada no ecletismo literário e ideológico. Há fortes indícios que caminham para esse fato, como se pode depreender das palavras de Sérgio Miceli, para quem a *Revista Brazileira* já sinalizava para a heterogeneidade que marcaria a Academia Brasileira de Letras, conjugando autores antigos e modernos (MICELI, 1979); ou como se pode inferir das afirmações de uma testemunha ocular e membro da própria Academia, Souza Bandeira, que recorda:

> quando, na dispersão geral, ninguem se lembrava de coisas intelectuais, o diretor da Revista (José Veríssimo) levantou a bandeira da cultura, chamando a campo todas as boas vontades. Não se inquiria a idade, posição social, das opiniões politicas, religiosas ou literarias dos colaboradores [...] Os sobreviventes do romantismo, os parnasianos impassiveis, os tenebrosos simbolistas, fraternisavam docemente, movidos pelo mesmo amor á poesia, que cada um entendia ao seu modo (BANDEIRA, 1917, p. 191/192).

Até mesmo no editorial de seu primeiro número, a *Revista Brazileira* expõe uma espécie de profissão de fé eclética, a fim de desfazer mal-entendidos que desde o princípio se propagaram:

> republicana, mas profundamente liberal, [a *Revista Brasileira*] aceita e admitte todas as controversias que não se achem em completo antagonismo com a inspiração da sua direcção. Em Politica, em Philosophia, em Arte não pertence a nenhum partido, a nenhum systema, a nenhuma escola. Pretende ser simplesmente uma tribuna onde todos os que tenham alguma cousa que dizer e saibam dizel-a, possam livremente manifestar-se (ANÔNIMO, 1895, p. 3).

Não nos deixemos enganar, contudo, com semelhante afirmação, pois se do ponto de vista ideológico a *Revista Brasileira* e seu prolongamento institucional – a Academia – revelaram-se, ao menos em teoria, ecléticas, do ponto de vista estético, procuraram alinhar-se por uma clara ideologia academicista: no próprio editorial citado, salta aos olhos a afirmação de que a *Revista Brazileira* aceitaria todos os posicionamentos ideológicos "que não se achem em completo antagonismo com a inspiração da sua direcção", o que já é, em si mesmo, uma inapelável delimitação; ou a de que estaria à disposição de todos os que, tendo alguma coisa a dizer, "saibam dizel-a". Além disso, as intenções declaradas não condiziam com a realidade, já que uma rápida visada no índice dos vinte volumes da revista nos revela um subliminar processo seletivo, contando com uma maioria de articulistas ligados ao ideário estético da Academia e com esporádicas contribuições de autores que professavam outros ideários estéticos, como os simbolistas, os decadistas, os adeptos da literatura "social" etc. Ademais, personalidades visceralmente ligadas à estética academicista não mediam esforços para atacar – nas próprias páginas da revista – autores que consideravam inaptos a figurar no panteão das personalidades institucionalizadas. É o caso de Múcio Teixeira que, num artigo sobre a Literatura Brasileira Contemporânea, critica acerbamente as novas estéticas não acadêmicas que se instauraram no país, concluindo: "paira uma sofreguidão indomavel sobre o meio literario e artistico, tão perigosa quão similhante ao anarchismo neste momento politico e social" (TEIXEIRA, 1895, p. 379). Graça Aranha, outro acadêmico de primeira ordem, tratando de assunto semelhante para a mesma revista, parece corroborar aquela assertiva, ao chamar a literatura simbolista de "tendencia livre ou reaccionaria da esthetica" (ARANHA, 1898, p. 212) e ao afirmar que

> o symbolismo não tem [...] um representante superior; está ainda informe, apezar das tentativas do Sr. Affonso Guimarães (*sic*) para adquirir originalidade e libertar-se da imitação e do gongorismo, que tanto há prejudicado a nova escola (ARANHA, 1898, p. 211).

E isso tudo considerando que o simbolista citado, Alphonsus de Guimaraens, mesmo que com uma participação quase inexpressiva, foi um dos poucos poetas não parnasianos a ter seus versos aceitos para publicação na própria *Revista Brazileira*, já que o Simbolismo cruzaria as portas do panteão acadêmico apenas tardiamente, por meio da figura de Félix Pacheco.

Valorizando, portanto, uma estética passadista, que via nos parnasianos e nos autores institucionalizados expressões máximas da literatura nacional; desprezando, na prática, divergências literárias e ideológicas que pudessem servir de contraponto ao ideário ético e estético mais tarde sancionado e consagrado pelos acadêmicos; assumindo, embora jamais às claras, uma oficialidade que fazia dela o embrião da Academia Brasileira de Letras; selecionando, enfim, com certo rigor aqueles autores que poderiam participar da formação da revista e, mais tarde, da própria Academia, a *Revista Brazileira* atuava de fato – ao lado dos discursos acadêmicos – como mais um dos fundamentos ideológicos e estéticos da literatura academicista.

Oradores oficiais da Academia

Ao lado da *Revista Brazileira*, o academicismo literário encontrará fundamentos ideológicos bem mais consistentes e sistemáticos em seus *discursos* de inauguração, de recepção, de encerramento do ano acadêmico, de posse, de resposta e de elogio. Trata-se de um curioso *corpus* "literário", por meio do qual se podem seguir mais de perto os passos, nem sempre retilíneos e firmes, da ideologia academicista no período em estudo.

Mais do que as revistas, os discursos foram moldando a ideologia academicista ao longo dos anos, sobretudo das primeiras décadas de existência da Academia. Nesse sentido, não é difícil entrever neles algumas constantes ideológicas bastante caras ao academicismo literário, como o cosmopolitismo, o aristocratismo, o purismo linguístico etc. Assim, em meio a arroubos encomiásticos próprios de uma confraria que prezava o corporativismo e o bom relacionamento *inter pares*, em meio a sessões folclóricas e polêmicas e a uma série de exposições "críticas" e "analíticas" que se ocupavam mais do retoricismo de superfície – aqui entendido como um discurso pomposo, mas vazio de conteúdo – que das ideias de fundo, em meio a tudo isso, os acadêmicos expunham a ideologia pela qual se pautavam a estética e a ética da agremiação que representavam.

Houve, é certo, alguns casos em que o discurso de posse teria criado certa celeuma, redundando em situações mais ou menos folclóricas, polêmicas ou anedóticas, como o discurso da igualmente tardia posse de Emílio de Menezes (1918), recusado pela Academia em função de alusões pessoais pouco abonadoras; como o discurso de recepção do recém-eleito Euclides da Cunha, proferido por Sílvio Romero (1906), em que o ilustre pensador teria aproveitado a presença do então presidente Afonso Pena para atacar sua política de valorização do café, conhecida como Convenção de Taubaté, motivo de censura prévia, desde então, de todos os discursos da Academia; como o discurso de recepção de Dantas Barreto, proferido por Carlos de Laet (1911), que atacou veementemente a memória de Joaquim Nabuco, a quem Dantas Barreto estava substituindo, acusando-o de desertor por sua adesão ao regime republicano.

Porém, entre um ou outro deslize, os discursos revelam-nos uma gama de sugestões, afirmações e tomadas de posicionamentos éticos e estéticos bastante reveladora do ideário academicista. Desse modo, uma das ideias mais caras aos acadêmicos e que serviria de fundamento ideológico para a Academia Brasileira de Letras é a concepção que tinham seus componentes da gênese da própria literatura brasileira. Para Joaquim Nabuco, por exemplo, então secretário geral da Academia, em seu discurso da Sessão Inaugural da instituição (1897), a literatura brasileira deveria ser considerada basicamente a partir de seu vínculo – em sua opinião, indelével – com uma origem europeia, sobretudo francesa:

> julguei sempre estéril a tentativa de criarmos uma literatura sobre as tradições de raças que não tiveram nenhuma [tradição]: sempre pensei que a literatura brasileira tinha que sair principalmente do nosso fundo europeu (CAMPOS, 1960, p. 15).

Os discursos acadêmicos são também reveladores quanto ao papel desempenhado pela Academia no meio literário nacional, a qual atuaria como entidade sistematizadora, consagradora e condutora moral de nossa produção literária. É, pelo menos, o que sugerem em seus discursos de recepção, primeiro, Alcides Maya (1914), para quem "a função da Academia é ligar o Brasil de norte a sul, *sistematizando* e *consagrando* todas as manifestações da alma coletiva" (ACADEMIA BRASILEIRA DE LETRAS, 1935, p. 10, grifos nossos); e, segundo, Antônio Austregésilo (1918), para quem cabe à Academia

> o dever de contrariar essa tendência nacional do menospreço, e só
> ela pode fazê-lo com eficacia, por ser o centro da federação literária
> do Brasil. Cabe-lhe *dirigir* a nossa literatura, *zelar* por ela, *protegê-
> -la*, ativando, propagando, disseminando o conhecimento das nossas
> produções, estimulando o gôsto literário e firmando a nossa tradição
> (ACADEMIA BRASILEIRA DE LETRAS. 1935, p. 57, grifos nossos).

Mais do que as questões ideológicas aqui aventadas, podem-se apontar duas ideias recorrentes que os discursos acadêmicos contemplam: a primeira é a de que uma das funções primordiais da Academia seria zelar pela conservação e pureza da Língua Portuguesa; a segunda é a ideia de aristocratismo, em função da qual os acadêmicos eram alçados à condição de espécimes distintas de artistas, ocupando uma posição de destaque em nosso meio sociocultural.

É curioso, por exemplo, perceber que ao mesmo tempo em que Pedro Lessa – em seu discurso de sucessão de Lúcio de Mendonça, em 1910 – defende a ideia de que a Academia tem como uma de suas principais atribuições zelar pela pureza da nossa língua, para Coelho Neto – em seu discurso de recepção a Osório Duque-Estrada, em 1916 –, a língua portuguesa tem sido maculada por bárbaros que a abastardam e a envilecem. Este ideário purista e de clara extração aristocrática e segregacionista, na medida em que renega qualquer diversidade linguística e, no limite, estética, está presente na maior parte dos discursos acadêmicos, como ilustram algumas passagens de Miguel Couto – agora no discurso de sucessão de Afonso Arinos, em 1919 –, para quem "são os bons escritores, oh! os raros bons escritores! que lhes [das línguas] guardam a incorruptibilidade e a nobreza" (CAMPOS, 1960, p. 311); e de Rodrigo Octávio – na resposta ao discurso de recepção de Alcides Maya, em 1914 –, para quem

> a Academia aspira exercer na formação e apuro desse idioma nosso,
> tão opulento e flexuoso, a ação paralela de o preservar de desvios que
> o deturpem e desfigurem, e de lhe enriquecer o mealheiro de vocábu-
> los de expressões típicas e sugestivas, que o gênio de nossa raça por
> toda a parte engendra, transmite e perpetúa (ACADEMIA BRASILEIRA
> DE LETRAS, 1935, p. 36).

Como sugerimos anteriormente, tais concepções estão vincadas por um ideário permanentemente segregacionista, mesmo que alguns acadêmicos procurem desfazer esse equívoco com posicionamentos supostamente mais liberais, na medida em que parecem fazer concessões a um linguajar popular. Analisemos esse trecho em que Machado de Assis – no discurso de encerramento do Primeiro Ano Acadêmico, em 1897 – explicita um dos propósitos da Academia: "a Academia [...] buscará ser, com o tempo, a guarda da nossa língua. Caber-lhe-á então defendê-la daquilo que não venha das fontes legítimas – o povo e os escritores" (CAMPOS, 1960, p. 22). A ideia de "povo", presente nesse trecho, parece-nos mais retórica – no sentido figurado, de discurso vazio e empolado – do que verdadeira, pois, encastelados em seu aristocratismo não poucas vezes simbolizado pela *torre de marfim*, os acadêmicos estavam muito mais propensos a tomarem para si próprios o "dever" da manutenção da pureza da língua do que a aceitar a contribuição, aos olhos de muitos deles deletéria, do "povo". Com efeito, como dissera Olavo Bilac – em seu discurso de elogio a Gonçalves Dias, em 1901 –, ao defender o culto do idioma, "não se dirá que seja enriquecer uma língua o deturpá-la, o desconjuntá-la, o transformá-la na *algaravia grosseira que corre as ruas*" (CAMPOS, 1960, p. 36).

Esse aristocratismo velado, que presenciamos ao ler alguns dos mais célebres e prestigiados oradores da Academia, surge mais explicitamente quando o assunto deixa a seara linguística para tocar em questões mais genéricas, como a função institucional da Academia ou a posição que o artista acadêmico deve assumir perante a sociedade.

Para Machado de Assis, por exemplo, em discurso já citado, a Academia tem uma função aristocrática:

> a Academia Brasileira de Letras tem de ser o que são as associações análogas: uma torre de marfim, onde se acolham espíritos literários, com a única preocupação literária [...] Homens daqui podem escrever páginas de história, mas a história faz-se lá fora (CAMPOS, 1960, p. 20/21).

Há afirmações bastante curiosas e reveladoras nesse pequeno trecho, destacando-se, sobretudo, aquela ideia já aludida aqui do aristocratismo inacessível, simbolizado pela imagem da *torre de marfim*, mas também essa afirmação de que a Academia deve agrupar apenas aqueles que têm como preocupação exclusiva a literatura, o que vai de encontro à teoria dos expoentes, adotada anos mais tarde por acadêmicos notórios, como estratégia para o ingresso na Academia de personalidades não literatas.

Semelhante ideário perpetua-se pelos mais variados discursos acadêmicos, na pena dos mais diversos escritores e intelectuais e em épocas igualmente distintas. Para Francisco de Castro, em seu discurso de sucessão de Visconde de Taunay (1900), o mundo das letras está acima da mediocridade democrática e os escritores devem se colocar além da "condição terrena"; os acadêmicos, nesse sentido, seriam uma espécie de eleitos, pois "[o espírito literário] é um poder aristocrático por excelência" (CAMPOS, 1960, p. 47). Para Mário de Alencar, em discurso de recepção de Antônio de Austregésilo (1914), o escritor forma uma casta privilegiada, podendo, metaforicamente, ser comparado aos deuses. E para João do Rio, em discurso de recepção a Luiz Guimarães Filho (1917), os artistas, seres especialmente dotados de uma espécie de dom divino, seriam

> os iluminados, os organistas da grande catedral que no tesouro da polifonia colhem a unidade universal [...] as pequenas inteligências, porém, não ascendem jamais a tais altitudes de compreensão. Escapa-lhes sempre a aptidão para o *sublime* das pedras iluminadas (CAMPOS, 1960, p. 260).

Essas manifestações sistemáticas de uma espécie de aristocratismo literário e social podem ser percebidas ainda nas palavras de um Rodrigo Octávio, de um Austregésilo de Ataíde, de um Affonso Celso e muitos outros. Trata-se, enfim, de um dos pontos mais salientes – ao lado daqueles já aqui revelados – do ideário academicista, divulgado com empenho e convicção por meio dos discursos proferidos nos eventos oficiais da Academia.

Assim, a formação de um ideário de sustentação da *estética* academicista passa pela assimilação e divulgação de alguns conceitos caros aos princípios éticos da Academia Brasileira de Letras, que vão da formação de uma tradição literária brasileira (a qual pode, por exemplo, ser simbolizada pelos nomes escolhidos como patronos das quarenta venerandas cadeiras da instituição) até a manutenção de uma linguagem purista e a sustentação de um autêntico espírito de casta.

ACADEMICISMO E INSTÂNCIAS LEGITIMADORAS

"A Imprensa é a vista da Nação."
Rui Barbosa

"Hoje […] o mundo todo
é um scenario de conferencias."
Gilberto Amado

"Oh Pariz! Pariz!… Como transformas as almas,
mesmo as mais austeras e sisudas…"
Elysio de Carvalho

Consagração e decadência do academicismo literário: o caso do jornalismo

DE TODAS AS INSTÂNCIAS LEGITIMADORAS do *modus faciendi* academicista, o jornalismo é sem dúvida uma das mais complexas, exatamente por desempenhar duplo papel em relação à estética da Academia: ao mesmo tempo em que consagra *socialmente* o escritor acadêmico, o que era imprescindível para a própria vigência dessa estética no período, atua no sentido inverso, desvalorizando *esteticamente* o escritor e, consequentemente, prognosticando uma época de decadência da literatura academicista.

Ao legitimar a estratégia de visibilidade social e literária promovida pela Academia, a imprensa serviu de uma espécie de tribuna pública, por intermédio da qual se podia divulgar os ideais artísticos e políticos dos acadêmicos, além de sua ética e estética. Era todo um aparato editorial, composto principalmente por grandes jornais e revistas mundanas, que publicava romances, poemas, crônicas, contos e novelas, por meio dos quais o autor tornava-se mais conhecido do público, adquirindo assim maior prestígio social, o que, não raramente, se traduzia numa mais larga recepção de sua produção artística. A imprensa, evidentemente, também ganhava com essa estratégia, já que a incorporação de nomes bem aceitos pelo público leitor ao seu corpo de redatores significava, expressamente, maior vendagem, portanto o alargamento da margem de lucro. Por isso mesmo, não se importava em servir de palanque artístico ou político para muitos acadêmicos, desde que isso pudesse reverter em benefícios para ambos os lados.

Em suma, consagrava, consagrando-se...

Mas todo esse processo não se fazia sem contrapartida: a adesão incondicional ao jornalismo e suas práticas textuais acabava comprometendo exatamente o cerne da produção academicista e um de seus pilares estéticos: a forma. Desse modo, o preço pago pelo escritor – que, a partir de então, transformava-se numa categoria biforme, definida precariamente como escritor-jornalista – era grande: em troca de um prestígio pessoal inconteste, que a imprensa lhe proporcionava, produzia-se um paulatino esvaziamento de sua expressão estética em favor de uma escritura mais ágil, efêmera e superficial, logo, *formalmente* menos acadêmica.

"A imprensa é a vista da Nação"

Como já assinalaram diversos estudiosos do assunto, a passagem do século XIX para o XX marca a transformação irreversível do jornal em produto de consumo corrente, inaugurando uma verdadeira "idade de ouro da imprensa" (ALBERT & TERROU, 1990, p. 51). Várias causas desse progresso podem ser apontadas, como a generalização da instrução, a democratização da vida política, a urbanização crescente, o desenvolvimento dos transportes e dos meios de comunicação, a modernização das técnicas ligadas à imprensa etc. Tudo isso faria com que essa passagem de século se transformasse, como já apontou WEBER (1988), numa época particularmente afeita às notícias, aos *faits divers*, aos boletins e às manchetes sensacionalistas, enfim, a uma complexa rede de comunicação que tinha em seu ápice o próprio jornal. Além disso, trata-se de uma época que – sobretudo na Europa, mas também no Brasil – seria marcada pela consolidação profissional do jornalista, momento em que ele se constitui num autêntico profissional da escrita, adquirindo, a partir de então, prestígio e reconhecimento jamais vistos antes (BOIVIN, 1949; MARTIN, 1997; LEUENROTH, 1987; MOREL, 1988).

A imprensa, que já tinha uma tradição bastante longa na Europa, com uma história que datava pelo menos do final do século XVI, chega ao Brasil tardiamente: a princípio, de forma ainda incipiente e precária, ligada à burocracia administrativa, no início do século XIX, trazida por D. João VI; depois, já em fins do mesmo século, com a ocorrência de uma série de transformações sociais, políticas e econômicas, de modo mais desenvolvido. A aquisição, pela imprensa, de um estatuto empresarial deve-se, contudo, já na passagem do século XIX para o XX, principalmente a dois fatores sócio-históricos concretos: a urbanização e a industrialização do país. A partir de então, a imprensa passa a atender às necessidades de divulgação de uma cultura letrada incipiente, de suporte a uma estrutura burocrática comercial e industrial, de apoio à organização administrativa das cidades, de sustentação e divulgação de ideologias diversas (MEDINA, 1988; MELO, 1973; SODRÉ, 1977; CAPELATO, 1988).

Com isso, a imprensa passa a desfrutar de um poder quase inabalável, tornando-se, com sua temível ubiquidade, um dos mais importantes instrumentos modernos de democratização. Para o bem ou para o mal, envolve-se com o poder constituído, com toda sorte de ideologias e com a cultura de um modo geral. Logo, como não poderia deixar de ser, com a literatura e os literatos.

Assume, assim, nas sociedades modernas ou em vias de modernização, aquele papel insinuado pela célebre máxima de Burke, segundo a qual a imprensa se constituía, resolutamente, num indefectível *quarto poder*. Trata-se de um poder imediatamente reconhecido por todos que estão à sua volta, por todos aqueles que, com ela, estabelecem uma relação um pouco mais íntima, os quais, no Brasil, são representados por intelectuais e escritores de variado matiz. É o que demonstram as palavras de Rui Barbosa que, em conferência editada na Bahia em 1920, num libelo contra os abusos da imprensa e suas possíveis relações venais com o poder constituído, exprime bem o caráter ubíquo a que aludimos:

> a imprensa é a vista da Nação. Por ela é que a Nação acompanha o que lhe passa ao perto e ao longe, enxerga o que lhe malfazem, devassa o que lhe ocultam e tramam, colhe o que lhe sonegam, ou roubam, percebe onde lhe alvejam, ou nodoam, mede o que lhe cerceiam, ou destroem, vela pelo que interessa, e se acautela do que a ameaça (BARBOSA, 1990, p. 37).

Consciência semelhante acerca do poder da imprensa é revelada por muitas outras personalidades da época, seja nas crônicas mundanas de um Humberto de Campos (CAMPOS, 1936) ou um Filinto de Almeida (ALMEIDA, 1931); seja em passagens ficcionais de um João do Rio, para quem a imprensa é "uma grande força" (RIO, 1992, p. 35) ou de um Lima Barreto, para quem o jornal é "uma empresa de gente poderosa" (BARRETO, 1990, p. 63), opiniões, aliás, emitidas por dois de nossos maiores jornalistas.

Essa mesma consciência, por fim, é demonstrada por Olavo Bilac, outro eminente jornalista, na célebre revista *Kosmos*: comentando a viagem do futuro presidente Afonso Pena pelo Brasil, o autor aproveita a oportunidade para falar a respeito da soberania do jornal sobre outros poderes, tecendo comentários peremptórios:

> quão vasto e profundo é o poder do jornal, quão tyrannico é o seu imperio, e quão implacavel é o seu despotismo [...] nas democracias modernas, o jornal é o Quarto Poder, um poder tão forte como os outros, e mais terrivel e tyrannico do que elles (BILAC, 1906, p. 2).

Mas a relação que mais de perto nos interessa é aquela estabelecida entre a imprensa e a literatura, uma relação que se desdobra numa imbricada convivência entre o escritor e o jornal. Nesse sentido, pode-se afirmar sem receio que tal ligação iria desencadear uma série de consequências até então inimagináveis para a produção literária do período, as quais contraditoriamente redundarão, primeiro, num maior prestígio do autor e numa mais profícua legitimação da estética academicista; e, segundo, num ininterrupto processo de degenerescência do academicismo literário.

De modo geral, a imprensa, desde seu princípio, sempre esteve envolvida com a linguagem literária de forma iniludível. Com efeito, como nos ensina Sylvain Auroux, desde o século V da nossa era até o século XIX, a cultura ocidental viveu uma espécie de ampla revolução técnico-linguística, que corresponde a um intenso processo de gramaticalização massiva; tal fato acabou criando uma rede de comunicação mais ou menos homogênea, centrada inicialmente na Europa, tendo sido condicionado, entre outras coisas, pela necessidade de uma política linguística que se prestava a pelo menos dois interesses: organizar e regular uma língua literária e desenvolver uma ação de expansão linguística. O aparecimento e desenvolvimento da imprensa, nesse contexto, com sua capacidade de multiplicação dos textos, contribuiu sobremaneira para que essa organização/regulação da língua literária tivesse êxito e, consequentemente, para que a revolução de que fala o autor pudesse tornar-se uma realidade (AUROUX, 1992).

No Brasil da passagem do século, a imprensa serviria, de modo análogo, à organização/regulação da linguagem literária, mas talvez de uma forma muito mais tendenciosa, isto é, buscando organizar e regular *um determinado tipo* de linguagem literária, justamente aquele que servia de base à consolidação da estética academicista. Há que se lembrar, além disso, que os meios de comunicação impressa, sobretudo os de grande porte e de poder de influência imponderável, estavam praticamente todos nas mãos dos próprios acadêmicos; a literatura acadêmica, por sua vez, tinha criado um vínculo com o jornalismo de tal modo intenso, que muitas vezes acabou-se confundindo com a própria imprensa, seja através do largo sucesso da crônica jornalística no meio literário, seja pela entrada de grandes jornalistas no "átrio sagrado" da Academia Brasileira de Letras; e, finalmente, os jornais e revistas mundanas acabavam servindo de palanque privilegiado – e discricionário! – para que os poetas e romancistas acadêmicos pudessem promover suas obras por meio de uma complexa rede de publicidade e autopromoção. Embora as tendências que emulavam a Academia também detivessem certo espaço na imprensa do período, é certo que se tratava de um espaço muito mais restrito, seja por se limitarem a periódicos pequenos e de "segunda categoria" (como ocorria com os autores de extração anarquista ou anarco-sindicalista, como Domingos Ribeiro Filho, José Saturnino de Brito, Pausílipo da Fonseca, Curvelo de Mendonça, Avelino Fóscolo, Lima Barreto, Afonso Schmidt e outros), seja por adotarem como instrumento de difusão meios bastante restritos do ponto de vista estético (como ocorria com os autores simbolistas e decadistas, com seus periódicos de pouco alcance em relação à grande imprensa, de que são exemplos *Rosa-Cruz*, *Cenáculo* e outros).

Dessa forma, não se pode negar o vínculo bastante estreito que imprensa e literatura – particularmente a literatura academicista – estabeleciam, numa proveitosa troca de favores, resultado de uma evidente manifestação de *intercomunicabilidade* entre ambas as formações discursivas (LAJOLO, 2000; LAJOLO & ZILBERMAN, 1996; GOMES, 1983).

Escritor-jornalista: profissional da imprensa

Vista quase sempre por uma ótica superlativa como "o mais elevado expoente do *snobismo* nacional" (AGUDO, 1917, p. 77), para os pessimistas, ou "a mais importante criação dos tempos modernos" (NEIVA, 1927, p. 97), para os otimistas, a imprensa – essa vitrine consagradora dos literatos oficializados, como aludimos acima – define-se melhor a partir da *profissionalização* do escritor. Em outros termos, é por meio do processo de profissionalização que, no Brasil, a imprensa irá se consolidar e que a literatura irá se ajustar aos moldes acadêmicos. Resumidamente, o encontro entre literatura e imprensa, que se dá de modo flagrante no despertar do novo século, passa necessariamente pela transformação de escritor em profissional. Logicamente, não se trata de um processo fácil, imediato, sem consequências para a cultura nacional; ao contrário, trata-se de uma longa jornada que, a rigor, data dos primeiros anos do século XIX, quando a imprensa é trazida oficialmente ao Brasil pela corte de D. João VI, embora seja durante a passagem para o século XX que o processo vai-se adensar definitivamente, criando o escritor-jornalista, o profissional da escrita, o *homem de letras*, no sentido mais amplo do termo.

Há, em todo esse processo, um instante que pode ser detectado de maneira mais precisa, menos difusa: é exatamente a transformação do escritor-boêmio em escritor-profissional, do diletante das letras em operário das palavras, quando o escritor perde sua aura de leviano e errante para adquirir, entre orgulhoso e resignado, a aura de trabalhador. É, portanto, a partir desse momento que o autor passa a conviver com uma complexa rede de relações socioculturais, a qual comporta tanto elementos *fundantes* (Academia Brasileira de Letras, *Revista Brazileira* etc) quanto elementos *circunstanciais* (imprensa, salões literários etc) que se ligam, direta ou indiretamente, à estética academista.

Uma parcela considerável dos escritores do século XIX era composta por um grupo que podemos denominar, ainda que de forma pouco precisa, de *boêmios*. Eram, basicamente, os autores que pouco compromisso tinham com a sociedade burguesa, formada por uma classe média urbana que vivia cada vez mais dependente da burocracia estatal, de atividades ligadas à indústria ou ao comércio e cada vez menos associada a uma economia de origem patriarcalista e rural. Por isso mesmo, autores que viviam fora do âmbito familiar e aburguesado que caracterizava parte da sociedade carioca de fins do século:

> a boemia constrói um modelo simetricamente inverso à vida privada burguesa. Primeiramente por sua relação invertida com o tempo e o espaço: vida noturna, sem horários, [...] de intensa sociabilidade tendo como palco a cidade, os salões, bares e avenidas (PERROT, 1994, p. 295).

Tratava-se de autores que, alheios a regramentos diversos, sentiam-se comprometidos unicamente com o ideal artístico que propunha a literatura como atividade errante, sem regras definidas, desvinculada de qualquer padronização. Um ideal não totalmente isento de sacrifício, dadas as difíceis condições de vida da época; mas, ainda assim, um ideal. É nesse sentido que Aluísio Azevedo, um dos autores acadêmicos que vivera intensamente a passagem do escritor-boêmio para o escritor-profissional, reclama, num trecho de mau romance, do uso inconsequente que se faz do conceito de boêmio, ressaltando que ele, ao contrário, pressupõe "a ideia de sacrifício e de pungente esforço na conquista do ideal e do bello" (AZEVEDO, 1937, p. 302).

A imagem dos boêmios como um grupo operoso, marcado pelo sacrifício e premido pelas necessidades prosaicas da vida cotidiana, levaria alguns críticos a considerar a boemia brasileira – numa ótica inversa a que aqui adotamos para o tratamento do assunto – o resultado de um processo penoso de profissionalização do escritor. Para Brito Broca, por exemplo, teria sido até mesmo o jornalismo que, curiosamente, se alçara à categoria de verdadeiro responsável pela inauguração de uma vida boemia no Brasil, fazendo com que os até então bacharéis e burocratas passassem a viver de expedientes na imprensa. Nesse sentido, afirma o autor, "a boemia resultou [...], paradoxalmente, da valorização do trabalho intelectual nas duas últimas décadas do século" (BROCA, 1991, p. 320). Acreditamos, contudo, tratar-se de uma proposição parcial, necessitando ser, pelo menos, relativizada: se por um lado o jornalismo atuou – num primeiro momento – na proliferação de uma vida boêmia mais ou menos extensa, por outro lado – num segundo momento – acabou incentivando a burocratização do escritor, cuja vida passa a ser regida pelo trabalho intenso, penoso, cronometrado e quase burocrático das redações de jornal. Como dissemos acima, de boêmio, errante da escrita, o escritor passa à categoria de jornalista, profissional da pena.

Para nós, portanto, não teria sido a profissionalização do escritor que criara as condições necessárias ao desenvolvimento da boemia – ao menos daquela boemia "tradicional" de que estamos falando: descomprometida, irreverente e errante –, mas esta que, ao findar, teria proporcionado o surgimento definitivo do profissional da escrita, um profissional indelevelmente vinculado à imprensa. O próprio Brito Broca reconhece que, na passagem do século, época áurea do jornalismo, a boemia sofre uma nítida "conversão burguesa" e o escritor torna-se um "homem sério" (BROCA, 1993, p. 173/177; BROCA, 1960).

Assim, a decadência da boemia marca a ascensão do escritor profissional, do jornalista confesso, do plumitivo de ofício. E marca, também, seu paulatino aburguesamento, de que são exemplos as figuras de um Coelho Neto, um Aluísio Azevedo, um José do Patrocínio e outros. A boemia, que nunca fora completamente incompatível com o jornalismo, vai perdendo cada vez mais terreno para uma atividade que se profissionaliza a passos largos, como comprova o caso singular do jornal *Cidade do Rio*, de José do Patrocínio:

> o *Cidade do Rio* assinala, na verdade, a última ação da boemia imperial, uma geração que já se havia aburguesado na República e, de um ponto de vista literário, deve ter boa compostura para aspirar a uma cadeira no cenáculo das letras – a Academia Brasileira, cujo presidente, Machado de Assis, distingue os homens sérios dos boêmios (BAHIA, 1990, p. 149).

O ambiente descompromissado da boemia é substituído pelo ambiente sisudo e austero da Academia, que como estamos procurando mostrar, tinha no jornalismo – de onde tirava seus pares e com o qual estabelecia uma relação de mútuo favorecimento – um de seus principais sustentáculos. Com a ascensão do jornalismo como profissão mais definida, há uma mudança de comportamento que separa, sugestivamente, o boêmio do profissional, fazendo com que aqueles que não conseguissem se adaptar ao novo estilo de vida fossem marginalizados ou passassem a viver de outros expedientes que não o literário (Lima Barreto, Paula Nei, Bastos Tigre, Patrocínio e outros).

Já bastante enfraquecida em função do jornalismo, e, no seu rastro, da literatura "profissional"; de uma nova fórmula de extravagância literária, qual seja a "boemia dourada" dos salões mundanos; das inúmeras transformações sociais provocadas pelo processo de desenvolvimento urbano da Capital Federal, a boemia "tradicional" sofre seu golpe de misericórdia durante o governo Floriano Peixoto, tido por quase todos os intelectuais da época e críticos posteriores como o verdadeiro "destruidor da boemia literária no Brasil" (CAMPOS, 1940, p. 186; MENEZES, 1944; PONTES, 1935; VELLOSO, 1996).

Desse modo, a passagem do século XIX para o XX marca, como em nenhuma outra época de nossa história literária, a institucionalização de uma estética por meio da afirmação profissional de escritores-jornalistas que – sediados em instituições de peso, como alguns órgãos da imprensa e a Academia – agiam no duplo sentido de prestigiar a profissão de jornalista e valorizar a atuação do escritor. As palavras de Machado Neto resumem, de maneira exemplar, essa ideia:

> nessa época é que se podia ainda dizer que não havia sequer a profissão do escritor, especialmente quando a afirmação partia de jovens da geração boêmia dos fins do século, contemporânea das lutas da abolição e da república. Depois que essa geração assumiu a vigência intelectual e social de seu tempo e consagrou essa vigência na institucionalização da profissão intelectual através da criação da Academia Brasileira da Letras, não há como negar que essa profissão já estava socialmente aceita e acatada, em particular, por meio do prestígio social que o escritor obtém através do jornalismo, em que pesem o imenso trabalho e os poucos ganhos que ela representava (MACHADO NETO, 1973, p. 81).

Nem a imprensa nem a Academia – esta ainda mais seletiva do que aquela – se constituíam num espaço apropriado à boemia literária, prestigiando, antes, o trabalho "sério", empenhado e responsável dos escritores. Há, contudo, raros registros na historiografia literária brasileira de autores que viveram exclusivamente de seu trabalho literário, mantendo-se de acordo com um padrão de vida minimamente aceitável. Em geral, e isso desde os primórdios da atividade literária, os autores eram obrigados a se dedicar a outras tarefas, principalmente àquelas ligadas à política, à educação ou à administração pública. A literatura era uma atividade circunstancial, situação que se agravava pelo fato de não haver, durante todo o século XIX e parte do XX, qualquer espécie de proteção aos direitos autorais. Viver da pena – e, assim mesmo, em condições que deixavam a desejar – começa a ser possível apenas com o regime republicano e a entrada do novo século, quando algumas condições essenciais à consolidação da profissão de jornalista se impõem: desenvolvimento e expansão da imprensa, criação de associações e sindicatos ligados à atividade editorial, ascensão social do escritor etc. Para muitos autores, portanto, a atividade literária fora vista, durante muito tempo, como um autêntico passatempo, situação que só começa a se alterar com a proliferação dos *anatolianos*, verdadeiros polígrafos-profissionais da Primeira República (MICELI, 1977; JÚNIOR, 1994; LUCAS, 1985).

Entre a literatura e o jornalismo

Com a profissionalização do autor, incentivada pelo jornalismo, criaram-se condições institucionais para o desenvolvimento do academicismo. De fato, são os acadêmicos os primeiros autores a ocuparem os melhores espaços na grande imprensa da época, difundindo seus ideários éticos e estéticos; são eles também que usam o jornal como instrumento de publicidade de suas obras; são, enfim, aqueles que combatem, pelas páginas dos jornais, obras e autores que rivalizavam com a literatura academicista. A par disso, há indícios seguros da estreita relação entre a literatura oficial e a imprensa, de cuja familiaridade a obra *O Momento Literário*, de João do Rio, já aqui referida, pode ser tomada como um indicativo. Analisando as respostas dos intelectuais brasileiros – praticamente todos ligados, direta ou indiretamente, à Academia – à pergunta estratégica que o célebre cronista lhes fizera ("O jornalismo, especialmente no Brasil, é um fator bom ou mau para a arte literária?"), chegamos a um resultado bastante sintomático do que ocorria no período: dos 37 entrevistados, 19 (51,3%) responderam tratar-se de um fator *positivo*, 8 (21,7%) optaram por um indefinido *meio termo* e 10 (27%), por considerá-lo *negativo*. E alguns chegam mesmo ao exagero de afirmar, como é o caso do acadêmico Sílvio Romero, que o jornalismo pode ser considerado "o animador, o protetor, e, ainda, o criador da literatura brasileira" (RIO, 1994, p. 50).

Não temos dúvida, diante desse quadro, de que o jornalismo deva ser considerado uma importante instância legitimadora do academicismo literário no Brasil, a despeito de algumas ressalvas que podem ser feitas a esse respeito. Assim, a incidência do jornalismo sobre a literatura do período – particularmente sobre a literatura academicista – é tamanha, que alguns críticos e estudiosos do assunto não hesitam em propor até mesmo uma reformulação da historiografia literária pré-modernista, a partir da consideração da remodelação técnica relacionada à profissionalização do escritor:

> pensando no confronto que se esboça, de fins do séc. XIX à década de 20, entre a produção cultural e horizonte técnico em formação, é possível imaginar uma outra forma de definição do período literário em questão. E que leve em conta as transformações na percepção de autores e leitores citadinos e no modo de produção cultural, em sintonia com uma incipiente profissionalização, sobretudo via imprensa, para os homens de letras (SÜSSEKIND, 1988, p. 34).

Além das já aludidas acima, as consequências concretas dessa ligação estreita entre jornalismo e academicismo eram visíveis, todas elas resultando na sua consolidação como estética vigente na passagem do século: alargamento do público leitor, prestígio social e reconhecimento dos autores acadêmicos, expansão das possibilidades profissionais do escritor, aumento de sua influência no contexto político republicano etc. (SÜSSEKIND, 1987). Aliás, particularmente a respeito deste último item, não é necessário acurado exercício reflexivo para concluir que a estética acadêmica foi sendo paulatinamente incorporada pelos grupos políticos institucionalizados, com os quais estabelecia uma duvidosa relação de troca de favores, o que por conseguinte acabava justificando sua natureza oficializada.

Assim, essa "literatura oficial" surge umbilicalmente ligada à noção estrita de poder político, a um só tempo influenciando e sendo influenciada por ele. Essa é uma tradição, aliás, que não diz respeito apenas ao Rio de Janeiro do período, mas a todas as grandes cidades latino-americanas que, a partir de meados do século XIX, conheceram uma verdadeira reviravolta cultural, com a literatura cada vez mais servindo de "alavanca de ascensão social, da respeitabilidade pública e da incorporação aos centros de poder" (RAMA, 1985, p. 80; CARVALHO, 1988; MACHADO NETO, 1973; SEVCENKO, 1989).

É por isso que, se por um lado, a profissionalização do escritor contribuiu para sua emancipação, por outro lado ela o atrela ao poder constituído, tornando-o, de certo modo, dependente da esfera político-administrativa. É por isso também que se pode dizer, sem receio de exagerar, tratar-se de um processo de profissionalização às avessas, uma profissionalização que nasce como imperativo da emancipação do escritor e termina, não poucas vezes, com seu atrelamento às esferas do poder político constituído. Mas se essa é uma espécie de profissionalização às avessas, em que o trabalho do escritor serve, antes, como mediador de uma relação profissional de outra natureza, administrativa ou política, o mesmo não se pode dizer da estrita profissionalização do escritor, processo por meio do qual o autor procura passar de um estágio de *amador da pena* para uma categoria em que é socialmente reconhecido como um *profissional da escrita*.

Não há dúvida de que o desenvolvimento da imprensa a partir das últimas décadas do século XIX foi o principal fator responsável por esse fenômeno. Com efeito, é no diálogo – ora tenso, ora amigável – entre imprensa e literatura que podemos situar os primeiros passos de uma efetiva profissionalização do escritor, capítulo essencial da história da literatura do período e que traz em seu bojo personalidades como as de Coelho Neto (considerado por alguns o primeiro autor a receber remuneração sistemática por sua atuação como escritor), Olavo Bilac, Humberto de Campos, Lima Barreto e muitos outros. E é nessa época, de fato, que o escritor passa a ter uma atuação mais incisiva e frequente nos órgãos de imprensa, o que expande consideravelmente suas possibilidades, até então limitadas, de profissionalização.

Evidentemente, a expansão profissional do escritor gerava toda sorte de conflitos e possibilitava diversas distorções éticas, uma vez que o poder de que estava imbuído, quando tornado um profissional reconhecido na imprensa, podia ser facilmente empregado no sentido de estabelecer vínculos espúrios, como ocorria nas relações entre escritor e governo, conforme aludimos acima. Mas tais distorções podiam ser menos complexas e/ou políticas, podendo-se manifestar como simples desonestidade profissional por parte do escritor-jornalista, como pode ser entrevisto nas repetidas críticas que Lima Barreto faz aos profissionais da imprensa nas suas *Recordações do Escrivão Isaías Caminha* (1909). É Lima Barreto, aliás, quem emerge como uma nobre exceção nesse meio, destacando-se como um exemplar profissional da escrita, seja por seu rigoroso senso de justiça, seja por sua invejável independência.

Da dolorosa ambiguidade forjada na relação tensa entre emancipação e dependência, entre liberdade profissional e subordinação, nasce uma visão extremamente pessimista do profissional das letras (literato e/ou jornalista), que muitos intelectuais da época não hesitaram em expor de modo pateticamente perverso. Personagem instigante dessa história de muitas lacunas é a figura de Humberto de Campos, escritor copioso que, desde cedo, aliou com êxito incomparável literatura e jornalismo: tendo começado sua carreira literária como poeta, dedicou-se com afinco à crônica jornalística, sendo capaz de escrever uma mesma história em duas versões, uma "verdadeira", isto é, jornalística; outra "falsa", ou seja, ficcional. Encarnou, como nenhum outro autor, a profissão de escritor durante as primeiras décadas do século XX, vivendo, contudo, sob o peso de uma dubiedade profunda: vive da pena, mas reclama de ter de vender seus escritos; vê-se como um profissional explorado pela imprensa, ao mesmo tempo em que não considera a literatura uma profissão no sentido rigoroso da palavra; dedica-se, de boa vontade, toda a vida a esse trabalho, a ponto de se considerar um "operário da pena" e um "proletário intelectual", mas lamenta, já no fim da vida, ter-se tornado uma espécie de escravo das letras. Tratava-se, no final das contas e a despeito de seu reconhecido sucesso como escritor, de uma visão pessimista da profissão, em que se misturavam muito de desilusão, arrependimento, mágoa e impotência, sentimentos resumidos nesse consternado desabafo, norteado por angustiantes interrogações:

> Não ha, na minha vida, ambição maior [...] que a de escrever obras que se tornem úteis aos homens de hoje e fiquem na memória dos homens de amanhã. Como poderei eu, porém, fabricar um móvel majestoso e sólido, se na minha existência de carpinteiro das letras eu tenho de pôr á venda, cada manhã, no mercado, a táboa que aplainei á noite? Como poderei escrever um romance forte, um trabalho de meditação ou de observação, se tenho de vender, a retalho, as idéias miúdas que me vêm, e se não ha compradores na praça para as outras de maior porte? Que aspiração póde alimentar, ainda, um escritor cujas ilusões cairam todas, e morreram, como pássaros, na gaiola da realidade, e que tem de ralhar diariamente com o cérebro por ordem imperiosa do estômago? (CAMPOS, 1933, p. 20).

Afirmações como essa estendem-se como um interminável rosário de lamentações contra o profissional das letras, tivesse ele a ambição de se afirmar apenas como escritor ficcional ou de emergir como um jornalista de profissão, no cenário nacional. Assim, Humberto de Campos não hesita em categorizar os jornalistas e os escritores de um modo geral como pertencentes à família dos intelectuais "condenados à pena da pena" (CAMPOS, 1933, p. 45), como trabalhadores "condenados às galés da tinta e da pena" (CAMPOS, 1941, p. 61), como soldados de trabalho "anônimo e desconhecido" (CAMPOS, 1940, p. 23), como profissionais humilhados pela miséria ou publicistas levados a violentar o próprio pensamento (LEBERT, s.d.).

Com algumas exceções, a visão pessimista da profissão de escritor parece ser uma das marcas da época: Antônio Torres lamentava, em carta ao amigo Gastão Cruls, o fato de a remuneração pelo trabalho do escritor ser demasiadamente baixa (CRULS, 1950); Coelho Neto descreve, num romance calcado na realidade, a impotente irritação de Aluísio Azevedo diante da mesma atividade (NETO, 1920); num poema publicado no *Diário da Bahia*, em que mescla sátira e desilusão, o escritor baiano Aluísio de Carvalho reclama da penúria em que se encontram aqueles que se dedicam às letras num país onde os livros não têm valor (ALVES, 1986); Filinto de Almeida, em crônica escrita para *A Noite*, lastima o fato de o escritor não conseguir se sustentar com o fruto de seu esforço, enquanto editores, donos de jornal, livreiros e outros lucram com o trabalho alheio (ALMEIDA, 1931). Todos esses sentimentos em relação ao difícil processo de profissionalização do escritor no Brasil, exemplarmente resumido por Humberto de Campos no excerto acima transcrito, encontravam nas palavras sugestivas de uma personagem de Benjamim Costallat – a qual, não por acaso, era um escritor sem sucesso –, uma síntese emblemática:

> para todos nós, que vivemos do nosso cerebro, mesmo que não o tenhamos de ouro, não são estranhos os suplicios do homem que arrancava de seu craneo, até não poder mais, os ultimos filamentos preciosos de metal. Se ha uma profissão triste é a nossa. Se ha uma arte soturna é a que praticamos. O pintor trabalha ao ar livre. O esculptor assobia com o buril na mão. O musico canta quando compõe. O escriptor não faz nada disso. Elle se vê só, comsigo mesmo, deante de uma porção de folhas rabiscadas, que voam e que allucinam. E se enerva e se exaspera! Vive sem alegria, enterrado entre livros e entre borrões de tinta, emquanto, lá fóra, o dia é lindo, ha gente nas praias e o sól faz maravilhas sobre o mar! [...] Não gozamos as bellas noites. O nosso luar é a lampada da nossa mesa. E sob a sua luz, queimamos uma vida inteira, os olhos e a sensibilidade, para arrancar do cerebro, senão ouro, pelo menos sangue! (COSTALLAT, s.d., p. 142)

Com igual propriedade, outros autores reclamavam – por motivos diversos – da profissão de escritor e/ou jornalista: de Aluísio Azevedo a Malheiro Dias, de Lima Barreto a Gonzaga Duque, de Rodrigo Octávio a Olavo Bilac. Tal pessimismo, contudo, não retirava a capacidade de o jornalismo se afirmar como uma autêntica instância legitimadora do academicismo, já que, em meio a críticas e descrenças, o profissional das letras mostrava-se cada vez mais cioso dessa sua relação com a imprensa, já que ela resultava em claros benefícios para sua carreira e para a institucionalização da estética que professava. Por essa mesma razão, o jornalismo acabou sendo tomado, por alguns intelectuais do período, como um dos mais influentes elementos que concorreram para as transformações sofridas pela cultura literária de então.

Evidentemente, essa afirmação não pode ser tomada como uma máxima absoluta, e o próprio fato de se envolver a profissão de escritor por uma aura de pessimismo já é um indicativo de que nem sempre o jornalismo era visto como uma instância legitimadora absoluta, senão do academicismo, da própria literatura. Por isso, se num primeiro momento o jornalismo atuava como instância de legitimação do escritor academicista, num segundo momento passou a agir, antes, como instância demolidora dessa estética, por conta de seu inesperado esvaziamento formal. Assim, uma atividade que, a princípio, surgia como tábua de salvação da literatura nacional – sobretudo pelas facilidades em termos de divulgação literária e profissionalização do escritor, que proporcionava – afirma-se, a certa altura, como um fenômeno supra-artístico, tornando a expressão literária dependente da linguagem jornalística.

Esse desvio da atuação do jornalismo acabou tendo consequências diversas para a literatura, fazendo com que o escritor passasse a obedecer muito mais às condições de recepção das obras, regidas pelo gosto da média dos leitores, do que a seus interesses ficcionais mais profundos. Nesse sentido – mas apenas nesse sentido – pode-se dizer que a incidência do jornalismo sobre a literatura acabou promovendo uma espécie de padronização da narratividade literária e, por extensão, uma queda acentuada de sua qualidade artística. Ora, por mais negativo que possa ser semelhante diagnóstico, não se pode negar que, ainda assim, o resultado final é alentador para a institucionalização do academicismo literário, e por um motivo bastante simples: se nos perguntássemos a que tipo de estilo se referia a crítica da época e posterior, quando apontava para sua degenerescência, certamente chegaríamos à conclusão de que se tratava do único que realmente importava no período, o estilo dos escritores acadêmicos. Portanto, reconhecer a paulatina corrupção da narrativa acadêmica é, numa perspectiva mais pragmática, reconhecer a própria vigência da estética academicista, além de instituí-la como a única literariamente válida para o período, aquela cujo abastardamento os autores deveriam lamentar. Do ponto de vista rigorosamente institucional, o resultado dessas críticas acabou sendo, paradoxalmente, o próprio fortalecimento da estética academicista, até por uma reação contrária ao processo de corrupção da ficção vigente, promovida por aqueles que mais interesse tinham na sua manutenção, os próprios acadêmicos. Cria-se, assim, uma espécie de ânsia pela diferenciação estética, colocando no âmbito do artístico – em franca oposição à suposta má literatura fomentada pelo jornalismo – toda a produção acadêmica, como aliás já salientou Flora Süssekind, ao estabelecer um curioso paralelo entre a ficção literária e os processos técnicos caros à imprensa (como a ilustração), destacando

> a obsessão por um vocabulário rico, por uma redação enfática, ornamental, pela dramatização retórica do narrado. Como uma espécie de resistência pela ênfase, pela superornamentação e pelo preciosismo verbal frente ao privilégio crescente da ilustração [...] nos primeiros tempos do século XX [...] a opção pelos ornamentos retóricos foi uma das formas mais freqüentes com que se tentou delimitar o campo do "literário", do "artístico" em oposição aos processos técnicos de produção e difusão de imagens e vozes (SÜSSEKIND, 1987, p. 37/57).

No final das contas, até mesmo quando o jornalismo começa a despontar como uma categoria discursiva avessa aos padrões estéticos vigentes, acaba beneficiando-os indiretamente, pela reação que se forja entre os acadêmicos e, conseqüentemente, pelo fortalecimento da estética academicista na cultura da época.

Se houve alguma consequência mais negativa sobre o academicismo, por parte da imprensa, ela ocorreu, como já sugerimos antes, num segundo momento, quando a estética acadêmica já vivia os seus estertores e a narrativa jornalística foi alçada à categoria de linguagem modelar para a expressão literária modernista. Por isso, a relação entre escritores e o jornalismo na virada do século pode ser considerada uma relação dialética: se, por um lado, o jornalismo contribuiu para a conscientização do papel social e político do escritor, para a sua valorização intrínseca, para a aglutinação de seus pares em torno de um ideal profissional – circunstâncias propícias à consolidação de uma *atmosfera academicista* –, por outro lado, colaborou com a difusão de ideias e atitudes contrárias, em certo sentido, a esse mesmo academicismo, promovendo uma escrita ágil e lacônica, pouco elaborada enquanto forma artística acadêmica, mas muito próxima de ideais modernizantes. No final, a síntese são mesmo os benefícios que direta ou indiretamente o jornalismo acabou trazendo à estética academicista.

Por isso, pode-se dizer, ainda, que a constituição da estética academicista dá-se por meio de uma inversão: é o desenvolvimento da escrita jornalística que força uma diferenciação da escritura acadêmica, a qual se torna mais rebarbativa, mais estilizada, mais artesanal. Daí o fato de muitos escritores procurarem diferenciar, deliberadamente, seu processo de escrita, escrevendo parnasianamente para a Academia e "jornalisticamente" para o periódico cotidiano, efeito muitas vezes alcançado por um Coelho Neto, um Olavo Bilac, um João do Rio ou um Humberto de Campos.

Desse modo, não foram poucas as críticas que muitos escritores fizeram, sobretudo os próprios acadêmicos, contra o que consideravam um processo de depauperação da linguagem literária promovido pelo jornalismo. Dessa crítica, nasce a consciência de uma substancial transformação sofrida pela literatura, principalmente no que se refere à linguagem literária que, como sugerimos, deixa de ser trabalhada com constância, perseverança e vagar, para ser talhada sob o ritmo das rotativas e dos linotipos. Trata-se, em última instância, de uma transformação na própria concepção de gênero literário, que deveria deixar de ser prolixo como o romance ou metafórico como o poema, para ser sintético e prosaico como a crônica (CRESPO, 1990; OLIVEIRA, 1997). Humberto de Campos, por exemplo, um acadêmico modelar, reclama da substituição do romance bem talhado pela crônica ligeira dos jornais (CAMPOS, 1940); Elysio de Carvalho expõe uma visão demasiadamente severa do trabalho jornalístico, afirmando ser este último "a sepultura do talento e inimigo da arte" (CARVALHO, 1907, p. 121); Pedro Couto, num tom semelhante, opina ser o jornalismo um fator que "aniquila boas vocações literárias" (*apud* RIO,

1994, p. 120); João Ribeiro, finalmente, aponta para a total incompatibilidade entre a literatura e o jornalismo (RIBEIRO, 1964).

Críticas apocalípticas, é verdade, que até traziam em seu bojo uma espécie de despeito diante do sucesso da imprensa escrita, mas que, sem dúvida alguma, redundavam, praticamente, numa mais categórica afirmação do "verdadeiro" caráter artístico da estética academicista, única considerada, nesse contexto de mágoas e disputas, literariamente válida. É por isso que, com a expansão dos gêneros literários ligados ao jornalismo, com as modificações sofridas pela narrativa "tradicional" e com os embates em favor de uma volta ao artesanato ficcional, assiste-se à definitiva afirmação de uma *dicção academicista*, ligada à retórica empolada, "séria", verdadeiramente "artística", em oposição à linguagem demasiadamente prosaica e superficial dos periódicos mundanos.

Finalmente, renegados pelos acadêmicos como expressões literárias menores e subalternas, os gêneros instaurados pela imprensa – a reportagem, a entrevista, o folhetim, mas sobretudo a crônica – acabaram sendo incorporados, posteriormente, pela própria Academia, a partir da eleição de João do Rio em 1910, embora ainda se esboçasse resistência a essa escolha, optando-se por manter certa fidelidade aos modelos mais tradicionais, como o romance e o soneto. Tal incorporação – como a corroborar a capacidade do academicismo literário de se autopromover por meio da imprensa e seus defensores – resultou na valorização da crônica jornalística como expressão autenticamente literária, quando o próprio jornalismo alcança o estatuto de *gênero literário* (LIMA, 1990; OLINTO, 1955).

Assim, o que a princípio era antiliterário acabou oficializando-se; e a Academia, outrora no fogo cruzado das vaidades literárias, mais uma vez saiu prestigiada...

O jornalismo como instância de consagração literária

Tanto a visão pessimista em relação à profissionalização do escritor via imprensa, que alguns autores expressaram em seus escritos, quanto a ideia, bastante difundida, de uma eventual incompatibilidade entre jornalismo e literatura sugerem, em certa medida, um argumento contrário ao que vimos expondo desde o princípio: o de que a imprensa não teria atuado como instância legitimadora da estética academicista. Essa ideia, contudo, carece de maiores fundamentos, pela própria evidência de alguns fatos irretorquíveis, sobretudo a importância que o jornalismo adquiriu ao servir de ponto de apoio à literatura academicista, atuando como elemento propulsor da vendagem de livros, como palanque para a divulgação do ideário estético acadêmico, como possibilidade real de emprego aos membros da Academia, como tribuna privilegiada para combates a posicionamentos ideológicos antiacadêmicos, como espaço de sociabilidade literária, como ambiente propício à diferenciação entre gêneros supostamente "artísticos" e "não artísticos". Da parte do jornalismo, essa relação de cumplicidade entre imprensa e academicismo foi igualmente vantajosa, na medida em que favoreceu a expansão das grandes folhas e revistas, em parte devido à presença de autores de renome em seu corpo de redatores. Nesse sentido, a ligação entre jornalismo e literatura, na passagem do século, foi uma via de mão dupla, em que, a um só tempo, ambas as instâncias consagravam, consagrando-se.

O jornalismo foi, assim, um dos grandes estimuladores da atividade literária no Brasil desse período, como, aliás, já se afirmou mais de uma vez:

> em que pesem os riscos de uma certa dispersão e de um certo aligeiramento tanto da expressão como das ideias, que o contato diuturno com o público fatalmente acarreta, não há como negar que o jornalismo literário [...] foi a infra-estrutura que possibilitou o maior desenvolvimento da vida intelectual – sobretudo da vida literária – de então (MACHADO NETO, 1973, p. 90).

Tal estímulo resulta, principalmente, do processo de consagração do escritor acadêmico, desencadeado pelo jornalismo: presente em quase todos os momentos da evolução pronunciada da imprensa na virada do século, o escritor acadêmico acabou colhendo os bônus dessa hiperexposição na mídia, tornando-se, de uma hora para outra, uma figura conhecida, respeitada e prestigiada no meio cultural brasileiro. Contudo, semelhante processo, do ponto de vista da constituição de um cânone literário nacional, parece ter sido falacioso, pois personalidades como as de Coelho Neto, Humberto de Campos, João do Rio, Afrânio Peixoto, Félix Pacheco, Guilherme de Almeida, Amadeu Amaral, Goulart de Andrade, Xavier Marques e outros, alguns dos quais ocupavam quase que absolutamente os espaços oferecidos pela imprensa, adquiriram uma fama que se assentava, muitas vezes, num êxito efêmero, acabando, de certo modo, esquecidos pela historiografia literária mais recente, logo que seus nomes foram desaparecendo do periodismo da época.

Ainda que momentânea, não deixa de ser uma consagração, o que, da perspectiva de uma sociabilidade artística, é imprescindível para a sobrevivência literária do escritor. Dessa consagração – vale dizer, dessa sociabilidade difusa – dependia, por exemplo, o êxito alcançado por alguns dos mais conceituados polígrafos, que, trabalhando para a imprensa num ritmo infrene, erigiram uma obra ficcional de quase inabalável reputação na época, como sugerem as palavras de Sérgio Miceli, ao problematizar essa relação entre os escritores e o jornalismo:

> para se compreender em que consistiu a produção típica de um polígrafo, é preciso saber que tal produção responde a demandas precisas, a encomendas que fazem as instâncias dominantes da produção cultural. A expansão da imprensa modifica a relação que os produtores mantêm com suas obras, uma vez que ela expropria os produtores do monopólio que detinham sobre seus instrumentos de produção e, ao mesmo tempo, modifica a própria estrutura das instâncias de consagração e o volume e as espécies de lucros daí derivados. O êxito e a consagração não são mais concedidos às obras "raras" de um produtor individual, mas sim aos grupos de produtores associados em empreendimentos intelectuais coletivos (jornais etc) que tendem a se tornar ao mesmo tempo as principais instâncias de consagração. Ao consagrarem os escritores que lhes são dedicados, estas instâncias se autoconsagram, vale dizer, tendem a impor o primado da instância sobre o produtor (MICELI, 1977, p. 74).

Fica clara, a partir das palavras acima transcritas, a atuação da imprensa como instância consagradora do academicismo literário e sua capacidade de valorização e prestígio do escritor que professava esse credo estético.

Essa era, aliás, uma consciência que os próprios acadêmicos, mas também outros autores – que viam no jornalismo uma possibilidade real de se lançarem e se consolidarem socialmente como escritores de sucesso, isto é, como autores consagrados – possuíam. Na opinião de Gilberto Amado, por exemplo, o jornalista exerce, naquela época, um verdadeiro "pontificado da consagração" (AMADO, 1914, p. 108); opinião análoga pode ser encontrada no acadêmico Machado de Assis, para quem o jornal tem a vantagem de "dar uma posição ao homem de letras" (ASSIS, 1986, p. 943); finalmente, Olavo Bilac, outro acadêmico de renome, ao fazer um diagnóstico de sua geração e falando sobre a função de jornalista exercida por ele e seus companheiros, afirma peremptoriamente que "não era dinheiro o que queríamos: queríamos consagração" (BILAC, 1921, p. 9).

Assim, a imprensa de um modo geral e, em particular, o jornalismo e a profissão de jornalista passam a funcionar como suporte destinado à ascensão, prestígio e reconhecimento social do escritor. Atuam, enfim, como elementos legitimadores dos autores e da literatura acadêmicos, contribuindo para maior proliferação do ideário ético e estético academicista. Apesar das ressalvas que aqui fizemos a respeito da ligação entre a imprensa e a estética academicista (a visão pessimista do profissional, o esvaziamento da forma acadêmica etc.), o resultado final parece ter sido benéfico aos escritores da Academia, já que a imprensa os colocaria, assim como à estética por eles adotada, no centro da produção artística do período, acima de todas as outras práticas literárias, e tornaria a literatura academicista a expressão artística por excelência da passagem do século.

Com o auxílio indispensável do jornalismo, o academicismo literário assume, portanto, a vigência ética e estética na cultura brasileira pré-modernista, situação que adquiriria outra configuração após a década de 1920 e a consolidação do modernismo literário.

Salões literários: memória e sociabilidade mundana na passagem do século

COMO SE PROCUROU DEMONSTRAR, durante a passagem do século XIX para o XX, no Brasil, o jornalismo serviu de instância legitimadora da estética academicista, seja por se afirmar como um *locus* privilegiado de atuação pública do acadêmico, seja – em seu natural pendor a uma expressão mais prosaica e ligeira – por atuar como um propulsor da reação academicista, resultando na própria consolidação, no cenário artístico nacional, dessa tendência estética. É por essa mesma razão que podemos falar em legitimação/consagração do academicismo por meio da atuação da imprensa. Contudo, devemos fazê-lo com ressalvas, já que, concomitantemente a esse fato, o jornalismo teria agido, de modo indireto, na própria degenerescência da estética academicista quando da incorporação definitiva de sua linguagem, como modalidade ficcional, pelo discurso literário.

Porém, se no caso do jornalismo não se pode falar em legitimação sem ressalvas, no que diz respeito aos salões literários a legitimação assume feições incontestáveis, e a consagração do autor e da estética acadêmica tornam-se, finalmente, incondicionais.

Para entender a dimensão da importância dos salões literários para a literatura na passagem do século, é preciso, antes de mais nada, compreender esse fenômeno de um ponto de vista social, situando-o numa categoria de instância legitimadora ampla, em que se incluem alguns de seus desdobramentos mais pragmáticos, como as conferências e os recitais, a sociabilidade aristocrática, os códigos de comportamento social, as estratégias de relacionamento pessoal, a mundanização da literatura e outros. Sem nos estendermos demasiadamente por todos esses desdobramentos, o que fugiria aos propósitos deste trabalho, procuraremos nos limitar, na medida do possível, às ações que tenham relação direta com a produção literária do período, particularmente a academicista.

Assim, se para o caso do jornalismo pelo menos dois componentes estratégicos dão sustentação ao seu modo de atuação como instância legitimadora do academicismo literário – a legibilidade (que nasce, sobretudo, do processo de alfabetização) e o público –, no caso do que aqui chamamos genericamente de *salões literários* importam sobremaneira os códigos de sociabilidade, declarados ou não. Isso quer dizer que, mais do que uma forma concreta de *produção* literária academicista, os salões literários afirmam-se como um local representativo em que as *relações* socioliterárias são estabelecidas plenamente, de onde advém, inclusive, a natureza mundana dessa literatura, a que se pode chamar, sem exageros, de *literatura de salão*.

Literatura de salão

A prática de se frequentar salões privados já era conhecida desde a época imperial, sobretudo no Segundo Reinado, como atestam inúmeros testemunhos de viajantes estrangeiros. Na passagem do século, desenvolve-se um novo tipo de salão, que, aliás, já existia desde meados do século XIX, o salão literário (PINHO, s.d.), por intermédio do qual floresce um gênero particular de nossas letras, uma literatura mundana, espécie de manifestação menor, entre áulica e fútil, do academicismo:

> no começo do século, a crescente valorização das letras e a espécie de aliança que elas então fizeram com o mundanismo, contribuíram para que surgissem alguns salões de caráter acentuadamente literário (BROCA, 1960, p. 24).

Condicionando gêneros e discursos, atrelando-se a uma narratividade próxima à frivolidade da conversa sem compromisso, ao mesmo tempo em que encarna deliberadamente a elocução empolada e a narrativa palavrosa, carregada de imagens grandiloquentes e vocábulos raros, é nos salões mundanos que a literatura academicista assume, de forma plena e definitiva, sua expressão diletante. Nesse sentido, o mundanismo literário pode ser analisado a partir de uma ótica dupla: do ponto de vista estético, como o apego a temas e motivos mundanos e a uma forma rigorosamente apurada; do ponto de vista sociológico, como desdobramento de um conjunto específico de formas de sociabilidade. Essa é, precisamente, a *aliança* entre literatura e vida social mundana de que fala Brito Broca no trecho citado.

É certo que, para chegarem até onde chegaram, os célebres salões literário do começo do século – como os de Laurinda Santos Lobo, de Araújo Viana, de Sampaio Araújo, de Madame Gomensoro, de Coelho Neto, de Sousa Bandeira, de Inglês de Sousa, de Bebê Lima Castro e tantos outros – tiveram de esperar algumas décadas, passar por um processo amplo de transformações internas e até mesmo abrir mão de certa atmosfera aristocrática (que, aliás, tentaram manter até o fim), abrindo suas portas a uma quase estridente boemia dourada dos anos 1920. Eram comuns, nesse sentido, reclamações de intelectuais e personalidades do período que, não por acaso, frequentavam os salões mundanos da passagem do século, a respeito de sua excessiva democratização, como fazem os acadêmicos Humberto de Campos (CAMPOS, 1944), Coelho Neto (NETO, 1920) ou Afrânio Peixoto (PEIXOTO, 1978).

A concretização literária mais comum desses salões são as célebres conferências, que tiveram como modelo uma prática francesa e teriam sido trazidas para o Brasil, segundo algumas fontes históricas, por Medeiros e Albuquerque. Trata-se, como já sugeriu Brito Broca, de um subgênero de nossas letras, inaugurando uma verdadeira "era das conferências" (BROCA, 1993). Seja como uma maneira de obter um "efeito puramente formal, um efeito literário", seja como uma forma de "desenvolver o gosto pelas belas letras" (BROCA, 1993, p. 112), o fato é que – a par desse autêntico exercício diletante das letras nacionais – as conferências serviam, antes, como uma forma eficaz de publicidade e sociabilidade, adotada sobretudo pelos mais consagrados acadêmicos, como sugere Gilberto Amado, para quem a conferência literária seria "a mais ruidosa publicidade", tornando-se para o literato "o melhor meio de triumphar e agir sobre o publico" (AMADO, 1914, p. 207), além de se tratar de uma estratégia de sociabilidade eleita principalmente "pelos mestres, os consagrados, os da Academia" (MAUL, 1967, p. 24).

O resultado era não apenas uma maior visibilidade do acadêmico propriamente dito, mas também da literatura por ele praticada, que passava a integrar ainda, além do círculo semierudito do jornalismo, o círculo mundano da alta sociedade e da burguesia urbanas. Daí o fato, como afirmamos de início, de os salões literários, com todos os seus possíveis desdobramentos, servirem como instância real de legitimação da estética academicista.

Mas como eram, praticamente falando, esses encontros realizados por boa parte de nossa intelectualidade acadêmica nos primeiros anos do novo século? Uma rápida visada nos títulos de algumas das conferências, proferidas – nos salões literários – por personagens de renome do academicismo, já nos indica uma ideia mais precisa desse ambiente áulico: Garcia Redondo, por exemplo, em mais de uma oportunidade, se propõe a falar sobre "A Mulher", as "Manias e Cacoetes", "A Inteligência dos Animais e das Plantas" ou simplesmente sobre os "Nomes e Sobrenomes" (*Conferências*, 1910); Olavo Bilac podia falar tanto de "O Riso" ou "A Esperança" quanto de "A Beleza e a Graça" ou "O Dinheiro" (*Conferências Literárias*, 1930); Medeiros e Alburquerque talvez preferisse temas mais "humanos", como "O Pé e a Mão", "O Beijo" ou "Os Mortos" (*Em Voz Alta: Conferências Literárias*, 1913); Coelho Neto, para citar apenas mais um exemplo, não destoava muito de seus companheiros de Academia, falando ora sobre "A Caridade", "A Palavra" ou "A Água", ora sobre "O Fogo" ou "O Espelho" (*Conferencias Litterarias*, 1909). Como se vê, temas circunstanciais, mais afeitos a prosaísmos de toda sorte e apropriados a um tratamento diletante de assuntos genéricos; eram, em geral, palestras proferidas para um público majoritariamente feminino, carregadas de citações de autores franceses da moda e norteadas por uma cálida filosofia de vida baseada no senso comum e ilustrada por frases de efeito e chavões, por um ideário mundano e por modismos de toda sorte. É o que sugere, a título de ilustração, esse trecho de uma conferência de Bilac:

> assentemos desde já que não se póde estabelecer uma distincção bem marcada e nitida entre o *riso* e o *sorriso*. O sorriso, – que é a vossa arma predileta e o vosso recurso habitual, minhas senhoras, – arma e recurso de ataque e de defesa, de franqueza e de disfarce, de acquiescencia e de recusa, de amor e de desprezo, – é o esboço do riso, é um riso incompleto. O sorriso é a flor entreaberta, o riso é o fruto amadurecido. Um sorriso – de sympathia ou de escarneo, – tende sempre a completar-se, a transformar-se num riso. Um acesso de alegria, por

exemplo, começa sempre por um sorriso que, á medida do crescer da alegria, se vae gradativamente accentuando e avultando, até abrir-se na girandola da risada (BILAC, 1930, p. 60).

Essa "literatura", voltada para assuntos banais do cotidiano, para temas prosaicos e ordinários, que não apenas estavam presentes no dia a dia da burguesia letrada nacional, mas também povoavam as páginas de alguns dos mais acadêmicos romances (como *A Profissão de Jacques Pedreira* e *Correspondência de uma Estação de Cura*, de João do Rio; como *A Esfinge* e *As Razões do Coração*, de Afrânio Peixoto; como *Correio da Roça*, de Júlia Lopes de Almeida etc.), às vezes em cenas tão fugazes quanto o próprio tema sugere, essa "literatura", repetimos, tinha como elemento comum o próprio mundanismo que lhe dava forma e consistência. E se no âmbito do conteúdo literário as conferências esmeravam-se na exploração de temas marcados pelo prosaísmo fútil, no plano da expressão linguística o que prevalecia era o apego indiscriminado ao formalismo desprovido de qualquer sentido mais crítico, levando ao extremo a mística parnasiana da forma.

Com efeito, o apego à forma tem uma relação direta com a *literatura de salão* produzida pelos acadêmicos no seu esforço de "socialização" das letras. Nesse contexto, a estética parnasiana servia como referência principal das conferências e dos recitais que enchiam os salões da *Belle* Époque. Vem daí também – isto é, dessa visceral ligação com a forma parnasiana e de seu apego incondicional à temática mundana – o êxito das conferências, que davam oportunidade a reuniões, encontros, autoexibições, discursos encomiásticos e toda espécie de cordial sociabilidade burguesa. Atentemos para esse diagnóstico de Brito Broca, a corroborar nossas observações:

> geralmente [...] o que prevalecia eram as divagações de pura forma, floreios literários inconseqüentes, realçados pelo jogo cromático das antíteses. Não conhecemos na literatura francesa, o nosso modelo preferido na época, páginas como as que vários conferencistas aqui reuniram em livro. Lendo-as hoje vemos como soam falso, como atendiam ao gosto de um auditório geralmente fútil, corrompido pela ênfase, o rebuscado, a literatice. Não seria demais ver em muitas

conferências nos moldes aludidos uma expressão inferior do parnasianismo (BROCA, 1960, p. 139).

A *mundanização* da literatura nacional, portanto, era um caminho seguro para a difusão de uma estética academicista e as questões "discutidas" em conferências – proferidas, em geral, para senhoras da sociedade carioca –, apresentavam deliberadamente uma temática conservadora, acondicionada numa rigorosa retórica parnasiana. Trata-se, para os leitores mais críticos da tradição cultural brasileira, de um exemplo acabado de cabotinismo, que, afinal de contas, deveria ser eliminado em favor de uma expressão literária mais de acordo com as necessidades sociais e estéticas do país (LOBATO, 1957; BORBA, 1941). E não apenas as conferências eram, muitas vezes, acirradamente criticadas por parte da intelectualidade brasileira da época: havia também os discursos, os encômios, os números musicais e os indefectíveis recitais de poesias, igualmente praticados em salões mundanos por acadêmicos de renome. Sobre este último "gênero", os recitais de poesia, muito praticado no Brasil urbano da passagem do século, fala-nos Agripino Grieco, com sua conhecida verve iconoclasta: "trata-se de um gênero bastardo, parasitário, sem campo delimitado, vivendo ambiguamente entre a dicção e o canto, e aproveitando-se das sobras de ambos" (GRIECO, 1931, p. 93). Opinião, é verdade, combatida por um acadêmico do porte de Amadeu Amaral, para quem os recitais traziam inúmeras vantagens para o desenvolvimento da poesia nacional, já que, na sua visão, "toda poesia, como toda música, tem de ser 'executada' [...] em alta voz, ou mentalmente, mas executada – isto é, interpretada, avivada, alteada com todos os recursos dos orgãos vocais e do gesto" (AMARAL, 1976, p. 169). A crítica contra o tipo de literatura praticada nos salões literários provém, portanto, de fontes diversas, como comprovam várias passagens atacando o que se considerava uma perniciosa *literatura oficial*, que, para Monteiro Lobato, por exemplo, se traduzia numa expressão literária "entretida com o seu chá das cinco, com rodopios em torno de meninas histericas, com a cintura dos almofadinhas, com as escorrencias mercuriais que o francês nos exporta" (LOBATO, 1957, p. 5).

De qualquer maneira, as conferências e seus congêneres galvanizavam o público mais "erudito" e davam o tom da sociabilidade mundana naqueles anos que intermediavam os dois séculos. É o que se pode depreender da leitura de alguns periódicos mundanos do período: não nos espanta, por exemplo, o fato de encontrarmos na prestigiada revista *A Ilustração Brazileira*, numa coluna sugestivamente intitulada "Vida Social", a seguinte nota sobre as conferências literárias:

> foi por certo bemdicta a idea que as lançou no meio intellectual carioca. Porque as conferencias litterarias constituem a melhor hora dos sabbados. Já entraram definitivamente nos habitos do Rio; e, com a intelligencia, o tacto, o bom gosto com que estão sendo organizadas, é justo que d'elles não saiam mais (ANÔNIMO, 1909, p. 222).

Em outra coluna da mesma revista, o misterioso R. já assinalava tais conferências como "a nota litteraria mais original da quinzena" (R., 1909, p. 222), diagnosticando, em definitivo, a presente situação literária de nossa *Belle Époque* nacional.

A arte cortesã

Os salões literários fazem parte de uma espécie de imperativo aristocrático, segundo o conceito de um de seus principais frequentadores, Elysio de Carvalho, não por mero acaso autor de um livro de crônicas sugestivamente intitulado *Five o' Clock* (1909). Para ele, devem-se valorizar os ambientes requintados, necessários ao desenvolvimento da arte, cujo principal inimigo seria um sentido amplo de democracia, que estaria minando a aristocracia dos salões. Essa aliança não declarada entre expressão artística e sociedade pretensamente aristocrática, redundando na categorização da literatura como "expressão das elites", foi exposta de maneira bastante clara por Arnoni Prado, exatamente ao estudar a obra de Elysio de Carvalho:

> alinhando-se como um instrumento à disposição das elites, a literatura coloca-se virtualmente sob a influência do autoritarismo ambíguo, mas sempre radical [...] Nesse sentido, próximo do espírito autoritário que sacraliza o saber das elites, o espaço da literatura tende a se definir, no projeto restaurador da Primeira República, como uma instância mediadora que assume a neutralidade para diluir a crise, colhendo, assim,

a contrapartida de que a ignorância do povo justifica a necessidade de dirigi-lo e educá-lo do alto (PRADO, 1979, p. 5).

Num artigo primoroso, que trata das condições da produção literária no Brasil, o crítico José Veríssimo já afirmava que o regime aristocrático é mais propício ao cultivo das artes e das letras do que o regime democrático; destaca, ainda, a importância da sociedade para o desenvolvimento da literatura e enfatiza o caráter áulico dessa expressão literária em seus momentos de maior prestígio. Em resumo, profere estas palavras elucidativas: "a literatura e a arte são, no bom e no mau sentido, cortesãs. Precisam de uma sociedade polida que as aprecie, estime e acolha" (VERÍSSIMO, 1977, p. 40).

Semelhante ideologia, que não hesitaríamos em considerar providencial para uma boa parte da intelectualidade brasileira do período, revela não apenas as ligações explícitas e implícitas da produção literária nacional com uma espécie elitismo aristocrático, que rapidamente se degenerava num cabotinismo burguês, mas também – e, para o nosso caso, principalmente – com a oficialidade literária, magistralmente representada pelo academicismo. Aliás, o vínculo, sugerido por muitos autores e pela imprensa do período entre os salões mundanos e o academicismo, pode ser documentado ainda por diversas outras fontes, como no caso da crônica em que Hermes Fontes, ao condenar a proliferação de salões destinados a outras atividades não tão nobres quanto a literatura, afirma serem os salões literários um *locus* privilegiado para que os escritores provenientes da Academia revelem os seus talentos; afinal de contas, conclui o autor, trata-se de espaços destinados ao cultivo de determinados "rituais", propícios à prática de uma "encenação mundana", onde os "academicos" podem exibir os seus "lauréis" (FONTES, 1916, p. 69).

Tudo isso revela, finalmente, a indefectível vocação dos salões literários para se afirmarem como uma das principais instâncias legitimadoras do academicismo no Brasil da passagem do século.

"O Éden feérico dos desejos": cultura francesa no Brasil pré-modernista

EM 1910, O GRANDE ARTICULADOR POLÍTICO FRANCÊS e primeiro ministro do governo Poincaré, Georges Clemenceau, fez uma viagem à América do Sul, passando por Argentina, Uruguai e Brasil, onde visitou os mais diferentes lugares, de zoológicos a monumentos, de prisões a escolas, de hospitais a fazendas. Suas impressões de viagem, publicadas primeiramente no periódico *Illustration*, foram posteriormente lançadas em livro, sob o título *Notes de Voyage dans l'Amérique du Sud* (1911), em que registra sua passagem pelo Cone Sul americano. Na parte da obra destinada ao Brasil, o autor trata de assuntos diversos, como a cidade de Santos, a natureza do Rio de Janeiro, a indústria nacional, nossa abundância natural, o sistema político brasileiro e, sobretudo, a influência da cultura francesa sobre a nação tropical: "dois traços da alma brasileira permanecerão, em minha opinião, predominantes: o idealismo democrático e, por isso mesmo, *o gosto inerente pela cultura francesa*" (CLEMENCEAU, 1991, p. 204, tradução e grifos meus).

Em contato com o público carioca e paulista, destaca ainda a mesma ideia, por meio destas reveladoras palavras: "eu pude me entregar com toda confiança ao prazer de *falar como um Francês para Franceses*, sem que nada me viesse advertir das particularidades de uma alma estrangeira à qual eu fosse obrigado a me acomodar" (CLEMENCEAU, 1991, p. 222, tradução e grifos meus).

Para, finalmente, chegar, ainda a esse respeito, à seguinte conclusão, sobre a relação entre os dois povos: "Francês ensolarado de Brasil ou Brasileiros ávidos das puras fontes latinas? Que importam as palavras, se *os corações fraternais batem com um mesmo sangue*!" (CLEMENCEAU, 1991, p. 232, tradução e grifos meus).

Clemenceau é apenas um entre os inúmeros viajantes franceses que por aqui aportaram no começo do século XX (CAMPOS, 1998), mas suas palavras resumem com propriedade um sentimento muito comum a grande parte deles, que viam no *panlatinismo*, ideologia expansionista nascida sob os auspícios do regime de Napoleão III, uma saída para a crise da perda de influência francesa na América Latina (PHELAN, 1993; MARTINIÈRE, 1982). São palavras que, num sentido lato, refletem a retomada, de modo cabal, da ascendência da cultura francesa sobre a realidade nacional.

Atualmente, com a intensificação do que se convencionou chamar de globalização, torna-se praticamente impossível pensar a História sem levar em consideração as múltiplas possibilidades de interação global, destacando vínculos e alianças de natureza política, econômica e cultural entre as nações. No caso específico do Brasil, a abordagem dessas relações revela-se particularmente profícua, já que, desde o princípio, sua história aparece interligada às mais diversas nações do Ocidente, estabelecendo uma verdadeira rede de interação econômico-política e cultural. Isso é tanto mais verdade quando analisamos sua constituição "mental", marcada por uma série de interações e caracterizada por uma particular adaptação da cultura adventícia à realidade nacional. As manifestações literárias ocorridas no Brasil, por exemplo, parecem ser uma prova cabal desse fato: desde seus primeiros momentos, encontram-se vinculadas à cultura lusitana, passando – após a independência do país – a mudar seu foco de interesse para a cultura francesa, e mesmo em épocas de maior anseio pela autenticidade e independência estética – como é o caso notório do Modernismo – mantêm-se, até certo ponto, atreladas às manifestações artísticas estrangeiras, estabelecendo um diálogo contínuo e perene com as mais diversas expressões literárias. Sem que isso seja necessariamente um fato desabonador de seu valor, enquanto literatura autóctone, revela antes uma peculiaridade significativa da estética literária nacional: o fato de esta vincular-se quase que de forma natural à literatura europeia, o que, por outro lado, poderia pressupor uma substancial relação de dependência (CANDIDO, 1989).

Uma das ligações mais intensas que se podem entrever no estudo de nossa literatura diz respeito ao seu comércio com a francesa, numa relação quase sempre desigual, já que, via de regra, revela um sentido unidirecional: os vínculos nasceriam a partir da incidência da cultura francesa sobre a brasileira, a despeito da necessária permuta que parece estar subjacente a todo tipo de intercurso cultural, pressuposto básico de algumas das mais recentes teorias voltadas ao estudo das interações literárias (JENNY, 1979; IDT, 1984; DÄLLENBACH, 1979; PERRONE-MOISÉS, 1990; GUILLÉN, 1985; CARVALHAL, 1986; NITRINI, 1997).

Desse modo, não há como deixar de aludir, na abordagem da tradição cultural brasileira, à incidência da cultura francesa sobre nossa literatura, em diversas épocas de seu desenvolvimento. E este fato é particularmente verdadeiro quando analisamos com mais afinco os últimos anos do século XIX e os primeiros do século XX, época em que, no Brasil, a galofilia parece ter atingido o paroxismo, não sem dar origem ao seu reverso, com alguns débeis laivos de francofobia.

Época fértil em contatos com a França, nosso pré-modernismo conheceu uma dependência estética sem precedentes da literatura brasileira, podendo-se destacar, como constantes relacionadas à ideologia francófila no país, a idealização de Paris como cidade-modelo para o Brasil, a adoção do francês como referência linguística e a absorção da literatura francesa como modelo literário.

Paris, capital do Brasil

A França transforma-se, na passagem do século XIX para o XX, na principal referência cultural para o Brasil, um fenômeno que já se vinha desenhando desde, pelo menos, o período da Independência; e sua capital torna-se um modelo e um autêntico ideal de vida para os brasileiros. De todos os modos, em todos os sentidos e a qualquer custo, o Rio de Janeiro procurava igualar-se a Paris, mesmo que essa aproximação fosse representada por um silogismo longe de encontrar sustentação na realidade: se no final do século XIX, podia-se dizer sem exageros que "o Rio de Janeiro é o Brasil" (AZEVEDO, 1977, p. 26) e, no começo do século XX, que "Paris é o Rio de Janeiro" (FONTES, s.d., p. 16), então a conclusão necessária dessas duas premissas só podia ser a de que o Brasil era, silogisticamente, a própria capital francesa. A ideia de se comparar o Rio de Janeiro a Paris, aliás, persiste ao longo de pelo menos duas décadas: apenas a título de exemplo, poder-se-ia lembrar que, num desconhecido romance de Emílio Gonçalves (*Os Polvos*, 1920), uma personagem chega a considerar a Capital Federal a "Paris americana" (GONÇALVES, 1920, p. 119); bem antes, em 1909, João do Rio já aludia às transformações urbanas realizadas no Rio de

Janeiro por Pereira Passos como um "esforço despedaçante de ser Paris" (RIO, 1909, p. 214); e, finalmente, numa crônica da revista *A Ilustração Brasileira*, sob o pseudônimo de R., em sua coluna intitulada "Notas de um Fluminense", um autor lista uma série de semelhanças entre o Rio de Janeiro e Paris, afirmando peremptoriamente: "a seguir nesse andar rapido, vertiginoso, pode-se garantir que dentro de dez annos, no maximo, nossa muito leal cidade nada terá que invejar Paris" (R., 1910, p. 59).

Esta parece ser a tônica que, pelas páginas efêmeras dos periódicos nacionais, se queria passar a todo instante. E, nesse sentido, não se economizavam evocações dessa Paris ao mesmo tempo estimada e temida, límpida e misteriosa:

> Paris... Paris...: as duas syllabas magicas cantavam-me nos ouvidos uma canção de amor, e os seus *boulevards* e os seus jardins, os seus theatros e os seus *cabarets*, a Opera e o Louvre, Montmartre e o Bairro Latino, o *Bois* e o *Café de la Paix*, toda a vida mysteriosa, complexa e vertiginosa da grande cidade [...] passava ante meus olhos com a rapidez das fitas cinematographicas [...] Oh Pariz! Pariz!... Como transformas as almas, mesmo as mais austeras e sisudas... (CARVALHO, 1909, p. 58/67).

Essa não é a única vez que o esteta e dândi tropical Elysio de Carvalho evoca Paris nas páginas encomiásticas e carregadas de vocábulos franceses de seu pequeno livro de crônicas efêmeras. Sempre procurando revelar a capital francesa sob uma ótica carregada de ambiguidades, lembra mais de uma vez "toda a vida mysteriosa, complexa e vertiginosa" (CARVALHO, 1909, p. 58) dessa verdadeira "cidade dos amores e do veneno, a cidade rainha e cortesã" que, para ele, era Paris (CARVALHO, 1909, p. 99).

Essa "paixão de Paris", como a denominou com propriedade Brito Broca (BROCA, 1993, p. 137), fez com que muitos autores viajassem – em alguns casos, até com certa frequência – à capital francesa (Joaquim Nabuco, Domício da Gama, Afonso Arinos, Papi Júnior, Tomás Lopes, Théo Filho, Olavo Bilac, João do Rio, Luís Edmundo, Gilberto Amado e outros). É também de Brito Broca a lembrança de que Artur Azevedo, em crônica para o *Correio do Povo*, comentando a mais recente viagem de Olavo Bilac a Paris, afirma estar o grande poeta parnasiano na iminência de adquirir uma curiosa doença que, se não tratada a contento, fatalmente o levaria à morte: a "nostalgia de Paris" (BROCA, 1960, p. 93).

Assim, paixão e nostalgia são noções que podem ser tomadas como sintomática referência ao apego dos escritores brasileiros da passagem do século – e, em particular, dos acadêmicos – pela vida parisiense, o que pode ser percebido em diversos índices da vida cultural brasileira: além dos já referidos intelectuais e escritores que viajavam periodicamente para a França, tínhamos ainda poetas que escreviam em francês (Alphonsus de Guimaraens) ou que, além disso, adotavam pseudônimos franceses (Jacques d'Avray, pseudônimo de Freitas Vale); autores que escreviam obras voltadas quase que exclusivamente para a realidade gaulesa (Théo Filho com *365 Dias de Boulevard*, Thomaz Lopes com *Corpo e Alma de Paris*, Nestor Vítor com *Paris*); revistas que adotavam como modelo símiles francesas (*Revista Americana*, tendo como modelo a *Revue des Deux Mondes* ou *Eu Sei Tudo*, baseada na *Je Sais Tout*); jornais publicados em francês, como *L'Étoile du Sud* (1882-1913).

Tudo isso era apresentado em forma de crônicas nas páginas efêmeras de jornais e revistas, em livros de memórias ou de viagens ou em obras de ficção, entre poesia e prosa, o que revela a dimensão do interesse nacional pela realidade adventícia. Para se ter uma ideia desse fato, basta lembrar que eram inúmeros os temas franceses tratados em crônicas ao longo das primeiras décadas do século XX, época, aliás, que conheceu uma verdadeira explosão desse gênero no Brasil (CANDIDO, 1992; DIMAS, 1974; MARTINS, 1972; IVO, 1982; RESENDE, 1995; CRESPO, 1990): da pedagogia francesa (Humberto de Campos, em *Mealheiro de Agripa*) e da influência da dança na sociedade parisiense (Martins Fontes, em *Fantástica*) até a guerra franco-prussiana (Filinto de Almeida, em *Colunas da Noite*) e a Revolução Francesa (Antonio Torres, em *Verdades Indiscretas*), passando ainda pelo mobiliário francês (Gonzaga Duque, em *Graves e Frívolos*) e pela apologia da civilização gaulesa (Hermes Fontes, em *Juízos Ephemeros*), não são poucos os assuntos relacionados à França, tratados em crônicas jornalísticas.

Mais de um romancista, igualmente, criou personagens verdadeiramente obcecados por Paris, como Neiva, codinome do conhecido boêmio Paula Nei, de *Fogo Fátuo* (1929), que afirmava ler os jornais franceses para ter "a illusão de viver em Paris" (NETO, 1929, p. 27); como Sampaio, de *Amor Moderno* (1915), o qual realizara o que considerava ser "a sua mais nobre e ardente aspiração, que era ver Paris" (AGUDO, 1915, p. 70); como Paulino, trágico protagonista de *Flor de Sangue* (1897), para quem Paris "é a cidade ideal para todos" (MAGALHÃES, 1974, p. 50); como Agrário, personagem de *Mocidade Morta* (1899), que sonhava viajar para "essa Terra Prometida dos gozos, opulenta e risonha quermesse de encantos" (DUQUE, 1973, p. 49); ou como o pícaro Marcos Parreira, de *Dois Metros e Cinco* (1905), para quem, num arroubo de embevecimento, Paris seria "uma exposição permanente" (OLIVEIRA, 1936, p. 414).

Não sem razão, dotado de uma perspicácia própria de quem estava sempre atento a tudo o que se passava à sua volta, João do Rio ironizaria o fato de os escritores brasileiros "viverem" em Paris sem terem saído de sua própria terra (RIO, 1932, p. 183), opinião compartilhada – com igual ironia – por José Veríssimo, em contundentes palavras:

> não se copia só a moda de Paris, no vestir, no comer, no viver doméstico ou público, macaqueam-se-lhe os hábitos mentais, a devoção religiosa, como um sinal de distinção, os pecados mundanos como um testemunho de elegância [...] Por isso os romancistas que querem descrever esta sociedade, descambam insensivelmente no romance francês, de cuja vida ela é uma caricatura (VERÍSSIMO, 1977, p. 57).

A sociedade brasileira como *caricatura* do romance francês: poucas imagens da nossa sociedade revelaram-se tão impactantes como essa do crítico paraense. Esse curioso *parisianismo* (termo utilizado por Afrânio Peixoto, em seu primeiro romance, *A Esfinge*, de 1908, e por Medeiros e Albuquerque no editorial do primeiro número da *Illustração Brasileira*, em 1909) era capaz, por exemplo, de fazer com que os brasileiros, em muitos casos, conhecessem ou supusessem conhecer mais Paris do que o próprio país, como sugere João do Rio, numa de suas crônicas sugestivamente intitulada "Quando o brasileiro descobrirá o Brasil?":

> O nosso patriotismo limita-se ao estridente espalhafato [...] No fundo [...] temos a idéia de que somos fenomenalmente inferiores, porque não somos tal qual os outros, e ignoramo-nos por completo [...] Todos [os brasileiros] conhecem Paris como se la tivessem

> estado, e ignoram por completo o caminho mais simples para ir a um arrabalde (RIO, 1909, p. 277/280).

Esse desconhecimento flagrante da própria nação, condenado pelo grande jornalista carioca e por outras celebridades das letras, como Lima Barreto, tinha como contrapartida um esnobismo assentado no suposto conhecimento de Paris, corroborando a afirmação presente no trecho acima citado. Com efeito, não causa espanto, diante dos fatos aqui registrados, que Coelho Neto, num de seus romances "simbolistas", coloque na boca de ninguém menos do que São Pedro esta sugestiva advertência: "vocês brasileiros falam mais de Paris do que os próprios franceses" (NETO, 1926, p. 179); ou ainda que Benjamim Costallat despenda um imenso capítulo de seu curto romance com uma minuciosa descrição de Paris, caracterizada como "a cidade maravilhosa das mil e uma orgias, a cidade-beijos, a cidade-gozo, a cidade-delírio" (COSTALLAT, 1923, p. 96).

Todo esse entusiasmo, toda essa indulgente afeição pela capital francesa tinha origem, como sugerimos, num vertiginoso sentimento de cosmopolitismo, já que estar em Paris significava estar em sintonia com o restante do mundo civilizado. Afinal de contas, como declararia Souza Bandeira numa de suas crônicas do início do século, Paris poderia ser considerada "a maior cidade do mundo" (BANDEIRA, 1910, p. 9), opinião com que parecia concordar o polêmico Eduardo Prado, para quem, ainda mais enfático, "decididamente o mundo é Paris" (BARRETO, 1916, p. 187).

Bem entendido, não é qualquer mundo a que se referem os cronistas acima citados, mas, como aludimos, o *mundo civilizado*. Isto porque, como nenhuma outra referência, Paris representava para o intelectual desse período a principal porta de entrada para a tão ansiada civilização. Ícone maior dessa civilização, a capital francesa atraía esse intelectual – principalmente aquele já completamente integrado na sociedade burguesa urbanizada, a qual não prescinde de uma literatura nos mesmos moldes, isto é, "civilizada" – pelas reais ou imaginárias possibilidades de ascensão em um mundo extremamente seletivo e excludente. Por isso, falar de Paris, ansiar por estar em Paris ou simplesmente ter a capital francesa como referência constante representava, para alguns intelectuais brasileiros, o primeiro passo para que pudessem compartilhar – ou, ao menos, ter a ilusão de que compartilhavam – de um mundo mais civilizado.

Mais do que nunca, nessa passagem de século, ressurge com força inesperada a dicotomia civilização *versus* barbárie, equação que poderia, aos olhos da intelectualidade letrada, ser facilmente resolvida por meio de uma adesão incondicional à cultura francesa, de um modo geral, e à capital da França, em particular. Por isso, vincular Paris à ideia de civilização/civilidade era um tópico mais ou menos comum no discurso literário da passagem do século, como podem comprovar, a título de exemplo, algumas passagens de romances de representativos autores academicistas. Em seu romance-testemunho, *Fogo Fátuo*, Coelho Neto sugere que Bivar (codinome de Olavo Bilac), após ter passado uma temporada na prisão, ansiava desesperadamente por um "sanatório de civilização: Paris" (NETO, 1929, p. 365); já em *Pássaro Tonto* (1934), Júlia Lopes de Almeida faz Lalita condenar a mania dos brasileiros de quererem ir a Paris, pois "não se consideram civilizados enquanto não passeiam pelos boulevards" (ALMEIDA, 1934, p. 49).

Não eram apenas os romancistas que proferiam semelhante opinião: cronistas e intelectuais diversos também lograram estabelecer um vínculo preciso entre a capital francesa e a ideia de civilização. Para João do Rio, por exemplo, Nestor Vítor, depois de ter passado por Paris, ter-se-ia transformado num novo homem: "é um cidadão que passou por Paris, que viveu em Paris, que civilizou todas as arestas do temperamento na polidez de Paris" (RIO, 1994, p. 105); já para um jornalista anônimo de *A Ilustração Brasileira*, determinados lugares do Rio de Janeiro, depois que passaram pelas transformações urbanas regidas por Pereira Passos, apresentaram uma "perspectiva de ultra-civilização que só pode ser comparada a Paris" (ANÔNIMO, 1909, p. 70); finalmente, a mesma ideia pode ser presenciada como argumento de destaque na célebre polêmica travada entre Júlio Ribeiro e o Padre Senna Freitas, que ao tratar da publicação de *A Carne*, do romancista mineiro, afirma categoricamente: "o público desta província [São Paulo] e do Brasil ainda não está assaz *civilizado*, e, se me permite o neologismo, assaz *parisificado* para que não seja por ora uma calúnia e um grave desrespeito dar-lhe a comer a *Carne*..." (FREITAS, 1972, p. 190).

Os exemplos acima arrolados parecem ser suficientes para demonstrar que parte da intelectualidade brasileira, mormente aquela ligada à Academia, reconhecia um vínculo necessário entre a capital francesa e a ideia de civilização. Trata-se, em outros termos, de uma espécie de *cruzada civilizatória* (FRANÇA,

1994) que, tendo desde o início do século XIX incidido sobre a cidade (com a urbanização, a higiene, os padrões de comportamento etc.), teve repercussão direta na literatura, a qual fora levada a participar de todo esse processo compulsório de "civilização" do povo brasileiro.

É toda uma gama de sensações e sentimentos arrebatadores, próprios de uma intelectualidade inebriada pela realidade parisiense, uma realidade que se lhes parecia cada vez mais fantástica, cada vez mais febricitante, como revelam estas palavras modelares de um desconhecido cronista da revista *A Cigarra*: "nenhuma cidade nos podia dar tantas sensações de artistas e de amantes; a rua em Paris torna-se o Éden feérico dos desejos, das admirações, das aventuras..." (UZANNE, 1916, s.p.).

Cidade que transforma as almas austeras e sisudas, local privilegiado de uma vida maravilhosamente vertiginosa, paraíso fantástico dos desejos... Com razão, a capital francesa tornara-se, no Brasil dessa época, não apenas um ponto de referência obrigatório à cultura nacional, mas, sobretudo, um espaço para o qual se voltava um imaginário visceralmente ligado à ideia de civilização. Por isso mesmo, ela parecia revelar-se – sempre e a um só tempo – sob faces distintas, mas complementares: como anseio e saudade, desejo e recordação, utopia e nostalgia.

Ecos da língua francesa no Brasil

A par dessa francofilia representada pela obsessão por Paris, havia também aquela simbolizada por um apego incondicional à língua francesa, outro índice de adesão à cultura gaulesa por parte da intelectualidade nativa. Curiosamente, apesar da ideologia da manutenção/preservação da língua portuguesa, que vigorava no período, os academicistas nunca perderam o elo com a língua francesa, tornando-a verdadeira referência idiomática nesse meio. E isso não quer dizer que houvesse uma contradição intrínseca ao discurso acadêmico, pois a valorização do vernáculo acabava, aos olhos de parte da intelectualidade brasileira, passando pelo reconhecimento do latim como matriz dos idiomas português e francês, que, afinal de contas, ligavam-se por uma única e mesma tradição. Por isso mesmo, a manutenção do purismo idiomático, um dos pilares da ideologia academicista, não prescindia do reconhecimento da importância da língua francesa, código linguístico de irrefutável valor cultural, em que muitos autores nacionais se espelharam desde, pelo menos, meados do século XIX.

Assim, a língua francesa serviria, em maior ou menor grau, como modelo de expressão a ser seguido por alguns artistas e intelectuais brasileiros, muitos dos quais não se intimidaram em empregá-la em suas obras: além dos já citados Alphonsus de Guimarães e Freitas Vale, há ainda outros exemplos, como os de Joaquim Nabuco, cujo livro *Pensées Détachées et Souvenirs* (1906) teria sido acatado pela crítica francesa como obra distinta de desconhecido autor francês; ou como Visconde de Taunay, que escreveu seu célebre livro *A Retirada de Laguna* (1871) originalmente na língua francesa. É verdade que a adoção indiscriminada da língua francesa na vida social brasileira ou o uso frequente de galicismos por romancistas e poetas nativos acabou gerando uma série de críticas a essa febre imitativa. É o que sugere, sobre o primeiro aspecto, uma crônica que Coelho Neto escreveu para o jornal *A Noite* em 1920, em que o romancista maranhense hostiliza o uso da língua francesa nas tabuletas comerciais da cidade ou nos elegantes salões literários, numa incisiva defesa da língua nacional:

> sentimo-nos agora no que é nosso e estamos livres dos solecismos barbaros com que, tão de contínuo, nos arrepellavam os ouvidos [...] Pudesse o Prefeito tornar extensiva a sua autoridade á mania ridicula, que impéra nos salões elegantes, das recitações afrancelhadas e sentiriamos mais no intimo d'alma a nossa patria que tem na língua formosa em que se exprime uma das suas maiores riquezas (NETO, 1922, p. 190/191);

ou, sobre o segundo aspecto, uma crônica de Souza Bandeira, em que o autor, ao tratar do estilo elevado de Euclides da Cunha, afirma peremptoriamente:

> não se lhe encontram as preciosidades alambicadas dos que, acostumados á unica leitura dos livros franceses, enchem os seus escritos de grosseiros galicismos, imitação servil dos autores que lhes forneceram o substrato da elaboração mental (BANDEIRA, 1917, p. 28).

Trata-se, sem dúvida, de críticas contundentes, mas de pouco impacto sobre a literatura nacional, já que foram feitas circunstancialmente e por autores que se esmeraram em defender e empregar o francês em seus próprios livros. Ademais, servem como reconhecimento tácito do emprego abundante de galicismos em nossa língua, além do que são atitudes que podem ser tomadas como evidentes exceções, já que, via de regra, o comportamento dos literatos da época ia da simples anuência à completa apologia daquele idioma, posições, aliás, que encontravam suporte científico nos mais respeitados gramáticos da época, como Mário Barreto, em seu ardoroso libelo contra os rigores gramaticais de Cândido Figueiredo (BARRETO, 1903), ou Said Ali, em sua condenação ao excessivo purismo da língua, avesso aos estrangeirismos (ALI, 1930).

A acreditar nas palavras conscienciosas do cronista baiano Arthur Neiva, escritas para *O Estado de São Paulo* e para a *Revista do Brasil*, o francês era mesmo uma língua de franco emprego no Brasil do entresséculo:

> nas altas espheras do Brasil ainda lavra a convicção de que o francez é a língua universal [...] a língua mais vulgarizada entre nós é a franceza. Quasi toda a cultura artistica e scientifica nos chega através dos livros e revistas de França [...] O Brasil continua servindo de resonador para tudo quanto a França faz, nós somos o seu éco e tal funcção nos envaidece (NEIVA, 1927, p. 24/25/26).

Curiosamente, a principal defesa da língua francesa que se pode encontrar na época provém de Coelho Neto, o mais representativo dos escritores academicistas e exatamente aquele que, como mostramos em citação anterior, deblaterava contra o uso de vocábulos franceses nas tabuletas comerciais da capital federal. Esse fato, aparentemente irrelevante, demonstra algumas contradições internas que caracterizavam a Academia, já que no mesmo livro em que Coelho Neto faz a condenação do uso do francês pelo "povo", defende-o como "uma língua literária, língua marmorea, propria para requintes de arte" (NETO, 1922, p. 94). E, anos mais tarde, em seu discurso-crônica realizado na Academia Brasileira de Letras para recepcionar Paul Hazard (1926), faz a um só tempo uma defesa contundente do purismo idiomático e um elogio encomiástico ao francês:

> Conhecemos o vosso idioma, senhor Professor, e delle assiduamente nos servimos. Com elle percorremos os longos cyclos do Tempo,

familiarisando-nos com todos os illuminadores da Humanidade – os pharóes de genio plantados no estirão das eras: na Poesia, na Arte, na Sciencia [...] Foi elle o nosso "ciceroni" nas viagens espirituaes que fizemos (NETO, 1928, p. 157/159).

Também Souza Bandeira, citado anteriormente como contrário ao uso do francês na literatura brasileira, não hesitou em apontar, noutra obra, de forma laudatória, os benefícios da língua francesa ao espírito nacional: "seja qual for a feição atual do nosso espírito, foi em francez que todos nós começamos a pensar e a sonhar" (BANDEIRA, 1910, p. 14). De fato, a língua francesa parece ter sido um dos temas privilegiados por nossos intelectuais, que não vacilavam na hora de promover um panegírico em seu favor.

Aliás, para completarmos o quadro aqui esboçado, cumpre lembrar que os romancistas em suas obras de ficção também não ficaram alheios ao movimento em prol da língua francesa no território nacional. Mais de uma vez colocaram na boca de seus personagens palavras elogiosas à língua francesa, revelando a dimensão desse sentimento de adoção irrestrita do idioma alienígena. João do Rio, por exemplo, nos seus dois romances carregados de vocábulos franceses, descreve a burguesia carioca como uma classe social linguisticamente "dependente" do francês, idioma que empregava exageradamente numa atitude, para usar de um galicismo, chique e presumida (RIO, 1992a; RIO, 1992b); Coelho Neto, em *Fogo Fátuo*, respondendo às reclamações de Ruy Vaz (codinome de Aluísio Azevedo) sobre as dificuldades de se produzir literatura no Brasil, aconselha: "não percas tempo, meu velho, ou então, muda-te de lingua; escreve em francês" (NETO, 1929, p. 151); Afrânio Peixoto, em *A Esfinge*, representa parte da burguesia carioca falando em francês como indicativo de civilidade (PEIXOTO, 1978); Antônio de Oliveira, em seu esquecido *O Urso* (1901), descreve um personagem, cônego Fragoso, sonhando em substituir o latim das missas pela "doçura" do francês (OLIVEIRA, 1976); finalmente, Júlia Lopes de Almeida, em *Correio da Roça* (1913), mostra-nos Cordélia preocupada com o recente encargo de ensinar português numa escola rural, já que toda sua educação teria sido na língua gaulesa (ALMEIDA, 1933).

Les Belles Lettres

Mais do que qualquer outro fator, é por meio da análise dos discursos produzidos em torno da literatura brasileira no período que podemos perceber a dimensão desse vínculo entre as culturas nacional e francesa, o que mais uma vez revela uma real dependência daquela em relação a esta. Analisando, portanto, mais acuradamente a ligação entre os literatos brasileiros, sobretudo os acadêmicos, e a literatura francesa, podemos construir um quadro mais fiel da situação da produção literária de então, colocando francesismo e academicismo numa mesma esfera cultural – a literária.

A frase com que Mário de Alencar, em discurso proferido em 1905, durante a sucessão de José do Patrocínio na Academia, brinda os colegas acadêmicos é, nesse sentido, emblemática, representando a situação vivida pela cultura literária nacional no período: "é da França que nos chega para o Brasil e Portugal quasi todo o alimento do saber e das belas letras" (CAMPOS, 1960, p. 88).

Impressão semelhante teriam diversos autores e intelectuais brasileiros, exprimindo, todos eles, opiniões análogas à de Mário de Alencar, como um Souza Bandeira (que alude ao "excessivo uso da literatura francesa" entre nós) (BANDEIRA, 1917, p. 31), um José Agudo (para quem "a literatura francesa é um axioma, ou antes um dogma" para os brasileiros) (AGUDO, 1913, p. 93), um Olavo Bilac (que acreditava que "nós nos regulamos pela França") (RIO, 1994, p. 15) ou um Guimarães Passos (que, tratando especificamente da literatura nacional, lamenta que "a impressão da França esmaga tudo") (RIO, 1994, p. 138).

E muitos outros...

Assim, pode-se afirmar, sem incorrer em exagero, que as maiores incidências da cultura francesa sobre a brasileira ocorreram no âmbito da estrita expressão literária: não é pouca, nesse sentido, nossa dívida para com uma gama bastante extensa de autores franceses que, em maior ou menor grau, teriam atuado direta ou indiretamente sobre os escritores, como atestam vários estudos a respeito do assunto (FARIA, 1973; AMARAL, 1996; CARNEIRO LEÃO, 1960; SILVA, 1996).

Não poucas vezes, tal ligação foi denunciada como carência de autenticidade do pensamento cultural brasileiro, depauperamento da atividade literária ou mero esnobismo por parte dos literatos que gostariam, aos olhos do público nativo e principalmente europeu, de parecer demasiadamente "civilizados".

Daí a indignação de João Luso, ao responder ao inquérito promovido por João do Rio para as páginas da *Gazeta de Notícias* nos primeiros anos do novo século, a respeito da atual situação da literatura brasileira: "é de franco e deplorável estacionamento a nossa atualidade literária. Estamos à espera que a Idéia Nova nos chegue pelos próximos transatlânticos franceses" (RIO, 1994, p. 204).

Essa dependência das ideias alienígenas parece ser a tônica dos discursos a respeito da produção literária de então e, curiosamente, mesmo entre os acadêmicos. Mas o fato de abundarem discursos contrários a essa dependência não quer dizer que, na prática, os escritores fossem avessos à incorporação, quando não à cópia pura e simples, da estética francesa; pelo contrário, nunca como nessa época houve um tão intenso contato entre as duas literaturas, e embora a literatura brasileira não tenha sido, já nesse período, de todo desconhecida para o público francês, chegando inclusive, em alguns casos, a ser admirada por ele, não se pode negar que o caminho contrário – isto é, da França para o Brasil – fosse o mais comum e frequente.

Trata-se de um autêntico exemplo de importação de cultura, aqui copiosamente consumida e imitada. Evidentemente, tamanho fervor pela cultura estrangeira acabava, vez por outra, ferindo o brio nacionalista, particularmente quando se tratava de assuntos ligados à literatura, da qual autores e intelectuais do período tinham tanto orgulho e em relação à qual se mostravam tão ciosos: "Ah! se nossos homens de letras, em vez de imitarem a literatura francesa, se quizessem dar ao estudo das cousas nacionais!", lamenta-se uma personagem de *A Silveirinha* (1914), já no encerramento do romance (ALMEIDA, 1914, p. 307); e o sempre sóbrio Gilberto Amado chega a mostrar desmedida indignação diante do afã por se conhecer, em termos de literatura, absolutamente tudo o que tivesse procedência francesa, a par da consequente "indiferença nacional [...] em assumptos literarios", quando se tratava do Brasil (AMADO, 1914, p. 265).

Como dissemos há pouco, não apenas imitada, mas também fartamente consumida, tanto pelo público mais culto quanto pelo popular. Indício desse consumo da literatura francesa pelo público culto pode ser a já aludida série de reportagens feitas por João do Rio (RIO, 1994), que, perguntando aos mais importantes literatos e intelectuais do período a respeito de suas preferências como leitores, obtém um curioso quadro estatístico: perdendo apenas para a própria literatura nativa (47,4% do total de respostas obtidas, a partir das literaturas citadas), a literatura francesa (23,7%) era ainda mais lida do que a literatura portuguesa (8,6%) que, como aludimos no início, perdia cada vez mais espaço para a expressão gaulesa, conforme esclarece o gráfico abaixo:

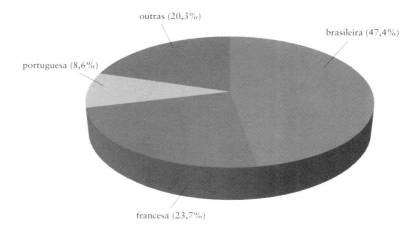

Entre aquelas agrupadas sob a denominação de "outras" (20,3%), contavam-se as de origem clássica, isto é, grega e latina (5,9%), inglesa (3,6%), alemã (3,2%), italiana (3%), espanhola (1,9%), russa (0,9%), norte-americana (0,7%) e diversas outras de origem não especificada ou pouco frequentes (1,1%).

Salta aos olhos, no quadro acima, a diferença entre a literatura francesa e a portuguesa, aquela quase três vezes mais lida do que esta, o que comprova o grau de incidência da cultura francesa sobre a brasileira e, além disso, o fato de o idioma não ser necessariamente um entrave para o estabelecimento de relações literárias mais próximas.

Mas se os dados relativos às literaturas de um modo geral já são curiosos, o que não se dirá a respeito da amostragem de autores específicos! Nossas referências agora são outras, não mais a do total de citações, mas a do total de nomes: dos 188 nomes aventados – sem excetuar os de língua portuguesa e particularmente os de procedência brasileira – o mais lido de todos era, confirmando a dependência de que se falou, um francês: Victor Hugo (com 15 citações), seguindo-se a ele os de Olavo Bilac (13 citações); Machado de Assis e Gustave Flaubert (11 citações); Alberto Oliveira, Coelho Neto, Eça de Queirós, Shakespeare e Zola (10 citações); Aluísio Azevedo, Castro Alves, Fagundes Varela e Gonçalves Dias

(9 citações); Graça Aranha, Raimundo Correa, Dante, Goethe e Maupassant (8 citações); e assim por diante. Dados igualmente interessantes: apesar de se destacar o nome isolado de Hugo, prevalece a relação de forças já atestada na amostragem das literaturas: as mais lidas, pela ordem, continuam sendo a brasileira e a francesa. Isso tudo resulta num gráfico bastante sugestivo, em que se alinham alguns nomes de autores consagrados no período:

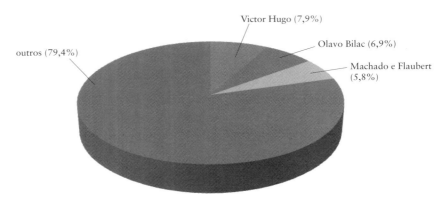

Considerando que os "outros", no gráfico acima, correspondem a mais de 150 nomes, salta aos olhos a frequência com que os nomes de Hugo (7,9%), Flaubert (5,8%), Zola (5,3%), Maupassant (4,2%), Balzac (3,7%) ou Gautier (3,1%) foram citados nas entrevistas de João do Rio.

Como vimos sugerindo e o gráfico acima ilustra, os autores franceses eram de fato muito lidos pela intelectualidade brasileira. Semelhante fenômeno pode ser ainda verificado por práticas de leitura específicas, presentes sob a forma de motivos literários nas páginas da maior parte dos romances do período: não são poucos, nesse sentido, os personagens que, entre uma e outra ação mais relevante para a economia do enredo dos romances editados durante a passagem do século, lançam mão de um livro de autor francês para seu deleite pessoal. Assim, a leitura de autores franceses por personagens de romances brasileiros espelha, também, a importância da literatura francesa no Brasil, já que sinaliza, a um só tempo, dois fatos relevantes: o sucesso dessa literatura entre os intelectuais brasileiros, que a elegiam para o enredo de seus próprios romances, e a admissão dos autores franceses entre as preferências dos leitores não intelectualizados, leitores comuns, retratados nos romances da época. Sobretudo, se pensarmos nos romances realistas-naturalistas, com seu indefectível empenho em retratar a sociedade com a máxima fidelidade possível. Vejamos alguns romances de um dos mais ilustres acadêmicos de primeira hora: uma análise superficial da ficção de Aluísio Azevedo vai-nos revelar facilmente que o universo de leitura de seus personagens, sobretudo personagens femininos, não vai muito além do que aqui sugerimos: Laura, de *A Condessa Vesper* (1882) lê e admira Lamartine (AZEVEDO, 1937); Ana Rosa, de *O Mulato* (1888), além de Lamartine, aprecia também Bernardin de Saint-Pierre (AZEVEDO, 1977); Gregório, de *Girândola de Amores* (1882), por sua vez, lê Lamartine, Musset, Gautier e Hugo (AZEVEDO, 1954). Outros exemplos apenas confirmariam nossa tese, servindo ainda como indício do apego à literatura francesa por um público menos culto, como aludimos anteriormente.

Atestando igualmente o consumo da literatura francesa por esse público, está a grande voga, na época, dos folhetins traduzidos do francês e que teriam causado verdadeiro furor como romances populares, comprovando que a literatura francesa não foi apenas a matriz literária de nossa literatura "culta", mas também da literatura popular (MEYER, 1982; MEYER, 1996; MEYER, 1998). Uma expressão artística que vários intelectuais do período (como Adolfo Caminha, Nestor Vítor e outros) condenaram como uma perniciosa literatura de pacotilha, vendida aos países periféricos como arte literária.

Não restam dúvidas quanto ao sucesso da literatura francesa na época em estudo, revelando sua larga incidência sobre o escasso público leitor brasileiro, seja ele culto ou popular, real ou fictício. Uma incidência, aliás, que não deixou de ocasionar alguns episódios curiosos, cômicos até, não fossem motivo de embaraço para uma intelectualidade subserviente à expressão literária alienígena, o que resultaria na perda de alguns referenciais críticos: conta-nos Raimundo de Menezes (MENEZES, 1945), numa de suas saborosas narrativas biográficas, que a criação de um conto por Garcia Redondo – ironicamente intitulado "O Modelo" – teria suscitado fragorosa polêmica nas páginas da *Gazeta de Notícias*, já que o referido conto fora colocado sob a suspeição de plágio de alguma desconhecida peça francesa; a obra, considerada por Raimundo Correia, por exemplo, como possuidora de um "ar todo parisiense", escrita em "estilo português-francês", foi dada, enfim, por original, mas ilustra a fragilidade dos limites entre o que – em termos de literatura – era considerado distintamente português ou francês, tamanha a ascendência deste sobre aquele idioma e desta sobre aquela literatura.

O outro lado do Atlântico

As relações interculturais de que aqui viemos falando até agora não foram uma marca presente apenas nos itens destacados, relacionados a uma ideologia francófila, sustentada por ícones como a cidade, a língua e a literatura francesas, embora esses três tópicos sejam suficientes para provar a incidência da cultura francesa na produção literária do período, mormente na literatura academicista, uma vez que servia como modelo regulador de uma estética e de uma ética específicas. Tal incidência pode ser facilmente notada também em outras esferas da sociedade, como a histórica, já que, por exemplo, a Revolução Francesa teria servido de inspiração, sobretudo simbolicamente, a diversos movimentos políticos nesse período, como a Proclamação da República ou o movimento operário. Nesse sentido, é interessante lembrar que nos momentos mais importantes de afirmação como nação autóctone, diante de um real poder colonialista, o Brasil adotou a França como principal referência histórica (BATALHA, 1991; CARVALHO, 1990; FREYRE, s.d.).

Mas tratando em particular da esfera cultural, poder-se-ia perguntar: em que sentido, especificamente, a cultura francesa pode ser tomada como instância legitimadora do academicismo literário? Ora, a constância com que os mais importantes acadêmicos adotavam vários elementos da cultura francesa como referência, seu empenho em relacionar com a França tudo o que dizia respeito à literatura brasileira, o fervor com que cultuavam ícones variados do universo gaulês são fortes indícios das vantagens que todas essas relações traziam aos acadêmicos, vantagens que se traduziam em prestígio social e literário e, consequentemente, em maior aceitação pelo público leitor, acesso mais fácil às instituições político-administrativas, mais ampla divulgação de seu nome no universo cultural brasileiro. Dessa maneira, a adesão incondicional à cultura francesa torna-se uma forma de legitimação do academicismo, uma vez que o alia a todo um mundo simbólico em que as noções de civilização, cosmopolitismo e modernidade possuem considerável valor social. Além disso, alguns pressupostos ideológicos dessa cultura iam ao encontro da ideologia academicista, como o culto ao aristocratismo estético.

Todo esse conjunto de componentes simbólicos é indício claro de como a intelectualidade nacional estava impregnada, na passagem do século, de um cosmopolitismo de natureza predominantemente francesa; e, pela amostragem exposta, percebe-se facilmente que se tratava, em especial, de uma intelectualidade comprometida direta ou indiretamente com a oficialidade acadêmica. Evidentemente, não se quer com isso dizer que aqueles que não compactuavam com o ideário acadêmico estivessem imunes à "influência" dessa cultura, mas apenas demonstrar sua relevância numa época contundentemente marcada pelo oficialismo literário. O caso de Machado de Assis, que se filiava ao academicismo mais pelo aspecto da sociabilidade literária do que pelo da estética propriamente dita, parece ser um caso exemplar, já que seus textos se revelaram significativamente tributários da cultura francesa (PASSOS, 1995; PASSOS, 1996).

Não nos parece difícil perceber, assim, a prevalência de marcas francesas numa cultura que tem estabelecido – mais intensamente a partir do século XVIII – uma relação de contínua interdependência com o universo francês (LIMA-BARBOSA, 1923; RIVAS, 1995; CARELLI, 1994; CARELLI, THÉRY & ZANTMAN, 1987; TAVARES, 1979; MARTINIÈRE, 1982). E, como sugerimos há pouco, talvez nenhuma outra ligação entre o Brasil e a França tenha sido tão marcante quanto a que diz respeito à atividade literária: de fato, é no estudo crítico e historiográfico da literatura que podemos depreender toda a dimensão da ascendência da cultura francesa sobre a brasileira, ascendência essa que ganha um contorno particular – já por sua frequência, já por sua amplitude – durante os primeiros anos do século XX, como atesta, entre muitos críticos, Machado Neto, ao comentar a vida literária do período: "como expressão de nosso colonialismo intelectual, a Europa (especialmente Paris) constituía o centro de atração maior da vida intelectual brasileira" (MACHADO NETO, 1973, p. 62).

Como diria outro intelectual de nobre linhagem acadêmica, Joaquim Nabuco, em palavras que, num tom elegantemente enigmático, bem poderiam resumir todo o sentimento cultural de nosso 1900: "no século em que vivemos, o *espírito humano* [...] está do outro lado do Atlântico" (NABUCO, 1934, p. 35).

O SORRISO DA SOCIEDADE: PRESSUPOSTOS ESTÉTICOS E PRÁXIS ACADEMICISTA

"O estilo não é tanto a *correção*, coisa trivial,
mas é *perfeição*, isto é: *a idéia precisa e exata
na sua forma exata e precisa*"
João Ribeiro

"O mundo das letras está cheio de supérfluos"
Elysio de Carvalho

"a Arte é a mais exigente das Amantes"
Martins Fontes

Pressupostos estéticos do academicismo literário: a literatura brasileira da passagem do século

SOB O INFLUXO DAS MAIS DIVERSAS REFORMAS e transformações, a capital federal vivia, nos anos que norteavam a passagem do século XIX para o XX, um período de súbito esplendor: não apenas a cidade, mas também a sociedade se renovava e se modernizava; a tecnologia – impulsionada pela recente Segunda Revolução Industrial – ganhava, contraditoriamente, foros de *novidade perene*, com seus automóveis, aviões, máquinas diversas e invenções; levava-se adiante um *processo civilizatório* excludente, caracterizado por uma singular febre de saneamento público; os símbolos mais acabados do novo estilo de vida que se inaugurava com a virada do século espalhavam-se por toda parte, indo desde as famosas confeitarias e salões, às ruas e avenidas mais frequentadas, sem deixar de contar com os teatros, cinemas e cassinos que surgiam por toda a cidade.

Glória e esplendor superficiais, é verdade, já que procuravam esconder – sob o manto diáfano de uma *joie de vivre* – os sintomas típicos da aguda crise social e econômica que revelaria a face mais cruel da incipiente República. Assim, não obstante ser o *superficial* o que contava para uma sociedade mundana cada vez mais atuante no comando das decisões políticas e administrativas do Estado, entrevia-se, no bojo desse entusiasmado desenvolvimento, uma série infindável de processos marcadamente decadentes, refletindo um estilo de vida caracterizado por crises de toda espécie, mas, sobretudo, pelo esgarçamento do tecido social, ocasionado por um desenvolvimento urbano marginalizador, que se manifestava pelo aumento do consumo de drogas, expansão da carestia, problemas de moradia, crescimento da prostituição e da violência urbana, dilatação do desemprego etc., aspectos marcantes da vida social brasileira e que foram, na sua maioria, retratados pela literatura do período, acadêmica ou não.

Dessas contradições sociais, nasce uma "necessidade" de evasão, de fuga da opressora realidade circundante, enfim, de sublimação dos percalços sociais por meio de uma literatura que se consolidasse mais do que como reflexo de um pretenso lado "humano" da sociedade, como instrumento de criação de uma realidade artificialmente forjada. Por isso, literariamente falando, esse período foi marcado em profundidade por uma concepção mais ou menos padronizada da expressão artística, visão perfeitamente sintetizada na consideração – nas palavras de Afrânio Peixoto – da literatura como *o sorriso da sociedade*.

As instâncias legitimadoras do período, a par da ideologia veiculada por periódicos e pelos discursos acadêmicos, deram sustentação social, por assim dizer, a um singular academicismo literário, composto pela produção ficcional de diversos autores, direta ou indiretamente vinculados à Academia Brasileira de Letras. Essa produção, moldada por uma pragmática literária rigidamente regulada, era composta por obras e autores que valiam, sobretudo, pelo modo como revelavam tramas, enredos e formas literárias, isto é, pelos recursos formais e estilísticos empregados em suas produções. Em outros termos, o que acabava contando mesmo era uma espécie de *modus faciendi* instituído pela Academia como referência a uma práxis estética a ser seguida.

A estética academicista, para efeito de comparação, opunha-se diametralmente àquela *literatura útil* de que fala Curvelo de Mendonça, cujo principal propósito era a veiculação do ideário anarco-comunista entre a classe média urbana (RIO, 1994; LUIZETTO, 1987; LEAL, 2001). Fábio Lucas entende essa literatura como uma espécie de expressão estética contida numa denominação mais genérica de *ficção social*, a qual se divide em romance social (em que o coletivo ocupa o primeiro lugar na trama), romance político (em que predomina o indivíduo) e romance proletário (que reflete o ponto de vista do trabalhador nas relações sociais) (LUCAS, 1985; HARDMAN, 1988; HARDMAN, 1992). Curiosamente, embora possamos ver a literatura academicista como oposta a essa literatura militante e utilitária, de cunho marcadamente social, elas se igualavam no seu pragmatismo: enquanto esta se empenhava por uma pragmática da denúncia da exclusão social, aquela adotava uma pragmática da autopreservação burguesa, ambas devidamente simbolizadas por um modo particular de fazer literatura. Assim, para a literatura academicista, noções como as de diletantismo literário, preciosismo vocabular, cosmopolitismo, artificialismo e outras constituíam um verdadeiro *programa* estético, aprioristicamente definido e traçado sob os auspícios da Academia Brasileira de Letras e seus membros.

Desse modo, o pragmatismo parecia ser o único ponto de contato com a literatura *social* – em tudo minoritária –, produzida pelos escritores ligados ao ideário anarco-comunista no Brasil daquela época. De resto, sua natureza estava muito mais próxima de um ideário burguês, sustentado pelo poder político estabelecido e por uma prática cultural institucionalizada. Trata-se, como já sugerimos antes, de uma literatura oficializada, produto de uma burguesia em ascensão, desdobramento estético do patriarcado que se burocratizava. Para Brito Broca, em célebre estudo, com a Academia tornava-se quase que necessário o aburguesamento do escritor (BROCA, 1960); e, para Francisco Foot Hardman, durante a Primeira República, "a literatura foi um dos principais veículos, senão o principal, da ideologia dominante" (HARDMAN, 1983, p. 80; PRADO, 1994).

Essa equação – que aliava, num mesmo campo intelectual, prestígio social e produção literária, cultura oficial e estilização artística – revelou-se de grande sucesso para a maioria dos academicistas, alçando-os à categoria de principais representantes da literatura brasileira durante a passagem do século. Tal equação pode ser resumida nestas palavras bastante sugestivas de um estudioso do período:

> os intelectuais gozavam de um prestígio invulgar, envoltos na aura da glória. Paralelamente, seu poder de fogo crítico e criativo se acha encolhido, estando às vezes anulado, quer pela co-optação, quer por manipular a literatura com o propósito de ascender socialmente e tirar proveito das benesses proporcionadas pela condição de escritor, fazendo da criação literária uma atividade frívola e inócua, simples lazer [...] Mas não seria preciso espetá-la [a literatura] para perceber que estava murcha, insossa, "sorriso da sociedade". Vigora um neo-parnasianismo já bagaço, estilo por excelência das camadas dirigentes, com seu versejar virtuosístico, sua linguagem empolada, pendurada com os berloques das tiradas de efeito, seus ditos galantes, suas chaves de ouro (REIS, 1988, p. 106/108).

Evidentemente, o fato de vigorar entre os acadêmicos uma estética marcada por efeitos, na sua maioria, ornamentais não significa que esses mesmos acadêmicos deixassem de perceber a ação deletéria de tais efeitos sobre a produção literária. Representantes de destaque de uma literatura entre diletante e laudatória, entre afetada e artificial, com pouca ação romanesca e demasiadamente palavrosa, com enredos simplórios, padronizados e com virtuosismos linguísticos, alguns acadêmicos, numa atitude de quase autofagia, deblateravam contra um pretenso depauperamento da literatura nacional: enquanto Humberto de Campos chamava a atenção para o fato de a expressão literária carecer de autores verdadeiramente originais, caracterizando-se antes por "sugadores" de ideias alheias (CAMPOS, 1936, p. 53); Álvaro Guerra (membro da Academia Paulista de Letras), apontava, em 1916, para o mesmo problema, diagnosticando a carência crônica de originalidade na produção estética, "gravíssimo e talvez insanável morbo da literatura no Brasil" (GUERRA, 1916, p. 127); mais radical em suas posições a respeito dessa questão, outro ilustre membro da Academia, Medeiros e Albuquerque, em entrevista a João do Rio, afirma ser impossível pensar em literatura nacional pela própria ausência de uma nacionalidade brasileira (RIO, 1994, p. 68); enfim, João do Rio, em texto publicado postumamente, apontava para a penúria literária numa nação obsessivamente "à espera de idéias estrangeiras" (RIO, 1932, p. 70).

É certo que a crítica veiculada pelos acadêmicos de primeira linha soava algo leviana, fazendo parte de um discurso vazio e sem impacto e impondo-se mais como exercício de retórica; em outras palavras, representava uma teoria que não tinha correspondência efetiva na prática de sua produção literária, revelando-se um conglomerado de frases de efeito e caindo no mais absoluto esquecimento. Basta recordarmos algumas opiniões veiculadas pelos literatos oficializados em seus discursos acadêmicos, como aquelas que defendem a preservação do vínculo da literatura brasileira com a tradição literária europeia, o que vai de encontro à falta de originalidade dos literatos, que esses mesmos acadêmicos supostamente condenavam.

Mas se os próprios acadêmicos emergiam como "críticos" de uma situação pela qual, em grande parte, eles mesmos eram os responsáveis, com muito mais razão essa situação era criticada por aqueles escritores e intelectuais do período que assumiram um posicionamento ideológico e estético de franca oposição ao academicismo vigente.

É o caso de Lima Barreto, o mais fervoroso dos antiacadêmicos, ao criticar o corporativismo que campeava no meio literário nacional; ou de Gilberto Amado, que, num gesto de insatisfação com a situação da literatura do período, afirma peremptoriamente:

> o que nos calharia no momento actual, do ponto de vista literário, seria, por assim dizer, uma agitação romantica no sentido que essa expressão pudesse comportar de exaltação febril da imaginação creadora, de desprezo ostensivo das fôrmas consagradas, de arrancada gloriosa para o novo, o nunca dito, o interessante [...] E é evidente que não pode ser com academicismos, linguismos e bobagismos, que havemos de constituil-a (AMADO, 1922, p. 52).

Há, é certo, muito de rancor inconsequente e despeito em algumas das críticas veiculadas por contundentes e obstinados antiacadêmicos do período, mas o que importa mesmo é que se trata de evidências constatadas no calor da hora de acontecimentos responsáveis, como aludimos há pouco, pelo emprego de recursos literários (diletantismo, preciosismo, cosmopolitismo, artificialismo etc.) e atitudes socioculturais (afetação, frivolidade, virtuosismo etc.) advindas da moldura institucional do discurso literário academicista.

Mas talvez nenhuma outra "marca" estética caracterize tanto o academicismo literário como seu apego incondicional ao *formalismo*, o qual preenche, como poucos conceitos, a condição – aludida por Humberto de Campos no prefácio à antologia de textos e discursos proferidos na Academia Brasileira de Letras – de autêntico "modelo acadêmico" (CAMPOS, 1960, p. 12), sob o qual impera uma espécie de *mística parnasiana da forma*. Em termos gerais, ela se define pela completa submissão à plasticidade de imagens literárias, construídas a partir do apego incondicional ao perfeccionismo linguístico ou do exagero preciosista dos torneios frásicos. Enfim, por uma deliberada e absoluta apologia da Forma, quase sempre em detrimento do conteúdo.

Os autores academicistas, nesse sentido, viviam uma espécie de dramática contradição, marcada pela dicotomia forma/fundo: de um lado, eram tomados por uma síndrome da linguagem purista e do formalismo contemplativo;

de outro lado, eram, não poucas vezes, levados a tratar de temas de extração popular, pouco condizente com o retoricismo em que eram vazadas prosa e poesia academicistas. Oposição que raramente alcançava um equacionamento, resultando em obras de fundo mundano, assentadas sobre uma linguagem pretensamente erudita, a qual se constituía em fator de diferenciação entre as *escritas* acadêmica e jornalística, esta última, curiosamente, responsável pela consolidação do academicismo no Brasil, divulgando os autores e tornando-os profissionais da escrita, numa complexa trama capaz de superar uma "dialética" mais rasteira.

Mas esse apego incondicional ao formalismo literário já vinha de longe; apenas se adensara com a emergência da estética parnasiana no final do século XIX e com a prevalência dos acadêmicos na passagem para o século XX, os quais eram, aliás, declarados cultores do Parnasianismo literário. Nesse sentido, alguns indícios atestam que essa tendência ao formalismo teria encontrado suas primeiras manifestações relevantes na Colônia, com o modelo educacional então adotado, como sugere Fernando Azevedo, para quem a educação, naquela época, estava intimamente relacionada à família, à Igreja e ao poder político-econômico. O ensino, portanto, misturava o gosto pela sociedade aristocrática e o empenho dos padres na difusão do conhecimento, segundo as premissas da religião. O púlpito, com sua linguagem particular, tornava-se, logo, a arena das discussões:

> de fato, desse ensino que se completava com a escolástica e a apologética, provieram não somente o interesse pela vernaculidade e o pendor para dar a tudo expressão literária, como também o amor à forma pela forma, o requinte e os rebuscamentos, e o gosto das disputações que, mais tarde, no Império e na República, pela associação do espírito literário e do espírito jurídico, deviam prolongar-se nas controvérsias gramaticais e filológicas, como nas polêmicas literárias (AZEVEDO, 1962, p. 20).

Dando continuidade a essa espécie de tradição do formalismo ligado à eloquência por vezes vazia e verborrágica, poder-se-iam apontar as academias no século XVIII, a que já nos referimos aqui; ou aquela "poesia retórica", de fundo moralizante e pedagógico, detectada por Alfredo Bosi (BOSI, 1988, p.

90) entre os pré-românticos, na passagem do XVIII para o XIX; ou ainda a oratória de um Rui Barbosa na passagem do século XIX para o XX.

Como vimos sugerindo, esse "amor à forma pela forma" pode ser facilmente detectado na produção literária da passagem do século, ocorrendo não de modo inconsciente, mas como resultado de uma deliberada assunção dos preceitos estéticos provenientes do Parnasianismo, fato evidenciado pela literatura da época e confirmado pelas várias tentativas de historicizar nossa produção literária no calor da hora dos acontecimentos. É assim que, apenas a título de exemplo, um acadêmico do porte de Graça Aranha, em conferência realizada no *Atheneu Argentino* (Buenos Aires), em 1897, traçando um panorama da literatura brasileira do período, proferia estas sugestivas palavras, num discurso que em tudo pode ser tomado como uma espécie de diagnóstico oficial da literatura então produzida:

> somos um povo de homens de letras: não quer isto dizer que sejamos grandes escriptores, grandes poetas ou oradores; apenas significa que temos em alta dóse, talvez com prejuízo de mais vitaes energias, a sensualidade da frase [...] *Vivemos da fórma*. Para saboreal-a melhor, separamol-a do pensamento, e com que delicia não contemplamos as transformações por que passou a frase antiga, simples, lapidaria, limpida, até chegar ao complicado periodo moderno, em que a palavra é feita de musica, impregnada de pintura, e carregada de electricidade (ARANHA, 1898, p. 181-213, grifo meu).

Forma separada do pensamento: talvez tenhamos aí a síntese de um dos aspectos estéticos mais representativos da literatura academicista, com seus torneios verbais, sua "sensualidade da frase", seus exageros discursivos, seu preciosismo linguístico, sua plasticidade na composição de imagens, seus rebuscamentos vocabulares, sua acuidade gramatical, seu lusitanismo vernacular, enfim sua obstinada *literatização* da própria literatura, num flagrante privilégio da *forma* em detrimento do *pensamento*, pela incorporação de pressupostos literários próprios da estética acadêmico-parnasiana.

Com efeito, é no Parnasianismo que os escritores academicistas foram buscar muitos dos elementos estéticos que comporiam seu peculiar *modus faciendi*, já que é por meio dessa estética que o culto à forma alcança o paroxismo.

Para um crítico como Péricles Eugênio da Silva Ramos, o Parnasianismo pode ser considerado o "reino das formas fixas" (RAMOS, 1994, p. 317); e para um crítico não menos atento, como Tristão de Athayde, ele era marcado pelo "amor das formas cheias e das rimas ricas" (LIMA, 1948, p. 81). Mesmo entre aqueles críticos que presenciaram, no calor da hora, o auge da estética parnasiana, percebe-se essa tendência à vinculação da expressão parnasiana ao rigor formal: para Araripe Júnior, por exemplo, os parnasianos ficariam conhecidos, na historiografia literária, como os "cultores da forma impecável" (ARARIPE JÚNIOR, 1963, p. 108).

De fato, eram exatamente aspectos como a precisão vocabular (*mot juste*), a plasticidade, a correção gramatical, a *impassibilidade* das imagens e outras marcas parnasianas que os academicistas – cuja formação literária tinha, em muitos casos, se consumado durante a vigência do Parnasianismo – cultuavam (PACHECO, 1971; CIDADE, 1946; BROCA, 1991). Essa adoração quase mística da Forma pode ser percebida, por exemplo, nas profissões de fé dos mais representativos autores e/ou críticos academicistas, como é o caso de um Olavo Bilac, para quem a pena "Corre; desenha, enfeita a imagem, / A idéia veste: / Cinge-lhe ao corpo a ampla roupagem / Azul-celeste" / [Pois] Minha pena / Segue esta norma, / Por te servir, Deusa serena, / Serena Forma!" (BILAC, s.d., p. 6); ou, ainda, de um Coelho Neto, que igualmente numa profissão de fé sugestivamente intitulada "A Forma", confessa: "por ella o meu sangue, toda minh'alma para resguardal-a: é o meu amor, é o meu idolo, é o meu ideal – a Forma" (NETO, s.d., p. 9).

Chega a ser curioso como, para os academicistas – cultores confessos do formalismo parnasiano –, a Forma se apresenta como uma espécie de vestimenta da ideia, perspectiva já presente nos versos citados de Bilac e que se prolifera por outros escritores do período, sobretudo Coelho Neto, para quem, no final das contas, "a *Fórma* é o revestimento artistico da phrase" (NETO, 1913, p. 33).

Trata-se, evidentemente, de concepções bastante singulares do que seja a obra de arte, principalmente a obra de arte literária, afirmando-se como uma perspectiva assumidamente tributária do mais puro esteticismo parnasiano de origem francesa. Em seu curioso e verborrágico livro *Nós, as Abelhas* (1936), por exemplo, Martins Fontes – devoto tardio do Parnasianismo –, defende a ideia de que essa estética teria servido como vínculo e, nas suas próprias palavras, "communhão sacerdotal" entre franceses e brasileiros, fazendo, parnasianamente, a seguinte comparação: "o *quid divinum* é a inspiração, o fogo sagrado; o *quid humanum* é o trabalho, a arte, a technica, a fórma" (FONTES, s.d., p. 284).

Essa distinção entre o que é inspiração e o que é técnica reverbera algumas percepções da época, como aquela lastimada por Francisca Júlia, a maior das poetisas parnasianas, de que sentia "presa a imaginação no limite da rima" (JÚLIA, 1903, p. 7). Lamentações como essa, provindas de figuras eminentes do Parnasianismo brasileiro, não constituíam propriamente uma afronta à expressão estética parnasiana, mas deixam em aberto um flanco para todo tipo de ataques contra o que era considerado, por muitos críticos e artistas do período, um excessivo apego ao formalismo estilístico em detrimento do conteúdo.

Com efeito, não foram poucas as críticas contra os abusos estéticos dos parnasianos de primeira hora, compreensivelmente associados às mais relevantes figuras do academicismo literário. Num texto instigante e inteligente, por exemplo, Gilberto Amado, fazendo uma espécie de diagnóstico da situação cultural do país, ataca esse excessivo apego à forma literária em detrimento da mensagem; critica, assim, a deletéria influência do classicismo anatoliano, incitando os jovens autores ao "desprezo ostensivo das fórmas consagradas" (AMADO, 1922, p. 52). Opinião semelhante e com o mesmo teor crítico pode ser encontrada em Elysio de Carvalho, posição até certo ponto estranha num *radical de ocasião* integrante de *minorias ilustradas* (CANDIDO, 1980; PRADO, 1979), mais afeito às superficialidades da vida mundana e aristocrática do que a uma autêntica literatura militante: condenando os parnasianos por "reduzir[em] a arte a uma simples questão de fórma", constata que por substituírem "o culto da Idéa pela Idolatria da Fórma, nunca foram nem serão artistas" (CARVALHO, 1907, p. 54). Finalmente, Lima Barreto afirma-se, também, como um dos mais acirrados críticos do formalismo parnasiano adotado pelos acadêmicos, defendendo a ideia de que a Beleza não se encontra propriamente na forma literária, mas antes em seu conteúdo e substância; semelhante constatação o levaria, imbuído daquele sarcasmo que lhe era característico, a proferir esse pouco lisonjeiro diagnóstico: "entre nós, não há nada mais parecido com um poeta parnasiano do que outro poeta parnasiano" (BARRETO, 1956, p. 284/58).

Literatura academicista e formalismo estético na passagem do século: a prosa parnasiana

IMPORTANDO-SE BASICAMENTE COM A DIMENSÃO MUNDANA da literatura, como as polêmicas pessoais, as inúmeras capelas literárias que se formavam a todo instante ou os modismos estéticos importados da Europa sem nenhum critério de seleção, a literatura que se produziu na passagem do século XIX para o XX vivia uma espécie extasiante de cosmopolitismo literário, cujo fundamento estético parecia oscilar entre o diletantismo e o artifício. Talvez a sobreposição, nessa época, do formalismo preciosista sobre o equilíbrio e a sobriedade expressivas seja a principal marca de uma cultura literária perplexa com a vertigem de uma modernidade ainda incipiente.

Sem dúvida nenhuma, trata-se de uma época marcada pela incontornável heterogeneidade estética, por um ecletismo literário que perde consistência diante dos pressupostos estéticos propalados pela Academia Brasileira de Letras, a que muitos autores do período aderiram incondicionalmente, pois, apesar das variedades de tendências artísticas, pode-se dizer que havia uma espécie de prevalência da estética oficializada, logo incorporada pela academia e seus próceres, como já indicou Alfredo Bosi em estudo sobre o período:

> no período pré-modernista, as constantes literárias que já tivemos ocasião de estudar integram-se no quadro global da cultura brasileira, refletindo-o e animando-o ao mesmo tempo. Constantes conservadoras, em primeiro lugar: na medida em que as décadas iniciais do Novecentos prolongam a mentalidade parnasiana do século anterior, estratifica-se uma camada de cultura acadêmica e bacharelesca,

fundada na erudição jurídica e gramatical, e adornada, via de regra, por certos estereótipos liberais em que se haviam formado os líderes republicanos. Por outro lado, ainda incerto, e mantendo com a cultura "oficial" mais do que um ponto de contato, corre um filão inconformista que, seja pendendo para o socialismo, como no Euclides dos últimos anos, seja para o corporativismo, como em Alberto Torres e, depois, em Oliveira Viana, deixa entrever um profundo mal-estar pela inadequação entre as roupas constitucionais e o corpo social do país (BOSI, 1969, p. 115).

Tudo isso fazia daqueles anos um período substantivamente conturbado, dotado de uma cultura fértil, mas ao mesmo tempo indecisa em relação ao caminho a ser trilhado, indecisão que se reflete no próprio tratamento oblíquo que lhe é dado pela historiografia literária. Mas, sobretudo, revela-nos uma cultura profundamente vinculada ao processo de modernização por que passava o país, cujo resultado mais palpável é a prevalência absoluta de uma indefectível *literatura academicista*.

Entre os academicistas da passagem do século, era a *prosa* parnasiana que mais se sobressaía, representada por expoentes da Academia Brasileira de Letras, como Coelho Neto, Humberto de Campos, Medeiros e Albuquerque, Júlia Lopes de Almeida e até mesmo João do Rio. É o que propõe, por exemplo, Lúcia Miguel-Pereira, num instigante, mas pouco lembrado texto, no qual afirma que a estética parnasiana

> passou da poesia à prosa o gosto das palavras altissonantes e sobretudo da arquitetura verbal, da frase redonda e cheia, [imperando] um ideal de pureza vernácula, de casticismo português que, engomado, aprimorando as expressões de si antes moles e arrastadas da nossa gente, melhor as adaptava ao entorno oratório (MIGUEL-PEREIRA, 1992, p. 55).

O mais representativo prosador academicista, aquele que mais se enquadra nas características acima descritas, é, sem dúvida alguma, Coelho Neto, que, como nenhum outro autor, revelou uma copiosidade surpreendente, que traz consigo a marca inconfundível da expressão oficializada pela Academia. Foi parnasiano fervoroso, mesmo quando o Parnasianismo estava em vias de desaparecer, assim permanecendo até suas últimas obras, já durante os estertores da primeira fase modernista. Nesse sentido, buscou fazer do formalismo seu principal recurso estético-literário, bem de acordo com a ideia-mestra seguida pelos parnasianos. E todo seu pendor ao formalismo parnasiano se manifesta principalmente na utilização de uma linguagem marcada pelo preciosismo vocabular, pelo purismo gramatical e pelo rebuscamento do vernáculo.

A linguagem era, aliás, uma das principais preocupações dos representantes da literatura acadêmica, em função da qual se podia definir a própria qualidade do autor. O purismo gramatical presente na prosa de Coelho Neto deve-se, entre outras coisas, à sua preocupação com o falar escorreito, com a escrita apurada e a devoção formal. Mas é possível também que houvesse preocupação com o público lusitano de suas obras, já que se tratava de um sucesso inconteste junto aos leitores e à crítica em Portugal. É notória, por exemplo, a ânsia de Coelho Neto em se afirmar como um consagrado autor parnasiano, ideia com a qual a crítica parece concordar sem rodeios (BOSI, 1969; LIMA, 1948; MIGUEL-PEREIRA, 1950; PROENÇA, s.d.). Por meio de recursos estilísticos ligados ao preciosismo linguístico, Coelho Neto buscava, ainda, diferenciar-se da "mediocridade" estilística efetivada pela escrita apressada do jornalismo, consolidando-se como um acadêmico típico.

Veja-se, por exemplo, esta descrição da paisagem florestal que serve de cenário ao romance *O Rajá de Pendjab* (1898):

> quem penetrava essa immensidade saxea tinha a impressão maravilhosa de um dia de ouro e azul: as stalactites pareciam de turqueza e o ar levíssimo era dum tom ceruleo. Fetos e avencas rendilhavam as muralhas abertas em nichos e com escaleiras como se por ali, em tempos idos, homens houvessem tentando construir, na própria pedra bruta, um palacio ou templo colossal [...] Não pisavam a terra, mas flôres que forravam toda a aléa e, de espaço a espaço, um alto alampadario de finissimas campanulas de crystal, espalhava claridade. O ar era puro aroma e, todo o parque parecia de ouro, porque as luzes faziam brilhar, não só a folhagem do arvoredo como os troncos (NETO, 1927, p. 14/210).

As referências estilísticas do trecho revelam nítida tendência à descrição grandiloquente e plástica da paisagem, além de uma exuberância imagética, de esplendor pétreo, com avencas rendilhando montanhas que parecem templos colossais e folhagens brilhantes e ostentosas. É de se observar também o vocabulário empregado pelo autor, com a recorrência de palavras que fazem lembrar os mais consistentes poetas parnasianos (ouro, turquesa, cristal, palácio, templo, campânula etc.).

Trata-se de um descritivismo verborrágico, pouco afeito à simplicidade estilística, mais próximo de um retoricismo que marcou a expressão literária no período republicano, como já sugeriu Gilberto Freyre, para quem a "supervalorização da oratória ou da eloquência ou da retórica" foi um dos mais significativos aspectos da "ordem social e do sistema sociocultural, que do Império se prolongou na República" (FREYRE, s.d., p. 274). Percebe-se aí também, curiosamente, a antecipação de uma linguagem, cujas marcas estilísticas consolidar-se-ão, anos mais tarde, como as principais características expressivas da estética *kitsch*.

Desse modo, são muitos os exemplos retirados dos romances de Coelho Neto que, como este de *Fogo Fátuo* (1929), comprovam de forma cabal sua dívida para com a expressão parnasiana:

> manchas escuras tisnavam o penhascal; o arvoredo espastava-se em tom ceruleo e as cavernas ennegrecidas pareciam lançar das bocarras barbeladas de silvas aquellas sombras transparentes que se estiravam na hervagem, subiam pelos troncos, insinuavam-se nos ramos [...] Passaros revoavam estonteadamente, aos chilros, e nos alagados, em volta, occultos pela vegetação florida, crescia, aos poucos, em tons varios, soturnos, martellados, metallicos ou em gargarejos e estrepitos, o coaxo insistente dos batrachios [...] A respiração suave da paizagem, tocada de aromas, trescalava como um halito de saude, e a agua da piscina rochosa, rolando cascateante, floreada de espumas, punha um marulho dormente no silencio (NETO, 1929, p. 194).

Aqui, uma forma substancialmente parnasiana procura moldar a preocupação do autor com o aspecto plástico da descrição, onde o realismo dá lugar à idealização da paisagem, com arvoredo de tom cerúleo, sombras transparentes, vegetação florida e águas espumantes. José Maria Bello resume magnificamente este aspecto da ambientação natural em Coelho Neto, ao afirmar que suas paisagens, demasiadamente fantasiosas, assemelhavam-se a cenografias (BELLO, 1943). Coelho Neto opta, assim, pela contemplação poética e distanciada da paisagem, substituindo o sentido de tendência naturalista, ainda em voga, por uma atmosfera que oscila entre o onírico e o fantástico, fato, aliás, observado de modo perspicaz por Lúcia Miguel-Pereira:

> fantasia, imaginação, observação, senso poético – tudo isso existia nele, e tudo isso foi posto apenas ao serviço do poder verbal, tudo isso foi reduzido a mero pretexto para frases [...] *o que tinha a dizer pareceu-lhe menos importante do que a maneira pela qual o dizia* (PEREIRA, 1950).

Uma das preocupações principais dos academicistas adeptos do formalismo parnasiano era o vocabulário: palavras eruditas ou raras, arcaísmos e termos que apresentavam alguma especificidade, enfim, tudo o que pudesse denotar o rebuscamento vocabular era deliberadamente empregado por esses autores.

Mais uma passagem de Coelho Neto, agora de seu romance *Rei Negro* (1914), confirma essa assertiva:

> na fulgurante e tórrida estiagem que fendia a terra em lanhos, desentaliscava os calangos e assanhava as moscas silvestres, que ziniam relumbrando em cores ao clarão fulvo do sol, com a barafunda e o babaréu das negras, o aceitoso sítio regadio aparentava o tumultuoso aspecto de uma aringa [...] À claridade vívida, que faiscava na terra aridamente calva ou espinhada em híspida macega, incrustada, em pontos, de lasca de malacaheta (*sic*) que expluíam centelhas, reluziam, aqui, ali, espelhentas poças d'água [...] E, para agravar o escalvo, escandeando a vista, a pedreira, escalavrada em laivos encandescidos, destacava-se branca, reticulada de veios, como a nuca de um gigante encovado no areal, cuja cabeça fosse a colina redonda, coberta de silvas, como encarpinhada em grenha hirsuta (NETO, s.d., p. 29).

O parágrafo acima compõe menos de meia página do romance de Coelho Neto, logo no início do terceiro capítulo, em que o romancista descreve uma paisagem campestre, empregando deliberadamente vocábulos distintos pelo seu preciosismo: *desentaliscava, relumbrando, barafunda, babaréu, aringa, híspida, macega, malacacheta, expluíam, escalvo, escandeando, escalavrada, encarpinhada...* Não são exatamente palavras que um falante "mediano" da língua empregaria no seu dia-a-dia, tampouco um falante que primasse pela erudição. A bem da verdade, essa característica – a qual, aliás, já foi apontada por mais de um crítico (CUNHA, 1961; BROCA, 1958; VERÍSSIMO, 1977; LIMA, 1958) – é marca da prosa coelhonetiana, não poucas vezes eleita pelos romancistas como *modelo* acabado da expressão literária academicista, tal como a estamos considerando neste estudo. Podemos aventar algumas hipóteses para esse fenômeno: o já citado apego ao formalismo parnasiano, que se excedia na busca de um vocabulário raro e precioso; a "tese", abonada pela maior parte dos academicistas, de que a verdadeira arte de ficção se constrói por meio de um linguajar escorreito, ideário representado pela máxima da "idéia precisa e exata na sua forma exata e precisa" de João Ribeiro (RIBEIRO, 1964, p. 34); a "necessidade" de uma expressão literária diferenciada por parte dos acadêmicos, que se pautavam pela ideologia do escritor como um aristocrata da arte; o esforço em tornar concreto um dos pressupostos estéticos da Academia Brasileira de Letras, qual seja, a supervalorização da língua portuguesa como critério de excelência artística...

Não eram apenas os academicistas que primavam pela utilização de um vocábulário preciosista, nos moldes rígidos do ideário parnasiano-formalista. Um autor tão antiacadêmico como Gonzaga Duque – cuja intenção reformadora do meio artístico brasileiro finissecular fora, segundo alguns críticos, interrompida pela própria Academia (VECCHI, 1998; EULÁLIO, 1988; KURY, 1988; CHIARELLI, 1995) – era capaz de elaborar trechos ficcionais com o mesmo teor de rebuscamento vocabular que seus êmulos, como ocorre em seu *Horto de Mágoas* (1914):

> a treva densára-se. Trillos delirantes de larviporos crivam de suspeitas a mancha negra da macega; [...] eram os suavizamentos de rubor, mixto delicioso de espheroideos sazonados de jambeiros e verdoengos

> rebentos de parras, que aguarellavam o grimpante esgalho ornamental das eglantinas (DUQUE, 1914, p. 68/93).

Mas semelhantes passagens, em Gonzaga Duque como em outros autores não acadêmicos, constituem – ao contrário do que ocorre com alguns academicistas de relevo – mais exceções do que regra, sobretudo pela pouco frequência com que aparecem, denunciando ainda, especificamente nesse caso, influências da estética simbolista, a que Gonzaga Duque parecia não estar alheio. Os exemplos poderiam ser vários, como acontece mesmo entre os acadêmicos adeptos da prosa regionalista, como Xavier Marques ou Alcides Maya. Atentemos para um trecho descritivo, retirado do livro *Tapera* (1911), deste último:

> ondulava-as ainda a brisa a grandes trechos; em diamantadas cambiantes, rorejava-lhes o orvalho no folhame lentescido; e quer sôbre as mais altas, desdobrando à luz, esbeltas, os pendões, quer nas que, entrelaçadas, alastravam as leivas, havia revôos precípites de pássaros, êxodos minúsculos de insetos, todo um quadro vivo de asas desatadas e frementes elitros multicores [...] Tafulhara-se de terra e de hastes, em recalque sob os pés, o sulco dos arados; juncavam a êsmo o chão fôlhas conculcadas; troncho, mal apendoado, amontoava-se o milharal; e as próprias tunas e urumbevas do valado, ferira-as, debastara-as aqui e ali o golpe vingativo dos campeiros (MAYA, 1962, p. 53).

Novamente, fica clara a intencionalidade do acúmulo de vocábulos pretensamente eruditos, como *rorejava*, *folhame*, *lentescido*, *leivas*, *precípites*, *frementes*, *elitros*, *tafulhara*, *conculcadas*, *troncho*, *apendoado*, *tunas*, *urumbevas* e outras.

É essa "busca da palavra difícil", como salienta Alfredo Bosi (BOSI, 1977, p. 296), uma marca persistente da retórica oficializada pela Academia, pela qual primavam seus principais representantes. Rigor linguístico que, diga-se de passagem, não se limitava apenas ao emprego de vocábulos raros, mas adentrava a própria gramática utilizada pelos academicistas, com um purismo lusitanista que, aliás, não é novidade, se nos lembrarmos de que a passagem do século foi uma época de particular *efervescência gramatical* (a expressão é de Cavalcanti Proença), onde a manifestação linguística sofria intensa pressão dos guardiães da língua portuguesa, a todo instante prontos para apontar eventuais falhas gramaticais, que iam da grafia incorreta de um vocábulo à colocação inadequada de um pronome. Como instituição oficial da literatura brasileira, a Academia Brasileira de Letras tinha uma particular preocupação com esse debate (SILVA, 1999; EL FAR, 1997), o que acabava por contagiar praticamente todos os seus integrantes, nomeadamente os mais notórios.

Rigorosos em relação à gramática eram, além de Coelho Neto, Humberto de Campos, Afrânio Peixoto, Goulart de Andrade, Félix Pacheco, Júlia Lopes de Almeida e muitos outros devotos incontestes do panteão da língua portuguesa que era a Academia. Júlia Lopes de Almeida, por exemplo, esmera-se na utilização de um linguajar lusitanizante e apurado, manifestando preocupação com a colocação pronominal de acordo com a norma culta, com verbos e expressões típicos do português lusitano, enfim, com formalismos linguísticos mais apropriados a um falante de Portugal que do Brasil, numa época em que a influência portuguesa, no que concerne à linguagem, era significativamente marcante, emulando com a controvertida ideia de uma *língua brasileira* (GUIMARÃES, 1996; CUNHA, 1986; RIBEIRO, 1979; COUTO, 1994; MELO, 1975; PINTO, 1978; ROBERTS & KATO, 1993).

Por isso, esses e outros detalhes gramaticais podem ser vistos mesmo nos diálogos mais informais, como no romance *A Falência* (1902):

> "estava alquebrada, pesavam-lhe as pernas; soube-lhe bem a flacidez da poltrona, que a envolveu logo numa carícia de sono"; "– Não! ele não sairá de ao pé de mim. Vá buscá-lo" (ALMEIDA, 1978, p. 110/200);

ou em *Cruel Amor* (1911):

> "— Eu também gostava de ir... confessou o Antonico"; "— É impossível deixar de pensar; meu pai lá está ao pé de mim para lembrar-mo..."; "— Quando estivermos sós eu to direi! Espera!"; "— [...] Tu bem sabes, já to tenho dito... e se me amasses, um pouco ao menos, custar-te-ia tão pouco fazer-me feliz!" (ALMEIDA, s.d., p. 10/13/25/30).

Trata-se, na maior parte dos casos, de diálogos travados entre personagens de classe social baixa: trabalhadores, caiçaras, crianças e analfabetos. Não é preciso muito esforço para constatar a tese que vínhamos defendendo a respeito da utilização, contextualmente inadequada, de preciosismos linguísticos entre os academicistas, pois esses exemplos demonstram uma inegável preocupação com a exatidão gramatical e com o emprego de lusitanismos: seja pelo uso cuidadoso dos pronomes oblíquos, com função de possessivo ("pesavam-*lhe* as pernas") ou numa mesóclise ("custar-*te*-ia tão pouco"); seja pelo emprego de verbos ("*soube*-lhe bem a flacidez da poltrona") e expressões ("não sairá de *ao pé de mim*" e "está *ao pé de mim*") próprios do linguajar lusitano; seja pelo uso diferenciado de tempos verbais, como a ocorrência de um pretérito imperfeito no lugar de um futuro do pretérito do indicativo ("eu também *gostava* de ir"); seja ainda pela pouco comum utilização, entre os falantes brasileiros, da contração pronominal ("eu *to* direi" e "já *to* tenho dito").

O esmero gramatical pode ser observado em muitos outros autores academicistas, mais um indício claro de seu formalismo. Mais uma vez, é Coelho Neto quem resume, em trecho singular, o ideário que sustenta tal prática:

> a obra poética [...] deve ser estreme, corrigida em todas as suas minucias, sem um desvio, obedecendo ao canon esthetico que, no meu caso é, umas vezes, a grammatica, outras vezes o tratado de metrificação. Um pronome mal colocado é como a pedra angular de um edificio que se desloca... (NETO, 1922, p. 188).

Evidentemente, essa atitude não ocorria sem que uma gama considerável de autores e intelectuais – críticos do formalismo academicista e da oficialidade literária que ele ressumava – se manifestassem radicalmente contrários a ela. Em crônica datada provavelmente de 1919, Lima Barreto critica os burocratas imbuídos de um pseudo-saber gramatical, leitores de "receituários gramaticais", sempre prontos a sair "de palmatória em punho, a emendar tôda a gente" (BARRETO, 1956, p. 151). Uma crítica, aliás, que já se vinha reproduzindo, veladamente ou não, nas páginas de suas obras ficcionais, mormente em seus contos, como em "A Nova Califórnia", em que um certo Capitão Pelino, redator da *Gazeta de Tubiacanga*, atua como guardião da língua portuguesa, corrigindo a todos e difundindo sozinho o seu "apostulado do vernaculisco"; ou em "Como o 'Homem' chegou", em que o romancista cria a figura do doutor Barrado, personagem cioso do linguajar correto e detentor de um "pichoso saber gramatical" (BARRETO, 1948, p. 233/295).

A mesma crítica pode ser lida em Antônio Torres, que em carta para seu amigo Miguel Melo, datada de 1921, condena o uso de lusitanismos, que considera "o cancro, a chaga, o pus do Brasil!" (CRULS, 1950, p. 285); ou em Carlos de Laet, que em crônica de 1914 para *O Paiz*, satiriza o emprego da linguagem preciosista na imprensa, exagerando: "é por causa da colocação dos pronomes átonos que ainda não temos Código Civil" (LAET, 1983, p. 227).

Mas é em Lima Barreto, ainda, que encontramos a tradução mais consistente do que significava, na prática, essa preocupação desmesurada com a linguagem, como nos revela uma passagem de seu mais famoso romance, em que o autor – ao tratar da técnica escritural de Armando, o inexpressivo marido de Olga – resume, entre debochado e irônico, o processo de construção desse pretenso estilo clássico dos academicistas:

> ele estava escrevendo ou mais particularmente: traduzia para o "clássico" um grande artigo [...] O seu *truc* intelectual era este do clássico [...] Ele, um sábio, e sobretudo, um doutor, não podia escrever da mesma forma que eles. A sua sabedoria superior e o seu título "acadêmico" não podia usar da mesma língua, dos mesmos modismos, da mesma sintaxe que poetastros e literatecos. Veio-lhe então a idéia do clássico. O Processo era simples: escrevia do modo comum, com as palavras e o jeito de hoje, em seguida invertia as orações, picava o período com vírgulas e substituía incomodar por molestar, ao redor por derredor, isto por esto, quão grande ou tão grande por quamanho, sarapintava tudo de ao invés, empós e assim obtinha o seu estilo clássico... (BARRETO, 1987, p. 119).

Ao lado dos academicistas aqui citados, podemos destacar ainda a figura de Humberto de Campos, narrador que revela um pendor à estética parnasiana na escassa obra rigorosamente ficcional que legou. Foi mais cronista e jornalista que propriamente literato, mas nem por isso deixou de participar ativamente do ambiente artístico de sua época, defendendo a expressão academicista, fazendo, ele próprio, parte da Academia Brasileira de Letras – onde se destacou como um dos principais membros – e consagrando-se como um discípulo assumido de Coelho Neto.

Ao menos no que diz respeito a seu modo de exprimir-se literariamente, foi caudatário dos ideais estéticos do verborrágico romancista maranhense: neoparnasiano acabado, não hesitou em empregar nos seus contos, como o mestre venerado, uma linguagem afetada, rebuscada, marcada pelos exageros preciosistas. Sua produção ficcional como contista fantasioso e imaginativo, ainda uma vez oscilando entre o realismo (*O Monstro e Outros Contos*, 1932) e o orientalismo estilizado (*À Sombra das Tamareiras*, 1934) revela aspectos marcantes desse seu pendor.

Sua produção não logrou realizar-se plenamente como obra de valor, qualquer que seja o critério que se utilize na sua apreciação. Mas é preciso lembrar que o autor exerceu influência inestimável em sua época, tendo escrito para periódicos diversos e tendo vários livros publicados, em vida e postumamente. Sua ascendência sobre o meio carioca das três primeiras décadas do século não é, nesse sentido, de todo desprezível: como cronista, trabalhou para diversos jornais e revistas, podendo-se destacar, nesse sentido, pelo menos duas fases distintas: a de cronista jornalístico propriamente dito, comentador ligeiro de fatos cotidianos; e a de cronista ficcional, com as suas peças apimentadas, escritas para *O Imparcial*, sob o pseudônimo de Conselheiro XX. Em ambas, destacou-se por empregar – ao contrário do que ocorria em seus contos e poemas – um estilo mais claro, embora helenizante, carregado de motivos orientalistas. Tendo como argumento principal pequenos *faits divers* da burguesia urbana, assume quase sempre um moralismo (*Da Seara de Booz*, 1918), transformado – a partir da década de 1930, quando se torna um político cassado pela revolução getulista – num tom amargurado e pessimista (*Os Párias*, 1933). Depois dessa fase, já no fim da vida, o tom pessimista cederia lugar, mais uma vez, a uma visível melancolia, própria de um autor marcado pelo sofrimento pessoal e principalmente desiludido com os desenganos do mundo (*Reminiscências*, 1957).

Em sua crítica – comentários superficiais, mas quase sempre perspicazes, de matéria diversificada – adensa-se o estilo grandiloquente das peças ficcionais, embora o autor busque uma aproximação com certo tom informal, quase confessional: entremeia-se à análise de livros novos, surgidos a partir de 1928, uma série de elementos alheios à crítica literária *stricto sensu*, que vão das recordações pessoais às anedotas memorialísticas. Encomiástico, Humberto de Campos exagera no elogio aos amigos (*Crítica*, 1933), lembrando uma vertente laudatória da crítica, da qual Martins Fontes terá sido talvez, no Brasil, a mais representativa figura. De qualquer maneira, seus apontamentos revelam uma erudição pouco comum num autor que viveu sob condições materiais nem sempre favoráveis.

Eleito membro da Academia Brasileira de Letras em 1920, estreara na poesia em 1911, ainda em Belém do Pará, para onde se dirigiu cedo, antes de aportar definitivamente na Capital Federal. A princípio simbolista, sua poesia nunca se desvinculou de uma expressão neoparnasiana. Tendo sido saudada em primeira mão nas páginas do *Jornal do Brasil* (por Maria Eugênia Celso, filha de Afonso Celso) e depois em *O País* (por Carlos de Laet), sua produção poética oscila entre a temática regional, destacando a natureza selvagem que conheceu na Amazônia, e uma ânsia lírica por mulheres inacessíveis, à maneira dos mais celebrados árcades, sempre abusando de alguns recursos parnasianos (como o *enjambement*), como veremos no capítulo seguinte.

A respeito de seus contos, embora grande parte deles revele certa superficialidade, há alguns em que logra alcançar uma síntese pungente, arrebatando inesperadamente o leitor. O que mais se destaca de seu pequeno conjunto ficcional é, seguramente, sua adesão à estética parnasiana, por meio de uma linguagem deliberadamente preciosista, revelando aguçada preocupação formal. Assim, há em sua obra excertos particularmente representativos do estilo parnasiano, sobretudo no que se refere à conhecida tendência à metáfora de extração metalista: "pois que o sangue e a lágrima são ali agora os únicos rubis e diamantes do teu povo" (CAMPOS, 1934a, p. 116). Nem os contos de extração regionalista que escreveu escaparam dessa tendência à dicção parnasiana, motivo pelo qual todo seu esforço no sentido de se afirmar como um autor tipicamente regional se frustra num artificialismo que não convence o leitor mais exigente:

> na serra, principalmente, havia chovido muito. E, avolumado pelos riachos da montanha, o rio Araçá rolava agora transformado em torrente, arrastando galhos de árvores e moitas de aninga no turbilhão

> das suas aguas escachoantes. Comprimido pelas ribanceiras, que ia lambendo numa volúpia furiosa de sátiro, fazia vertigem vê-lo. De quando em quando, um ruído cavo alarmava os moradores ribeirinhos. Era a queda de um barranco, de uma barreira da márgem, que logo se dissolvia em rodopio, na retorta diabólica daquelas aguas (CAMPOS, 1932, p. 31).

O ímpeto descricionista, o emprego de um vocabulário objetivamente rude, marcado por termos veementes (*turbilhão, vertigem, diabólica*), a revelação de uma plasticidade quase trágica, tudo parece ter sido aprendido com Coelho Neto. A narração mesma, reproduzida acima, poderia passar, sem desconfiança do mais atento crítico, por um trecho de romance do escritor maranhense, já que há uma flagrante coincidência de estilos, sobretudo no que se refere ao aspecto formal do texto, denunciador de um apego incondicional à estética parnasiana.

Embora os exemplos aqui apresentados não sejam suficientes para apontar Humberto de Campos como escritor tipicamente parnasiano, procedimentos semelhantes espalham-se com infalível obsessão pela maior parte de sua produção ficcional, imiscuindo-se até mesmo em parte de sua produção jornalística. Mais do que isso, semelhante atitude revela-nos um escritor preocupado em manter um padrão literário que se revela herdeiro dos mais importantes valores estéticos defendidos pelo academicismo literário: uma literatura diletante, às vezes moralista, quase sempre dotada de um formalismo de cunho tipicamente oficial.

Literatura academicista e formalismo estético na passagem do século: as poesias neoparnasiana e neossimbolista

EMBORA A VIGÊNCIA DE UMA LITERATURA ACADÊMICA durante a *Belle Époque* carioca seja um fato pouco valorizado pela crítica especializada e/ou pela historiografia literária brasileiras, não são poucas as alusões à ocorrência desse fenômeno ou de elementos condicionantes que apontam para a existência de fatores responsáveis por uma eventual consolidação do academicismo entre nós na passagem do século XIX para o XX.

Com efeito, as manifestações estéticas vigentes nesse período remetem-nos invariavelmente à prevalência de um *modus faciendi* consagrado por instituições que, de certo modo, conformavam certa oficialidade literária e acabavam ditando padrões de gosto e fruição estéticos, como a crítica institucionalizada ou organizações e agrupamentos literários oficiais. Assim, não parece exagero afirmar que nenhuma noção revela-se tão cara a esse contexto do que a de *academicismo literário*, expressão que, melhor do que qualquer outra, caracteriza a produção ficcional da época, sob o ponto de vista do procedimento estético.

No que se refere à *poesia*, forma de expressão particularmente cara aos academicistas, a passagem do século conheceu diversas tendências estéticas, já que havia uma verdadeira mescla de escolas literárias competindo entre si ou simplesmente participando do mesmo cenário cultural. Não obstante, verifica-se também nessa época um avançado declínio de algumas tendências poéticas que, há não muito tempo, dominavam o contexto literário: o Parnasianismo, em que brilhou a conhecida tríade de poetas brasileiros, formada por Olavo Bilac, Raimundo Correia e Alberto de Oliveira; e o Simbolismo, defendido quase que solitariamente por Cruz e Souza. Restavam aqueles poetas singulares, que pouca ligação possuíam com essas duas tendências (como um Augusto dos Anjos ou uma Gilka Machado), ou, o que de fato prevalecia, os caudatários das estéticas menores, que se agrupavam em torno de denominações vagas como neoparnasianismo e neossimbolismo e que tinham na Academia Brasileira de Letras uma instituição legitimadora de seu fazer literário.

Um dos poetas neoparnasianos que mais ligação tiveram com a estética acadêmica foi Humberto de Campos, que procurou seguir os rígidos caminhos do academicismo literário também nos poucos livros de poesia que escreveu. Nesse sentido, sua obra é permeada de efeitos que denotam mais uma ânsia parnasiana do que um parnasianismo propriamente dito. Dir-se-ia ter sido, em poesia, um parnasiano extemporâneo, tão tardio quanto o fora na prosa de ficção. Suas três séries de livros de poemas, intituladas *Poeira* (1911), parecem ter chegado atrasadas, escritas e publicadas quando a estética parnasiana já era fato consumado e relativamente ultrapassado no Brasil. Por esse motivo, mas principalmente por uma carência evidente de engenho poético, limitou-se a uma expressão neoparnasiana que denota falta de originalidade, de emoção ou de simples habilidade estética.

Com razão, os poucos críticos literários que se debruçaram com algum vagar sobre sua produção poética não hesitaram em destacar-lhe a "fatura neoparnasiana", por meio da qual Humberto de Campos não teria conseguido "ultrapassar os limites desgastados do neoparnasianismo descritivista e formal" (CARVALHO, 1986, p. 28).

Abusando de alguns recursos parnasianos, revela ainda, a exemplo de seus contos, apego a um vocabulário extraído do metalismo e da ourivesaria:

> Bandeirante a sonhar com pedrarias
> Com tesouros e minas fabulosas,
> Do Amor entrei, por ínvias e sombrias
> Estradas, as florestas tenebrosas.
>
> Tive sonhos de louco, à Fernão Dias...
> Vi tesouros sem conta: entre as umbrosas
> Selvas, o ouro encontrei, e o ônix, e as frias
> Turquesas, e esmeraldas luminosas...

> E por êles passei. Viví sete anos
> Na floresta sem fim. Sentí ressábios
> De amarguras, de dôr, de desenganos.
>
> Mas voltei, afinal, vencendo escolhos,
> Com o rubí palpitante dos seus lábios
> E os dois grandes topázios dos seus olhos!
> (CAMPOS, 1954, p. 13)

Trata-se de um típico exemplar do neoparnasianismo, com os caprichos explícitos da poesia parnasiana, como o apego à metáfora do metalismo e da ourivesaria, mas já denotando um inegável epigonismo. Como grande parte de sua produção poética, esta é também uma peça autobiográfica, caracterizada por aquela *hipertrofia do eu*, de que falou certa vez Carneiro Giffoni, a respeito do escritor maranhense (GIFFONI, s.d.). Além disso, era capaz, à maneira dos parnasianos, de escrever todo um poema dedicado, *impassivelmente*, a um determinado objeto ou a seres inanimados, quase que de forma diletante, apenas como exercício de destreza literária, como se pode verificar no longo poema descritivo intitulado "História de um Jarro", cuja primeira estrofe transcrevemos:

> Era um vaso de plantas, tôsco e rubro,
> Que, um dia, ao barro humilimo arrancado,
> Foi, tostado de fogo e sol de outubro,
> Por um artífice ingênuo trabalhado.
> (CAMPOS, 1954, p. 93)

Continua, ao longo de todo o poema, essa mesma dicção impassível e descritivista, lembrando, *mutatis mutandis*, alguns poemas de Olavo Bilac e Alberto de Oliveira. Em contrapartida, mostrava-se incapaz – e daí sua qualificação como neoparnasiano – de escapar aos clichês poéticos, às temáticas desgastadas, à forma rigidamente estabelecida (numa época em que os simbolistas já tinham transgredido a métrica do soneto clássico) e a outras armadilhas que costumavam embaçar a pena dos mais incautos.

Neoparnasianos eram também os acadêmicos Goulart de Andrade e Antonio Salles. Aquele, eleito para a Academia em 1915, publicou sua primeira reunião de poemas em 1907 (*Poesias*); este, embora nunca tivesse sido efetivamente eleito (fora, no máximo, membro da Academia Cearense de Letras), ligava-se aos acadêmicos por mais de um traço estético comum, tendo publicado sua reunião de poemas em 1902 (*Poesias*). Ambos apresentam características próprias de um parnasianismo estilizado, com apego a formas fixas (como o soneto), às vezes incomuns (como o vilancete), tendência ao descritivismo e não raro flagrante verborragia.

Goulart de Andrade, por exemplo, cujo livro é dedicado ao parnasiano Alberto de Oliveira, não hesita em escrever um longo poema descritivo, intitulado "Forte Abandonado", fazendo a ressalva de que se trata de um poema todo escrito com consoante de apoio, cujos primeiros versos são os seguintes:

> De pé, no promontório, encravado na bronca
> Penédia, onde o mar atropellado ronca,
> Ribomba, estoura, estruge, espoca, estronda, esbarra,
> Abandonado avulta o vigia da barra!
> (GOULART DE ANDRADE, 1907, p. 37)

O uso de uma antonomásia de gosto duvidoso ("vigia da barra"), de uma sequência vocabular denotando similitude de ações ("ribomba, estoura, estruge, espoca, estronda, esbarra"), da aliteração pela repetição de consoantes oclusivas surdas e sonoras (*p/b* e *t/d*), o uso de palavras eruditas e semieruditas, na busca da variação vocabular (*promontório, penédia*), o emprego do *enjambement*... Eis aí alguns dos recursos caros aos parnasianos, mas mais ainda aos neoparnasianos da estirpe de Goulart de Andrade, presentes nesse pequeno excerto de sua poesia.

Outros trechos, sem que precisemos nos ater a análises mais profundas, já que tais características se repetem na maior parte de suas peças, podem corroborar nossas observações preliminares, como este, retirado de um extenso poema (que se estende por oito páginas, contendo cento e cinquenta versos), todo monocórdico e descritivo:

> Pelas ribas de um mar de aguas claras e algentes,
> Entre bellos rosáes de suavissimo aroma,
> Deslumbrantes á luz, ostentam-se imponentes,
> Seboïm, Segor, Adama e Gomorra e Sodoma...
> Os rumores da vida em vibrante concerto,
> Leguas e leguas vão conquistando ao deserto!
>
> Largo estende o Siddim as aguas crystallinas
> No seio reflectindo o ledo firmamento:
> — Tal amante a gravar no fundo das retinas
> Purissimas feições de seu devotamento!
> Faixa de prata ao luar, alastra-se a alva praia,
> Onde a vaga se empina e desaba e desmaia!
> (GOULART DE ANDRADE, 1907, p. 97)

A poesia de Antonio Salles, embora de menor rigor acadêmico que a de Goulart de Andrade, também pode ser caracterizada pela expressão neoparnasiana, com o mesmo descritivismo, o mesmo apego formalista, a mesma atração por vocábulos singulares e outros detalhes. Seus poemas são de natureza mais plangente, vazados quase sempre em meio-tom romântico. Nem por isso são menos preciosistas, tanto na forma quanto no conteúdo.

Lamenta, por exemplo, em poema que, como em Olavo Bilac, serve-lhe de profissão de fé estética, o fato de a inspiração fugir-lhe à pena, esse "irrisorio buril" (SALLES, 1902, p. 4), sem que consiga fixá-la em "phrase limpida e viva" (SALLES, 1902, p. 5).

Num outro poema, soneto pitoresco e descritivo, cria um quadro de temática marinha, primando pela impassibilidade que lembra alguns poemas de Alberto de Oliveira, com menos inspiração e mais formalismo:

> Brancas fluctuações nimbam os cumes
> Das montanhas; em baixo, o mar cinzento
> Tem manchas de tenuíssimo negrumes
> Nas leves rugas que lhe faz o vento.
>
> Como as nuvens em céleres cardumes
> Deslisem n'um continuo movimento,

> O sol pincéla a esmo argenteos lumes
> Que fulguram e morrem n'um momento.
>
> Uma faixa de areias alvejantes
> Perlonga a praia; embarcações distantes
> Bamboleiam as vergas altaneiras...
>
> Um collar de gaivotas no ar se espalha,
> E sobre a riba move-se e farfalha
> O gigantesco leque das palmeiras.
> (SALLES, 1902, p. 45)

Novamente, as mesmas características presentes nas peças de Goulart de Andrade, como o *enjambement*, o descritivismo, o uso de vocábulos incomuns (*nimbam, argenteos, perlonga, vergas, riba* etc.). Pela sequência de imagens justapostas, dir-se-ia estar o poeta compondo o poema a partir da observação de uma aquarela de teor romântico, aliás, de um mal inspirado romantismo: nuvens que passam, o mar ao vento, o sol que brilha, a areia da praia, barcos distantes, gaivotas e palmeiras...

Se a produção parnasiana vigorou inconteste nas duas últimas décadas do século XIX, sobrevivendo ao novo século, na pena de um Vicente de Carvalho (RAMOS, 1994, p. 152), é com o neoparnasianismo que os academicistas ocuparão os espaços literários ainda vagos na época áurea da Academia Brasileira de Letras. Expressão literária epigonal, tardia e de flagrante artificialismo, a poesia neoparnasiana traduz, nas palavras de Alfredo Bosi, "a persistência de uma concepção estética obsoleta" (BOSI, 1988, p. 264). Por isso, adotada por tantos poetas "menores", aqui não estudados, como José Albano, dono de uma "dicção quinhentista", nas palavras de Bernardo de Mendonça (MENDONÇA, 1993, p. XI), "neoclássico", nas palavras de Tristão da Cunha (CUNHA, 1993, p. 17), autor de uma "Ode à Língua Portuguesa", de gosto duvidoso; como o encomiástico Martins Fontes; além de Ricardo Gonçalves, Moacir de Almeida, Hermes Fontes e outros.

Assim, a poesia produzida na época limitava-se praticamente aos estertores de um Parnasianismo ultrapassado, sustentado pelos neoparnasianos, ao lado de um Simbolismo que não decolou, vivendo sempre alijado da cultura oficial e só tendo seu primeiro reconhecimento formal tardiamente, com a entrada de Félix Pacheco – simbolista esteticamente bem comportado – na Academia Brasileira de Letras. Félix Pacheco é, aliás, um exemplo acabado de outra vertente literária cara aos academicistas, o neossimbolismo, que, a exemplo do neoparnasianismo, erigiu-se como expressão poética oficializada pela Academia, vivendo de algumas categorias estéticas já desgastadas.

Fica patente que, para a Academia, sempre havia a possibilidade de consagrar um autor esforçado, o qual, sem ter sido exclusivamente simbolista, ensaiou alguns versos nas lides dessa estética, embora com resultados sofríveis. Semelhante ao que ocorreu com Humberto de Campos em relação ao Parnasianismo, Félix Pacheco foi um simbolista tardio. Se o Simbolismo já era considerado praticamente uma estética de segunda mão no Brasil, para aqueles que criavam a partir de suas "ruínas" não devia haver muitas saídas: restava-lhes tentar erigir suas obras com o máximo de empenho e dignidade possíveis, o que já era por si só uma virtude (MURICY, 1952; AMARAL, 1976; GÓES, 1960).

Não é difícil perceber na produção poética de Félix Pacheco marcas inconfundíveis do neossimbolismo, como revela, por exemplo, seu apego à aliteração, fartamente empregada pelos simbolistas e, depois, por seus epígonos, evidentemente não com a mesma maestria e engenho que se verificaram naqueles:

>Dá que te oscule a fronte constellada,
>Nobre Lucrecia heroica e desditosa,
>Grande Isis legendaria e poderosa,
>Sempre fiel a si mesma e immaculada!
>
>Rara, rubra, risonha, régia rosa
>Á força em lirio pela dôr mudada,
>Evocativa sombra amortalhada,
>Cinge de novo a purpura gloriosa!
>
>Dá que te livre das fataes algemas,
>Que os alvos pulsos frageis te arroxeiam!
>Morta, revive! A fé te acorde e anime!
>
>Se és livre, os braços teus porque receiam?
>No amôr ha sempre redempções supremas
>E um pallio de perdão cobrindo o crime!
>(PACHECO, 1914, p. 19)

Não é apenas a presença de uma aliteração algo débil e infeliz ("rara, rubra, risonha, régia rosa") que se pode perceber no poema como índice de sua filiação à estética neossimbolista: o uso de um vocabulário especificamente simbolista, mas já desgastado (*oscule, constellada, immaculada, purpura, redempções supremas*); a busca de uma atmosfera idealizada, etérea, possivelmente anacrônica para a época em que o livro foi publicado (1900); a temática do amor distante e não correspondido, das súplicas inauditas, mescladas a referências mitológicas... Tudo isso corrobora aquela filiação a que nos referimos antes.

Outras ocorrências, que indicam a herança de um Simbolismo tardio, podem ainda ser aqui arroladas, como o título de alguns dos livros do autor, sugerindo uma ambientação simbólica, levemente sublime: *Panoplia Azul, Almas e Natureza, A Nebulosa, Luar de Amor, Lírios Brancos.* Ou, de outra parte, o culto à Beleza idealizada – bem de acordo com os principais pressupostos da estética simbolista⁻, como revela seu poema intitulado justamente "A Belleza":

> Salve, graça immortal! Salve, eterna belleza!
> Força viva e pagã, que és a perfeita gloria,
> Maravilhosa luz rebrilhando na história,
> Mais alta do que o céo, maior que a natureza!
>
> A submissa legião que, aos teus encantos presa,
> Ha millenios perpassa e róla sem memoria,
> Leva dentro de si, pela vereda flórea,
> Castidades azues e febres de impureza!
>
> O sonho branco e vão, o anceio ardente e forte,
> A paixão sem peccado e a lascivia ululante,
> Os tímidos e os leões querem todos gosar-te...
>
> Quanta desillusão! quanta dôr! quanta morte!
> E tu, grande e fatal, caminhas para diante,
> Castigando e ferindo os mystagogos da arte!
> (PACHECO, 1914, p. 74)

Não apenas o uso de uma pontuação expressiva, de vocábulos raros, de uma temática cara aos simbolistas, mas sobretudo de expressões que sugerem uma atmosfera sublime, etérea e vaga ("perfeita gloria", "vereda flórea", "castidades azues", "sonho branco") contribuem para a caracterização de Félix Pacheco – esse assumido leitor de Baudelaire e colaborador assíduo da revista simbolista *Rosa-Cruz* – como um autor representativo da estética neossimbolista.

O que nos interessa efetivamente, contudo, é a ligação do poeta com os ideais estéticos e éticos do academicismo literário: não bastasse fazer parte da Academia Brasileira de Letras, Félix Pacheco ainda participou ativamente, como a maior parte dos acadêmicos de sua época, da política e da administração estatais; atuou no jornalismo, onde defendeu ideias que, via de regra, iam ao encontro dos anseios acadêmicos e, por fim, logrou cometer uma poesia que – apelando apenas para o que o Simbolismo possuía de mais artificial e inofensivo, a ponto de ser considerado por Tristão de Athayde um autor caracterizado pelo artifício e pela "floração poética" (LIMA, 1948, p. 65) –, estava inteiramente de acordo com os cânones estéticos da oficialidade literária.

Se Humberto de Campos e Félix Pacheco podem ser considerados poetas representativos da literatura academicista pela filiação a duas estéticas caras a ela – o neoparnasianismo e o neossimbolismo –, Guilherme de Almeida e Amadeu Amaral (aquele sucedeu a este na Academia) ligam-se à expressão acadêmica por um motivo semelhante: ambos lograram criar uma obra em que as duas tendências estéticas estavam, concomitantemente, presentes. Em poucas palavras, foram neoparnasianos e neossimbolistas a um só tempo, o que não se constituía em novidade para a época, já que, em geral, muitos poetas do período, "quase sempre neossimbolistas e neoparnasianos eram, simultaneamente, as duas coisas" (GÓES, 1960, p. XXVIII).

O que os destaca em relação aos dois poetas acima citados é uma originalidade maior, um estro poético mais saliente e um melhor preparo artístico. Talvez o alargamento da perspectiva adotada, que vai do neoparnasianismo ao neossimbolismo, tenha possibilitado o relativo sucesso desses poetas (bem como de outros da mesma estirpe, como Raul de Leoni), numa época em que a poesia conhecia sua mais franca decadência e seu mais visível depauperamento expressivo.

Em Guilherme de Almeida, o melhor exemplo dessa asserção são os livros que enfeixou sob um volume intitulado *Messidor*. Depois dessa obra, seus demais livros se encaminhariam, a passos largos, para a estética modernista e, posteriormente, para um nacionalismo literário de natureza encomiástica. Publicado em 1919, *Messidor* revelou-se desde o princípio uma obra que veio para marcar presença na história da cultura literária acadêmica. Carregada de simbologia original e personalíssima, apresenta traços que perseguiram o autor por toda sua extensa carreira artística, como certa dicção romântica e o uso de imagens ousadas. Não podemos dizer, contudo, que se trata de apenas mais uma peça entre tantas outras que compõem a produção de Guilherme de Almeida. Indubitavelmente, *Messidor* possui muito de próprio e distinto, podendo mesmo ser considerado uma obra de definitiva afirmação poética do autor.

Sua maior particularidade está, talvez, na maneira como o poeta concilia tema e forma: mantendo a individualidade, Guilherme de Almeida busca adaptar a uma estrutura formal de natureza reconhecivelmente parnasiana uma temática simbolista. Com isto, consegue conciliar duas tendências que, até então, apresentavam-se díspares.

Com semelhante estilo, o poeta paulista não apenas conquista uma posição definitiva entre os autores do período que precede o modernismo literário, mas principalmente revela uma consciência criativa digna de relevo, embora sempre nos limites impostos pela estética a que se filiou. Assim, sua poesia pode ser caracterizada como neoparnasiana por filiação estrutural e neossimbolista por inspiração artística, parte dela, aliás, pertencendo a um ramo distinto do Simbolismo literário, o penumbrismo de natureza decadentista, como já ressaltou mais de um crítico de sua produção poética (GOLDSTEIN, 1983; BOSI, 1988).

Messidor é uma coletânea de seus livros, dois dos quais publicados anteriormente e um ainda inédito na época. Em *Nós* (1917), destaca-se um lirismo fugidio, muito próximo das cantigas amorosas da Idade Média, em que o poeta canta à amada distante e inatingível o seu sofrimento. Essa marca preponderante do livro pode ser percebida desde os motivos privilegiados pelo autor (a despedida, o fim do amor, a saudade), até a linguagem plangente por meio da qual desenvolve os poemas, como se pode perceber nas primeiras estrofes de um de seus sonetos:

> "Minha amiga, não sei se me acostume
> à distância cruel que nos aparta.
> Como é triste isto aqui! Que êste queixume
> Contigo todo o meu pesar reparta!
>
> Que saudade! Teus olhos, teu perfume,
> Teu riso, tua cabeleira, farta..."
> "— E é todo um coração que se resume
> Na ingenuidade da primeira carta".
> (ALMEIDA, s.d., p. 29)

Já em *A Dança das Horas* (1919), embora o autor continue a retratar um mundo liricamente ideal, essencialmente penumbrista, sua poesia ganha mais força expressiva, na medida em que a amada, por exemplo, já não está distante e inatingível, inserindo-se num universo bem mais concreto e prosaico: não é mais um ideal, senão a própria realidade! Situa-se, assim, essa mulher *carnal*, na vida cotidiana, compartilhando com o poeta todos os seus prazeres e dissabores:

> Antes que parta a bem-amada, evita
> deixar que amadureça o prazer de um minuto!
> Colhe a flor que perfuma e que palpita:
> Muitas vêzes a flor vale mais do que o fruto.
>
> E se um desejo em tua carne esfria,
> busca outro, antes que o ardor do teu corpo o consuma:
> para haver a mais simples melodia
> uma nota não basta – é preciso mais de uma.
> (ALMEIDA, s.d., p. 87)

Finalmente, *Suave Colheita* (1919) parece ser o mais parnasiano dos seus livros; e o menos lírico também. Carece de vigor poético e inspiração, já que sua característica principal é o excessivo cerebralismo, com algumas peças marcadamente artificiais. Seu poema "Pórtico", com que abre esse último livro da coletânea, é ilustrativo da dívida de Guilherme de Almeida para com o Parnasianismo e o Simbolismo, não tendo, contudo, o vigor poético e a inspiração privilegiada dos melhores representantes dessas duas tendências:

> Que nestes versos haja as áureas formas puras
> que os besantes mantêm nos velhos cunhos seus;
> e o heráldico lavor das épicas figuras
> que a Renascença abriu na alma dos camafeus!
>
> Que êles tenham (lembrando antigas aventuras
> sob a cruz de Bulhão, nos batalhões de Deus)
> a heróica rigidez das nobres armaduras
> que dormem na penumbra eterna dos museus!
>
> Que eles sigam também de montante e loriga,
> de alabarda e broquel! Que esta falange siga
> a Cruzada do amor, bradando: "Deus o quer!"
>
> Para que vivam sempre em todo tempo e espaço,
> levam, no brilho do ouro e na rijeza do aço,
> o sonho de um artista e o amor de uma mulher!
> (ALMEIDA, s.d., p. 139)

Há, como sugerimos, referências caras à estética simbolista, com sua atmosfera etérea, sua temática medieval (que, aliás, perpassa obsessivamente todo o livro) e suas expressões fugidias, quase místicas ("áureas formas puras", "penumbra eterna dos museus", "sonho de um artista"). Mas, também, próprias de um Parnasianismo já ultrapassado, com o propósito declarado de criar versos que tenham "a heróica rigidez das nobres armaduras", além de possuírem "[o] brilho do ouro e [a] rijeza do aço", isto sem falar no acúmulo de vocábulos preciosistas, pouco comuns (*besantes, heráldico, loriga, alabarda, broquel*) ou no artifício das rimas ricas.

Caminho semelhante é trilhado por Amadeu Amaral, sucessor de Olavo Bilac na Academia Brasileira de Letras. É curioso que um autor que tenha tratado com indisfarçável ironia a união entre parnasianos e simbolistas durante a passagem do século (AMARAL, 1976), seja, ele próprio, um dos principais representantes da expressão poética nascida a partir da mescla entre o neoparnasianismo e o neossimbolismo.

Sem ter sido um grande poeta de uma grande escola literária, desempenhou melhor papel como estudioso da linguagem e como crítico da cultura nacional. No âmbito da poesia, ficou restrito a maneirismos literários. Foi, a despeito de uma originalidade episódica e inconstante, um poeta medíocre, mediocridade aliás que ele próprio defendia honestamente, em obra já citada, como critério de avaliação artística. Afirmou-se, enfim, como um autor sem altos nem baixos, caminhando – numa carreira quase linear, quando não monótona – do neoparnasianismo, com *Urzes* (1899), ao neossimbolismo, com *Névoa* (1910), alcançando a combinação entre as duas tendências em *Espumas* (1917).

De fato, em *Urzes* o neoparnasianismo pode ser inferido, entre outras coisas, a partir da utilização de um vocabulário precioso e ligado à temática do metalismo (a exemplo de Humberto de Campos), além do apuro gramatical bem de acordo com o propósito, em tudo academicista, de preservação e perfeição linguísticas:

> Tu és como um triste avaro,
> que, trazendo vestes rotas,
> guarda um tesouro fúlgido e raro,
> preciosidades ignotas.
>
> Vestido em crianças esfarrapadas
> e ilusões gastas e frias,
> tens no peito aferrolhadas
> preciosas pedrarias.
>
> E ficas-te, embebecido,
> muita vez, a contemplá-las.
> Podem rir-te do vestido!
> Ostentem suas brilhantes galas!
>
> Tu tens riquezas maiores,
> maiores preciosidades:
> são ametistas as tuas dores,
> são opalas as saudades;
>
> os teus sonhos, esses luzem
> de um vário brilho de pedrarias,
> onde acaso se recruzem
> irisações fugidias...
> (AMARAL, 1977, p. 44)

Poesia afetada, que revela carência de inspiração e falta de habilidade poética – pelos clichês, pelas rimas pobres, pelas imagens desgastadas –, é contudo dotada de certo lirismo, ainda que débil, de uma bem-comportada expressividade, em consonância com alguns dos pressupostos da estética academicista. Embora o exemplo acima não revele por completo, a maior parte de seus poemas é escrita de acordo com o formalismo parnasiano, sobretudo com a utilização da forma fixa do soneto, além de abundarem os lusitanismos e os arcaísmos linguísticos.

Em *Névoa*, fica patente a passagem do autor para o neossimbolismo, a começar pelo título do livro, já contaminado pela atmosfera etérea característica dessa tendência, que aliás se reproduz ao longo de todo o livro:

> Fecha-te, sofredor, na alva túnica ondeante
> dos sonhos. E caminha, e prossegue, embebido
> muito embora na dor de austero celebrante
> de um estranho ritual desdenhado e esquecido.
>
> Deixa ressoar em torno o bárbaro alarido.
> Deixa que voe o pó da terra em torno... Adiante.
> Vai, tu só, calmo e bom, calmo e triste, envolvido
> nessa túnica ideal de sonhos alvejantes.
>
> Sê, nesta escuridão do mundo, o paradigma
> da Renúncia e da Paz, uma sombra e um enigma
> perpassando sem ruído a caminho do Além.
>
> E só deixes na terra uma reminiscência:
> a de alguém que assistiu às lutas da existência,
> triste e só, sem fazer nenhum mal a ninguém.
> (AMARAL, 1977, p. 57)

"Túnica ondeante dos sonhos", "túnica ideal de sonhos alvejantes", "paradigma da Renúncia e da Paz", "uma sombra e um enigma perpassando sem ruído a caminho do Além": desfilam figuras próprias de um Simbolismo mitigado, bastando algumas poucas expressões para revelar, já de início, sua dívida para com essa tendência poética. Trata-se mais de procedimentos que denotam adoção circunstancial de temas simbolistas que propriamente de adesão incondicional àquela estética. E, neste sentido, verifica-se, sem espanto, uma recorrência de motivos ligados à alma, ao sonho, ao ideal...

Em *Espumas*, neoparnasianismo e neossimbolismo se misturam francamente, apesar da profissão de fé simbolista com que o autor abre o livro:

> Que este livro, leitor, um momento consiga
> prender o teu olhar como a nuvem que passa,
> e um momento de sonho e de ilusão te faça
> viver, e te provoque uma palavra amiga;
>
> repercutam em ti as emoções que eu diga,
> muito embora bem cedo o encanto se desfaça,
> – e outro prêmio não quero, esse prêmio ultrapassa
> quanta compensação mereça esta fadiga.
>
> A que mais aspirar? E que há mais que eu mereça?
> Passe tudo isto! Assim passam a vaga e as flores:
> nada impede que o mar ondule e o chão floresça...
>
> Eu não construo: canto... E entre todas as glórias
> basta-me a de espelhar em poemas incolores
> o perpétuo esplendor das coisas transitórias.
> (AMARAL, 1977, p. 145)

Ao longo do livro, como se pode facilmente supor, mesclam-se vocabulário simbolista e parnasiano, rimas rígidas, formas fixas e outras características literárias que colocam Amadeu Amaral entre os principais nomes da poesia academicista.

Assim, Humberto de Campos, Goulart de Andrade, Antonio Salles, Félix Pacheco, Guilherme de Almeida, Amadeu Amaral e vários outros, quase todos membros efetivos da Academia Brasileira de Letras, compunham a plêiade que representava, no domínio da poesia, o academicismo literário, fazendo do que aqui chamamos genericamente de formalismo uma de suas principais marcas estéticas.

O sorriso da sociedade: dimensão estética do *modelo acadêmico* na literatura brasileira

LITERARIAMENTE FALANDO, a passagem do século XIX para o XX foi marcada por uma visão mais ou menos padronizada das artes, perspectiva perfeitamente sintetizada na consideração da literatura como o *sorriso da sociedade*, na expressão acertada de Afrânio Peixoto, representante de destaque dessa mesma tendência. Além disso, o que logo se verificou nesse entrecho de nossa história literária foi uma espécie de anseio pela novidade e pela modernidade, traduzindo-se, via de regra, na ampla aceitação de um singular cosmopolitismo literário à D'Annunzzio e Oscar Wilde, que, no Brasil, seria cabalmente representado, além do já citado Afrânio Peixoto, por figuras célebres do período, como João do Rio, Théo Filho, Arthur de Azevedo, Coelho Neto e vários outros.

Além do formalismo estético, marca prevalente da literatura brasileira naquela passagem de século, uma das mais peculiares características literárias do período foi a *estilização*. Embora vago, pois que dotado de uma acepção bastante larga, o termo se refere, em linhas gerais, a uma obstinada tendência à ornamentação e ao artificialismo com a finalidade de obter efeito puramente estetizante. Completa, nesse sentido, a ideia de formalismo, por revelar uma preocupação maior com efeitos ornamentais gerais, não especificamente voltados para o vocabulário: a plasticidade, a temática direcionada (como o mundanismo), a adoção de determinadas diretrizes estéticas (como o helenismo/orientalismo) ou de uma técnica específica (como o artificialismo) etc.

Grécia de cartolina

Uma das características mais relevantes dessa literatura academicista é a estilização da cultura clássica e oriental, a que podemos chamar, respectivamente, de *helenismo* e *orientalismo*. Trata-se, em poucas palavras, de uma verdadeira mania por personagens, fábulas, imagens, conceitos, padrões estéticos e motivos próprios das civilizações grega, persa, egípcia e outras similares.

Essa atmosfera peculiar de um período afeito a falsos eruditismos e a imagens grandiloquentes é bem descrita por Brito Broca (BROCA, 1960; BROCA, 1991), em seu estudo sobre a literatura de 1900: segundo o crítico, a partir do advento do Parnasianismo, os deuses do Olimpo readquiriram o antigo prestígio e implantou-se "a hegemonia da Grécia na literatura brasileira". Mas, como afirma o mesmo autor, com uma ressalva: muitos autores "helenizavam de oitiva", tratando-se, portanto, de uma "Grécia de cartolina, puramente decorativa". Dessa moda, sempre segundo Brito Broca, participaram Coelho Neto, Olavo Bilac, Tobias Barreto, Graça Aranha, Dario Veloso (poeta simbolista que, inclusive, fundara um Instituto Pitagórico, destinado ao culto de Pitágoras) e outros. O mesmo crítico reafirma, enfim, sua opinião em outros estudos, quando lembra que a maior parte dos escritores brasileiros da passagem do século considerava-se grega sem nunca ter ido à Grécia, comprazendo-se em "ostentações enfáticas", resultado de uma indefectível "mania de citar os gregos".

Semelhante diagnóstico de nossas letras é proferido ainda por Agrippino Grieco, para quem existiria, por essa época, uma tendência à idealização da Grécia, levada a cabo pelos "hellenistas de compendio". E completa:

> póde mesmo dizer-se que cada um de nós tem uma Grecia para seu consumo pessoal, cada qual a vê com a côr das suas lunetas, cada qual a augmenta ou diminue ao sabor de sua literatura [...] A maioria procura uma zona de museu e de archivo, de theatro classico, uma zona de universitarios em férias, uma zona de estampas e sonetos, effeminada, pretenciosa, uma Grecia que é em Portugal a dos arcades e no Brasil a dos parnasianos (GRIECO, 1931, p. 38).

Evidentemente, os críticos citados estão se referindo a um helenismo estilizado, artificial, forjado a partir de uma assimilação mutilada e superficial de conceitos ligados às civilizações clássicas. Enfim, de um helenismo para uso literário, particularmente de uma literatura de entretenimento, sem compromissos nem mesmo com a verossimilhança dos acontecimentos e das personagens, já que, não raras vezes, há um evidente exagero nas descrições das cenas e dos figurantes, tomando-se como modelo um padrão clássico desvirtuado, como veremos em seguida. Não se trata, portanto, da ideia, relativamente comum nos estudos literários, de *aticismo*, que se caracterizaria, segundo José Veríssimo (VERÍSSIMO, 1907) – contrariamente à ideia de helenismo – pela clareza, sobriedade, parcimônia e simplicidade estilísticas.

Curiosamente, é Humberto de Campos – acadêmico assumido e que igualmente apurou sua pena nas tintas desbotadas desse classicismo artificial – quem retrata e satiriza, numa fábula emblemática, esse "helenismo de oitiva" de que nos fala Brito Broca. Dedicada, ironicamente, "a um erudito greco-latino que não sabe nem grego nem latim", a fábula narra o encontro de um sabiá com um xexéu, dois pássaros comuns em diversas regiões brasileiras, os quais entabulam um curioso diálogo: estranhando a extravagância do canto do xexéu, uma mixórdia de sons indistintos, o sabiá enfim pergunta acerca de "uns cantos desconhecidos", entoados por aquele, nunca antes ouvidos nas selvas brasileiras; ao que o pássaro inquirido responde tratar-se de sons que pertencem a "espécies extintas", ou seja, aos "dos gansos do Capitólio, da fênix, do pássaro Rok, do pavão de Juno, da águia de Zeus, do mocho de Minerva, do pombo de Venus, grasnos, arrulhos, gritos, gemidos, vozes de um mundo alado que se extinguiu". Diante dessa resposta, o sabiá questiona ainda se o xexéu alguma vez ouvira, de fato, os sons emitidos pelas aves citadas, recebendo uma negativa como resposta. E então, profere esta admoestação:

> por que não cantas sem vaidade, sem pedanteria, sem alarde, com os sons naturais da tua garganta excelente, estes crepúsculos melancólicos, esta poeira triste com que o céu polvilha a verdura desfalecente das folhas, e estes rumores da noite, estas vozes selvagens que deviam ser ouvidas religiosamente por todos os ouvidos reverentes da terra? Sê da tua selva, da tua mata, ave da tua árvore, pássaro do teu ramo... (CAMPOS, 1945, p. 139)

Percebe-se, nessa fábula, uma crítica aos helenistas de arremedo, àqueles que, embora se esmerem em entoar cânticos exóticos, sobretudo provenientes da Grécia clássica, não sabiam "nem grego nem latim", por pouca experiência prática ou desconhecimento teórico da matéria. Criticavam-se, a bem dizer, os estilistas das civilizações antigas, aqueles que, pelo tema abordado ou pela forma empregada, buscavam um efeito literário que os fizesse herdeiros tardios da tradição cultural greco-romana.

Críticas, aliás, não faltavam a esse modismo, vindas de todos os tipos de personalidades da época, sejam acadêmicas – ainda que apenas num primeiro momento –, como José Veríssimo, Graça Aranha ou, conforme acabamos de ver, o próprio Humberto de Campos; sejam assumidos antiacadêmicos, como Antônio Torres e Lima Barreto.

Este último destaca-se, mais uma vez, como o mais acirrado crítico da tendência helenizante que tomou conta dos acadêmicos no período. Em sua conferência intitulada "O Destino da Literatura", Lima Barreto afirma que a literatura deve-se orientar pelos ideais humanistas e não por "ideais arcaicos e mortos, como este variável e inexato que a nossa poesia, tanto velha, como nova, tem por hábito atribuir à Grécia" (BARRETO, 1956a, p. 58), criticando aqueles a quem chama de "helenizantes de última hora" (BARRETO, 1956a, p. 62). Também no prefácio intitulado "Amplius!", de seu livro *Histórias e Sonhos* (1920) – prefácio, aliás, no qual se inspirara para escrever a conferência aludida –, o romancista carioca faz um desabafo quase pessoal, ao afirmar: "implico solenemente com a Grécia, ou melhor: implico solenemente com os nossos cloróticos gregos da Barra da Córda e pançudos helenos da praia do Flamengo" (BARRETO, 1951, p. 12).

Críticas contundentes a essa adoção indiscriminada e artificial do classicismo greco-latino pelos acadêmicos também provinham de autores que conviveram próximos à Academia. É o caso, para citar apenas um exemplo, de Graça Aranha que, em conferência proferida durante a década de 1920, ecoando a sentença de morte da Academia já anteriormente apregoada por ele mesmo, decretava peremptoriamente: "os mythos gregos estão mortos" (ARANHA, 1932, p. 77).

Contudo, em meio a essas críticas episódicas, o helenismo percorria sua trajetória invicta entre os academicistas. E tanto mais vitorioso ele se manifestava quanto mais afeito aos preceitos academicistas fosse o autor. É o caso de Coelho Neto...

A ligação desse autêntico *primus inter pares* da Academia Brasileira de Letras com o helenismo era uma atitude deliberada, não apenas pela frequência com que aparece em seus escritos, como também por alguns indícios deixados pelo romancista de que essa seria uma maneira pessoal de exprimir-se literariamente. Esse seu apego ao helenismo pode, por exemplo, ser depreendido das palavras de Anselmo, *alter ego* do autor, em seu romance *A Conquista* (1895):

> A Grecia com os seus deuses e com os seus heróes, a India com os seus mysterios... Isso sim! Sinto-me arrastado para essas idades [...] Amo o antigo e esse entranhado amor faz com que eu acredite na metempsychose. Eu fui grego, pelejei nas Thermopylas... (NETO, 1920, p. 17).

Em Coelho Neto, a devoção ao helenismo espalha-se por toda a sua obra, das crônicas aos contos, atingindo vários de seus romances, com pequenas ou grandes referências à realidade ática, dando sustentação às suas figuras, à sua linguagem, aos seus exemplos. É possível, neste sentido, observar tais referências em *O Morto* (1898), num trecho que procura descrever a figura feminina:

> Mary recebeu-me soluçante. Vestia o mesmo roupão da vespera e os seus cabellos fartos faziam-lhe sobre a cabeça uma pequenina torre de ouro. Levou-me logo para a sala, desolada como Andromacha, no poema de Homero, quando corre a molhar de pranto o corpo amado do esposo que vem sangrando no escudo trazido piedosamente pelos guerreiros fieis (NETO, 1924a, p. 124);

ou em *A Capital Federal*, numa passagem significativa pela enumeração de personalidades gregas:

> mas creia o amigo que é só assim que consigo comprehender e explicar a apparecimento dos homens cyclicos – Homero, que é a synthese de todo o drama épico desde o período pelágico; Hesiodo, que é o mytho, a theogonia; Eschylo e Sophocles, que são a tragedia... (NETO, 1924, p. 142).

É evidente a tentativa de Coelho Neto de dotar parcialmente os seus romances de uma atmosfera helênica. Esforço que encontra ressonância nas próprias teorias estéticas de um autor habituado com essa mesma atmosfera desde a infância.[1] Desse modo, o romancista não perde a oportunidade de inserir em suas obras referências frequentes às civilizações antigas, com cenas, personagens, ambientação e imagens retiradas do classicismo grego.

Com efeito, qualquer assunto poderia, a rigor, ser motivo de referência ao passado glorioso dos clássicos helênicos, mesmo os mais prosaicos, como se pode perceber em muitas de suas crônicas mundanas, escritas diariamente para as folhas voláteis dos periódicos da época. Tratando, por exemplo, da primeira experiência do correio aéreo na Itália, o romancista não hesitava em fazer referência a Zeus, Mercúrio, Fênix, Éter e outros; como não hesitava também em se referir a Pausânias, Júpiter e ao pentatlo, ao tratar da difusão das lutas de boxe no Brasil; enfim, a uma série de personagens da cultura grega, como se pode perceber neste trecho de crônica que trata da simples viagem de um navio europeu à América:

> Se Apollonio de Rhodes celebrou no poema, a cuja chamma se aqueceu a musa de Virgilio, os feitos dos argonautas, motivos mais bellos para mais altos cantos achará um poeta na expedição do "Itália" para com elles glorificar a terra e a gente de Latino [...] A náo construida no estaleiro argivo, com madeira de Dódona, sob a immediata direcção de Pallas, fez-se ao mar em cruzeiro de conquista, demandando a Colchida, e nella o ouro do velocino [...] A guarnição heroica fôra toda escolhida pela deusa – desde o chefe: Jasão, até o piloto: Palinuro e, entre esses, andavam muitos que, pelos feitos com que se celebrisaram, subiram além da Historia, inscrevendo-se no céu, no rol das constellações, como os gemeos e Héracles; e, ainda Anphiarau, o advinho, Theseu, o vencedor da górgona e o poeta mystico do Tempé, dominador de almas, dos brutos e da natureza (NETO, 1928, p. 218).

---

1   Ver, nesse sentido, entrevista de Coelho Neto ao *Jornal Pequeno*, de Recife, e à *Gazeta de Notícias*, do Rio de Janeiro, onde o autor confessa expressamente ter sido influenciado por histórias fantásticas envoltas, via de regra, por uma atmosfera francamente ática e oriental (TAVARES, 1943).

A crônica continua com referências a outras figuras mitológicas (como Argos e Orpheu), sempre nesse mesmo compasso grandiloquente e épico. Como se pode perceber, não são poucas as personagens clássicas que povoam os textos de Coelho Neto, já que aqui demos apenas uma pequena amostragem desse procedimento na produção ficcional do romancista maranhense.

A insistência com que empregava tais recursos gerava uma verdadeira enxurrada de críticas, quase sempre contundentes, à sua obra. O próprio Lima Barreto, já citado anteriormente, tratava-o com carregada ironia, ao dizer, por exemplo, que o célebre acadêmico teria "exum(ado) os gregos com seu cânon de beleza", para completar irado: "é preciso acabar com essa história de Grécia…" (BARRETO, 1956b, p. 87).

Outro crítico não menos contundente, Antônio Torres, referia-se ao uso excessivo desse recurso por Coelho Neto como sendo uma "hellenice descabida", e – numa referência à viagem do Rei Alberto, da Bélgica, ao Brasil – ironiza, dizendo que o ilustre visitante corria o risco de ser recebido pelo nosso romancista oficial e ser chamado de

> Hercules, Achilles, Charonte, Niebelung, Apollo de Delphos, Jupiter Amon, Zeus, filho da Stygia, vendedor do Acheronte, rival de Pompeu, heroe da Pharsalia; depois [Coelho Neto] comparará a Augusta Consorte de V. M. com Venus de Cnido, Diana de Epheso, Pallas Athenéa, Eleusis, Salambô, Dido, as camphoras, estatua de Tanagra, Lysistrata, Circê, Astartê, Gorgona, Helena de Sparta, Hygia e Clytemnestra (TORRES, 1921, p. 96).

José Veríssimo, finalmente, um dos companheiros de Coelho Neto na Academia, num texto particularmente brilhante, mantendo sua proverbial independência de opinião, criticou esse exagero do ilustre confrade, ao afirmar que

> o Sr. Coelho Neto não é, como erradamente se julga, nem um Heleno, nem um primitivo […] O que no mundo helênico, na obra literária da Grécia o seduz, o que ele sobretudo estima e aprecia, são os seus lados românticos, as exterioridades espetaculosas, os aspectos trágicos, romanescos, e mais o brilho, o colorido (VERÍSSIMO, 1977, p. 11).

A crítica talvez servisse, em proporções menores, a outros acadêmicos de nomeada, igualmente adeptos de toda sorte de helenismos de efeito, como Humberto de Campos, que na crônica com que abre seu volume *Os Párias*, procura tratar dos problemas que envolvem a condição do escritor profissional invocando uma miríade de personagens da Grécia clássica:

> Em Salamina, investem as triéres, das quais sobem os cantos harmoniosos dos gregos, e os gritos confusos dos bárbaros. Temístocles e Aristides, Euribíades e Filácio, Polícrito de Egina e Teomestor de Samos, realizam prodígios de bravura e de agilidade. Da sua torre de madeira, á margem do mar, é em Artemísia, rainha de Halicarnasso, que Xerxes, senhor da Asia, tem os olhos. A coragem daquela mulher o assombra tanto, que êle já déra, na véspera, o seu nome á costa setentrional da Eubéa... (CAMPOS, 1933, p. 7).

Não nos alonguemos mais... A referência, com comparações entre a situação de alguns personagens e a do próprio escritor, estende-se por outros longos parágrafos, citando ainda Mardônio, Agamenon, Briseida, Aquiles, Tróia, a *Ilíada* etc. Como Coelho Neto, Humberto de Campos era também afeito aos recursos oferecidos por esse típico helenismo *fin-de-siècle*.

Outros acadêmicos de renome, como Rui Barbosa, igualmente os empregavam, como quando, num texto sobre o poeta Castro Alves, o jurista constrói sua rede de argumentos a partir de figuras apreendidas da mitologia grega, citando Phidias, Athene, o Parthenon, Minerva, o Olympo, Iris, Victoria, Jupiter e outros; ou como Hermes Fontes que, embora não fizesse formalmente parte da Academia, era um dos mais atuantes poetas nas duas vertentes estéticas características do academicismo, o neoparnasianismo e o neossimbolismo. Num texto em que comenta a situação política contemporânea na Grécia, Hermes Fontes resume aquele que poderia ser tomado como sentimento emblemático dos academicistas em relação à cultura helênica:

> A Grecia não é simplesmente uma pequena patria, a desapparecer em silhueta vaga e funebre [...] É, bem mais do que isso – a Patria de todas as patrias, um exemplo permanente, uma reliquia semiviva, [um] museu sagrado [...] Todos os homens civilizados e cultos somos

gregos transplantados, brotos de enxerto em patrias novas disseminadas pela Terra (FONTES, 1916, p. 190).

Aflora, nessa pequena passagem, uma espécie singular de ideologia genesíaca, que fixa a cultura helênica como origem de todos os homens civilizados; e que, além disso, acaba por considerar a ligação com os gregos a partir de uma perspectiva mítica, por meio da qual o Brasil deve sua existência a um sagrado ritual de fundação. Por essa ótica, seríamos fruto de uma epopeia universal, "condenando-nos" a uma sempiterna relação de dependência para com a civilização helênica. Pensada num país mestiço, recém-saído da escravidão e cuja pirâmide social revelava-se extremamente excludente, essa lógica arrevesada apontaria decerto para uma sintomática tendência aristocrática e autoritária, reforçando ainda mais os vínculos entre a estética academicista e o poder burocrático constituído.

Essa dependência – levada a sério pelos academicistas a ponto de cultivarem-na como um bem sagrado, merecedor do culto literário – teria ficado como um lastro cultural permanente na civilização ocidental. Daí lançarem mão, quase que indiscriminadamente, de temas e motivos de extração clássica. Semelhante pendor não se verificava apenas tematicamente, como nossa análise pode levar a imaginar, mas também formalmente, por meio do emprego de um estilo descritivista e dramaticamente grandioso, marcando suas obras com pendores épicos, sempre com a mesma correção gramatical e perfeição linguísticas que caracterizaram a inclinação formalista dos acadêmicos. A vinculação, aliás, da ideia de *helenismo* à de perfeição linguistica e gramatical já estava presente na antiguidade clássica, já que, nas palavras de uma estudiosa do assunto,

> o helenismo não é [...] o uso assistemático, variado e ocasional [...] ele é, sim, o denominador constante, regular e regrado [...] Tudo o que está fora do modelo da linguagem correta e recomendável é excluído [...] Linguagem correta, considerada padrão, o helenismo é a concretização da analogia lingüística. O problema da analogia em si e por si é lógico, mas a analogia, passando para o terreno lingüístico como tal, concretiza-se no padrão que representa o helenismo e chega a significar a própria língua grega. A exposição dos fatos dessa língua é, afinal, a *gramática* (NEVES, 1987, p. 98).

É ainda em Coelho Neto que podemos encontrar alguns dos mais significativos modelos desse estilo que, influenciado pelo apego à tradição helenista na literatura do entresséculos, primava por uma linguagem moldada pela grandiloquência vernacular. Vejamos, a título de exemplo, duas descrições de uma tempestade, retiradas, primeiro, de O Morto:

> Falavamos quando uma rajada tempestuosa estortegou o arvoredo em convulsão de cataclismo. O céu fulgurou em esplendor de explosão e um estrépito retalhou os ares taciturnos como ao rebentar de uma granada [...] Grossas gotas de chuva bateram na terra com força, levantando poeira [...] Clarões alumiavam o espaço turbado e sinistro, coriscos ziguezagueavam pelos nimbus como as derradeiras faúlhas que serpentinam rápidas em papel queimado. Bateram janelas, caiu uma grande sombra e o aguaceiro jorrou em dilúvio, grosso, cerrado, escachoante (NETO, 1924a, p. 220);

e, depois, de *Miragem*:

> Lá fóra na grande noite a chuva torrencial alagava os campos, rolava em enxurros pelos vallados; os ventos vergavam os galhos, retorciam-n'os estrondosamente. As arvores debatiam-se em convulsões frenéticas, agitando fantasticamente os ramos em movimento de agonia e de desespero, sob a tormenta implacavel. As vidraças afogueavam-se em clarões lívidos de relampagos. Ás subitas, como em derrocada, estrépitos de raios atroavam o espaço (NETO, 1921, p. 64).

As imagens grandiosas e fortes; o apego trágico a que aludiu, logo acima, José Veríssimo; o acúmulo de verbos particularmente expressivos (*estortegou, fulgurou, retalhou, rebentar, bateram, jorrou, rolava, vergavam, retorciam, debatiam, atroavam*); o emprego de expressões espetaculares e pictóricas, que, entretanto, não escapam ao clichê (LAPA, 1975) (*rajada tempestuosa, convulsão de cataclismo, esplendor de explosão, chuva torrencial, convulsões frenéticas, tormenta implacável, estrépitos de raios*); os torneios frasais, sempre balizados pelo uso enfático de alguns adjetivos (*taciturnos, turbado, sinistro, cerrado, escachoante, lívidos*) e advérbios (*estrondosamente, fantasticamente*); tudo, enfim, parece contribuir para um efeito estilístico marcado por um sopro épico, conferindo a sua prosa aqueles inegáveis "acentos de epopéia" de que nos fala Fernando Azevedo, ao tratar das obras de Coelho Neto (AZEVEDO, 1962, p. 135).

Além desse visível apego ao helenismo, os autores academicistas também apresentavam clara tendência às temáticas de extração oriental (egípcia, persa, nipônica etc.), ainda empregando-as como mero artifício literário, recurso aliás comum também aos autores europeus desse período (LITVAK, 1990). Em Coelho Neto esse orientalismo é deliberado, assumido como princípio estético que norteia toda sua produção ficcional. É esclarecedor, nesse sentido, um trecho de seu *roman-à-clef* intitulado *A Conquista*, em que o autor inventa um diálogo entre os personagens Anselmo (Coelho Neto) e Ruy Vaz (Aluísio Azevedo). Após o anúncio, por Anselmo, da publicação de mais um romance de sua lavra, em folhetins na *Cidade do Rio*, Ruy Vaz o aconselha a abandonar "essa mania de orientalismo", admoestando-o a deixar em paz "os deuses gregos e as odaliscas turcas" e a não se preocupar com "os templos da Hellade nem com os minaretes de Stambul". A resposta de Anselmo é quase uma profissão de fé literária:

> comecei a estudar com livros orientaes [...] e hoje sinto que, se deixar o Oriente, fico como um homem que, trazido vendado, se achasse, de repente, como por encanto, num intrincado labyrintho donde não pudesse sahir por desconhecer os meandros (NETO, 1920, p. 380).

A "mania" a que Ruy Vaz/Aluísio Azevedo alude perpassa quase que integralmente a obra de Coelho Neto, autor capaz de dar a um romance de temática regional, quase indígena, o sintomático título de *O Rajá de Pendjab* (1898) (NETO, 1927); de descrever os aposentos de uma casa carioca, comparando-os "aos palacios maravilhosos de Aladino e á soberba vivenda de Sindbad" (NETO, 1924b, p. 45); ou ainda de escrever toda uma fábula ambientada num indefinido recanto oriental, entre sacerdotes, papiro, palácios, cítaras, camelos e outros motivos "orientais" (NETO, 1919, p. 7).

Não sem razão, Humberto de Campos, ao analisar o livro *Contos da Vida e da Morte*, de Coelho Neto, destacaria justamente sua "ornamentação oriental" (CAMPOS, 1935, p. 64); e ao analisar seu livro *Bazar* – cujo título, nesse sentido, é bastante sugestivo –, além de destacar seu "orientalismo puro", afirma ser o romancista o "último persa" (CAMPOS, 1935, p. 227).

Apenas a título de exemplo, podemos perceber a que Humberto de Campos se referia quando aludia a essa particularidade do fazer literário de seu companheiro de Academia, nesta descrição de uma residência retirada do já aludido *O Rajá de Pendjab*:

> diante da porta, duas altissimas pyramides verdes, cercadas de luzes, illuminavam os primeiros degráus alcatifados por um alto e fôfo tapete persa. Hindus enormes, vestidos com sumptuosidade dois dos quaes empunhavam charamellas de prata [...] ali, naquele bosque, ha uma imagem gigantesca de Kali; mais adiante, naquelle palmar, ha um pequeno templo consagrado a Brahma e, á beira da agua, Galga, em um nicho, aceita, todas as manhans, os votos dos seus fieis (NETO, 1927, p. 210/214).

Em matéria de orientalismo, outros autores devotos do academicismo literário também esmeravam-se em dar sua contribuição pessoal. Se pensarmos apenas nas descrições de motivos decorativos que preenchem os espaços por onde circulam personagens dos mais diversos, teremos uma ideia do alcance do que aqui denominamos *orientalismo*. De fato, é uma profusão de apetrechos orientais, como porcelanas de figuras chinesas, tapetes persas, divãs turcos, caquemonos japoneses, vasos de Kioto, jarras e marfins orientais, esmaltes árabes, mobília indiana, deuses brâmanes de metal, porcelanas persas, tabacos turcos, enfim todo um mundo de quinquilharias do mais exemplar estilo *kitsch* a povoar as narrativas de Júlia Lopes de Almeida (*A Intrusa*), de Aluísio Azevedo (*O Homem*, *A Condessa Vésper*), João do Rio (*Dentro da Noite*), Benjamim Costallat (*Katucha*) e outros. Uma decoração, aliás, que fazia parte da vida real de muitos autores, brasileiros e europeus, que atuavam no cenário literário acadêmico do período, como um Olavo Bilac ou um Edmond de Goncourt (RIO, 1994; BILLY, 1951; SILVA, 1997).

O orientalismo como tema, e não apenas como motivo decorativo, pode ainda ser presenciado na prosa de ficção de Humberto de Campos (*À Sombra das Tamareiras, Contos Orientais*, 1934) (CAMPOS, 1934a); ou na de Júlia Lopes de Almeida – essa "primeira-dama da *Belle* Époque brasileira", o que a coloca como o mais acadêmico dos escritores fora da Academia (SHARPE, 1999) –, como em *Ância Eterna* (1903), que possui um conto inteiro passado no antigo Egito, entre papiros, sacerdotes, princesas, túnicas, escravas, faraós e sarcófagos (ALMEIDA, 1903). Com efeito, ao lado da Grécia, o Egito emergia como a região mais literariamente frequentada pelos escritores academicistas, consolidando-se na época uma verdadeira *egiptomania*. O termo é do cronista carioca Gastão Penalva (que, de fato, teria viajado ao Egito), o qual trata do assunto em mais de uma crônica de seu livro *Luvas e Punhaes* (1924). Numa delas, lembra que essa febre tomara conta de praticamente todas as instâncias da vida carioca, do jornalismo à moda, e lamenta:

> a mania já attinge a tal ponto que o Rio inteiro me parece o Cairo, Luxor, Port Said ou Alexandria. Tudo é egypcio. O obelisco da Avenida é o sagrado obelisco de Menphis. A Exposição é Gizeh, cheia de monumentos e de forasteiros. A Guanabara é o Nilo poderoso, a explodir nas enchentes victorias e jacarés. A Esphinge... (PENALVA, 1924, p. 200).

Também João do Rio, em mais de uma crônica, lembra o modismo que se tornou, para nós, o Egito, num incompreensível desprezo pelo Brasil:

> Se um cidadão aparecer aqui dizendo-se o fallecido Khediva do Egypto, tem logo a acolhel-o uma roda *smart*, que terá prazer em se mostrar conhecedora do Nilo, dos antigos coptas, da Esfinge, das piramides – ah! As piramides!... – das avenidas modernas, do Cairo... Brasil é que não, nem rachado! (RIO, 1909, p. 313).

A recorrência aos motivos próprios do imaginário oriental e, particularmente, egípcio era tamanha que transformou, não hesitamos em afirmar, a temática da Esfinge (a qual, embora se tenha disseminado via mitologia grega, guarda uma inegável ligação com o universo cultural do Egito) num autêntico *trópos* literário do academicismo, fazendo-a presente em várias obras do período, além de aparecer como título de algumas delas, como em Francisca Júlia (*Esphinges*, 1903), em Coelho Neto (*Esphinge*, 1906) ou em Afrânio Peixoto (*A Esfinge*, 1908).

Geralmente, esse *trópos* estava ligado à figura feminina, servindo de referência para a caracterização de mulheres fatais, enigmáticas, às vezes diabólicas, quase sempre indecifráveis. É o que acontece, por exemplo, com as mulheres que povoam os contos de João do Rio em seu *A Mulher e os Espelhos* (1919), para quem "as mulheres são esfinges" (RIO, 1995, p. 85). A aproximação da mulher com figuras do universo egípcio é recurso empregado também por outros autores do período, não exatamente cultores da estética academicista, embora não de todo contrários a ela, como é o caso de Albertina Bertha, que em *Exaltação* (1916) faz Theophilo se referir a Ladice nos seguintes termos: "sempre que a vejo, lembro-me do Oriente. Parece-me antes uma egypcia que uma brasileira" (BERTHA, 1918, p. 160). Como é o caso, igualmente, do escritor luso-brasileiro Carlos Malheiros Dias, autor do polêmico *A Mulata* (1896), cuja protagonista, Honorina, é descrita como uma autêntica rainha egípcia:

> Cleópatra, a Rainha de Sabá, Nimsuba, deviam ser assim como ela era, abrasada pelo sol, de corpo de bronze, como uma deusa, de olhos ardentes como jóias, como o espículo de uma falarica, como na escuridão, bárbara e imperiosa como um beduíno, terrível como uma víbora, indómita como um condor [...] De olhos fechados, sentava-se no trono dos Faraós, entre peles de felinos e sedas roxas bordadas a lotos de oiro [...] Despia-a, trajava-a de rainha de Sabá... (DIAS, 1975, p. 123).

A figura feminina idealizada, extraída da mitologia grega, serve enfim de inspiração para que o mesmo Carlos Malheiro Dias relate sua "profissão de fé" – num livro inteiramente dedicado à temática helênica e oriental (*Scenarios. Phantasias sobre a História Antiga*, 1894) – nos seguintes termos:

> os gregos fizeram nascer a sua Venus do ventre espumejante das ondas, e o meu ideal artistico de sonho antigo nasceu da contemplação do teu corpo de marmore, oh! Mulher, que eu julguei roubado a um templo de Athenas ou Coryntho... (DIAS, 1894, p. 193).

O grande mundo

Além do helenismo/orientalismo de que aqui tratamos, o processo de estilização encampado pela literatura academicista ainda privilegiava a temática do *mundanismo*, que tem sua correspondência social nos salões, conferências e outros encontros realizados pela sociedade letrada dos primeiros anos da República; ou ainda nas páginas efêmeras de periódicos que ditavam a moda. Em sua versão estética, o mundanismo era representado, sobretudo, pela literatura de temática fútil, não raras vezes procurando espelhar os *costumes* sociais da burguesia carioca do entresséculo, particularmente na sua deliberada submissão ao ideário europeu.

O romance de costumes, tanto em seu viés urbano quanto regional, foi o que mais intensa e programaticamente tentou equacionar – a partir do século XIX – a questão da fundação de uma literatura nacional. Nele se exercitaram desde José de Alencar, Manuel Antonio de Almeida e Raul Pompéia, no século XIX, até Lima Barreto, no século XX. No período aqui estudado, o romance de costumes – que também buscava satisfazer o mesmo anseio de independência da literatura brasileira – assume, contraditoriamente, ares *mundanos* e *cosmopolitas*: buscava ser autenticamente nacional, mostrando o quanto o Brasil tinha de moderno e civilizado, portanto de europeu. Evidentemente, não se tratava de qualquer modelo europeu, mas do modelo francês, ressaltando a vinculação brasileira com nosso mais recorrente "fornecedor" de cultura humanística.

Desse modo, durante a *Belle* Époque, o mundanismo emerge como tematização dos costumes urbanos ligados – como disse com propriedade Coelho Neto em romances cronologicamente tão distantes como *A Capital Federal* (1893) e *O Polvo* (1924) – ao "grande mundo". E por *grande mundo* entende-se, ainda nos dizeres de Coelho Neto, as "seducções do luxo", os "louvores frívolos", o encantamento pelos "bailes, recepções, chás, espectaculos", o deslumbramento por "crystaes e espelhos", a fascinação pelos "theatros, as casas de chá, os cinemas e (as) vitrinas", enfim, a chamada "high-life" (NETO, 1924b; NETO, 1924c).

Essa é a sociedade retratada, preferencialmente, pelos cultores do academicismo, temática que realiza como nenhum outro tópico literário a concepção da literatura como *o sorriso da sociedade*. Não são poucos, nesse sentido, os autores que cultivaram o mundanismo na literatura da época, como revela, entre outros, o exemplo de Benjamim Costallat.

Com uma linguagem carregada de estrangeirismos, que iam dos simples vocábulos ao nome das personagens, com uma valorização estética de tudo o que era fútil e efêmero, com uma temática centrada no mundanismo como estilo de vida, Benjamim Costallat – um academista que não frequentou a Academia – construiu uma obra que oscila entre o sofisticado e o ordinário, enfatizando ambos como elementos constituintes de uma incipiente modernidade. A começar pelo tratamento dado às personagens, é possível verificar que seus romances são povoados por uma quantidade assustadora de dândis e esnobes, bem de acordo com a atmosfera *belle* époque da sociedade carioca do começo do século. O cenário onde os acontecimentos se desenrolam não escapa, igualmente, à mesma atmosfera artificial, com suas luzes feéricas ou seus automóveis luxuosos, sugerindo a irrefreável sedução urbana. A linguagem telegráfica, profundamente marcada pelas expressões da moda, completa, enfim, o quadro superficial que conforma os romances.

Suas obras são, além disso, povoadas por fantásticas figuras de *femmes fatales*, em que se misturam a futilidade mundana e a personalização extrema do sensualismo, marca registrada do mundanismo literário do período. Assim mesclam-se a luxúria, os vícios e as futilidades do que ele próprio chamou uma vez – num arremedo da expressão consagrada por Coelho Neto – de "a grande vida", para designar, por exemplo, o estilo de vida de Mimi, a protagonista de *Gurya* (1929), "jovem mundana" que vivia para gastar "na costureira, nos perfumistas e nas joalherias tudo o que a generosidade [...] dos homens lhe ia concedendo" (COSTALLAT, s.d., p. 91).

Da mulher ao cenário, passando pelas relações amorosas, nos romances da *grande vida* ou do *grande* mundo, escrito por Costallat e seus pares, tudo parece carregado de uma representação fútil da realidade. Até a noção de "moderno", empregada pelo autor, padece de uma banalidade a toda prova, já que surge associada frequentemente a modismos pouco consistentes, isto é, como um modernismo cuja marca fundamental é o deslumbramento. Mas é ainda no tratamento dado à figura feminina que Benjamim Costallat melhor representa o que aqui chamamos de sentido de futilidade. É sintomática, por exemplo, a descrição que o autor faz de Germaine, protagonista de um dos seus romances:

> Germaine era uma mulher que se aborrecia. Não tinha, além do jogo, outra distração e outra finalidade. Ainda moça já havia quasi gasto o patrimonio de seu pae [...] agradavam muito mais a Germaine os banhos azues das tardes de Copacabana (COSTALLAT, 1934, p. 22/28).

Fútil é também o sensualismo presente em suas obras, banalizado pela luxúria e pelo amor devasso da prostituição, condimentos eróticos que davam aos seus romances um sentido muito "moderno" e popular. O obsceno, o degradante, a banalização da figura feminina, a pornografia *tout court* unem-se na tentativa deliberada de criar uma atmosfera mundana, em que não falta ainda, como ingrediente picante, o amor devasso de satânicas adolescentes travestidas de ingênuas moças de família:

> Rosalina, calças de pyjama, o busto nú, seus minusculos seios de dezesete annos, atrevidos e brancos, terminados por duas manchinhas côr de rosa quasi imperceptiveis, olhou para a sua propria imagem, para a sua imagem de garota adoravel e sorriu [...] E aquellas meninas de familia do seculo faziam os seus calculos de conquista, a somma de novos admiradores adquiridos, o balanço de seus conquistadores, como prostitutas entre si recapitulando extenuadas um dia de labor sexual (COSTALLAT, 1923, p. 21/37).

Assim, tudo o que se refere à criação do espectro feminino, mas principalmente o que há de mais sedutor nele, interessa aos romances de Costallat, denotando, de passagem, uma admiração bastante intensa pelo mito de Salomé, eternizado por muitos artistas, mas difundido no Brasil principalmente pela literatura do esteta inglês Oscar Wilde, a quem Benjamim Costallat deve mais de uma característica literária, além, é lógico, do próprio apego aos motivos mundanos.

Mais do que em Costallat, é em João do Rio que a sociedade carioca surge em todo o seu esplendor mundano, brilhando na pena desse exímio cronista do cotidiano, que nos legou algumas das mais interessantes narrativas escritas no começo do século; mais interessantes e, evidentemente, mais próximas da crônica de costumes mundanos do que quaisquer outros.

Privilegiando a abordagem da realidade elitista do Rio de Janeiro, são os costumes da alta sociedade carioca que João do Rio elege como tema por excelência de seu romance *A Correspondência de uma Estação de Cura* (1918), fazendo um retrato mais ou menos fiel de uma burguesia em plena ascensão, ávida de novidades, ciosa de seu *status* e afeita aos pequenos dramas da elite, sobretudo amorosos, sem maiores consequências para a integridade social e/ou moral de seus componentes. Por isso, poucas obras como essa enquadram-se tão perfeitamente na caracterização – já aqui aludida – da literatura como *o sorriso da sociedade*, dada por Afrânio Peixoto no começo do século.

A história que, em sua maior parte, se passa numa estação de águas, revela uma face muito em evidência da sociedade urbana das primeiras décadas do século XX: seu desprendimento em relação à realidade cotidiana, sua banalidade crônica, sua falta de análise da realidade, enfim, sua futilidade. É a vida dos esnobes e da elite, retratada pelo autor da vida vertiginosa do Rio de Janeiro; é também a vida da "civilização" (em oposição à "barbárie" suburbana e miserável), a desfrutar dos prazeres de uma estação de águas subitamente transformada em ponto de encontro e convivência da alta sociedade. Para semelhante empreitada, o autor não pôde abrir mão de uma linguagem correspondente, de acordo com a temática tratada: daí João do Rio empregar uma dicção classicizante, marcada pelo purismo e pelo uso abusivo de estrangeirismos, como, aliás, era comum entre as pessoas pertencentes à classe social que procurou descrever. Escrito em gênero epistolar, formado por capítulos-cartas, o romance opta também pelo realismo, a fim de dar maior verossimilhança aos acontecimentos. Trata-se – apesar das raras incursões no *bas fond* carioca – de um romance visceralmente marcado pelo desejo de fazer aflorar o que há de mais *sorridente* na sociedade brasileira, transformando uma estação de águas numa insólita Capital Federal estilizada, cuja sociedade tem como divisa uma frase retirada do próprio romance e que, melhor do que qualquer outra, define bem o seu espírito: "a vida é a eterna ilusão" (RIO, 1992a, p. 22).

Ainda uma vez é a sociabilidade da alta classe urbana que o autor descreve:

> ao jantar, os *smokings* resolveram aparecer. Em seguida ao almoço, as senhoras arvoram grandes *toilettes* de passeio e jóias. Depois [...] afluem os "encantadores" do Rio e de São Paulo, esses meninos dos dezessete aos quarenta anos, que vestem com elegância exagerada, são dados a esportes, montam, jogam o pingue-pongue e o *bridge*,

andam com os desenhos do Sem, falam francês e têm sempre um ar muito superior (RIO, 1992a, p. 30).

A profusão de termos estrangeiros, o retrato de costumes mundanos da elite carioca, certa ironia não agressiva, que compactua com a atmosfera pernóstica em que as personagens transitam são alguns efeitos estéticos da passagem transcrita.

Descrevendo uma sociedade abastada e mundana, sobretudo no seu lado mais banal – embora por meio de certa padronização estilística e evidente perspectiva documental (SÜSSEKIND, 1992, p. XX) –, João do Rio escreve outro romance na perspectiva que aqui estamos analisando a literatura academicista: *A Profissão de Jacques Pedreira* (1913). Trata-se da história de Jacques Pedreira, que tivera sempre uma vida mundana e relapsa, formando-se advogado por meio de grandes gastos de seu pai, que o pressiona a exercer uma profissão. Contrariado por ter de trabalhar ("trabalhar quando a vida é tão bonita!"), acaba cedendo à vontade do pai apenas pelo prazer de ser reconhecido como doutor. Durante o exercício da profissão de advogado, Jacques Pedreira começa a pegar gosto pelas aventuras econômicas, onde a influência, o dinheiro, a habilidade em corromper valem mais ("uma vida aventureira de negociatas"). Além disso, começa a obter sucesso nos amores ilícitos, marcando encontros furtivos com mulheres casadas e tornando-se amante de Alice dos Santos. Aos poucos, vai-se afastando da vida de trabalho, para se dedicar apenas à vida mundana (mulheres, automóveis, bares). Faz do amor e das conquistas sua verdadeira profissão, *a profissão de Jacques Pedreira* (RIO, 1992b). As cenas se passam principalmente em Petrópolis, refúgio principal da burguesia carioca e que, no dizer de uma testemunha ocular da época, abrigava "o ambiente social e mundano do que hoje chamaríamos de grãfinismo" (MAUL, 1967, p. 9).

São academicamente primorosas as descrições que João do Rio faz, primeiro, do estilo de vida de Jacques Pedreira durante sua estada na Faculdade:

acordava, ia para o *football* ou fazia ginástica sueca no quarto. Em seguida iniciava sua *toilette* com cuidado. A escolha do fato, da camisa e da gravata correspondente, punha-o muita vez perplexo. Estas coisas absorviam sua atenção [...] Em fornecedores o seu conhecimento era doutoral. A menor alteração no corte dos *fracks*, uma insignificante mudança d'aba nos chapéus de Londres ou da Itália tinha nele um fiel. As cores das roupas de baixo também. E a maneira de estar conforme manda a educação dos salões [...] Após a *toilette*, ía almoçar e saía. Às vezes passava pela escola. Raramente. Empregava o tempo em namoros e *flirts* (RIO, 1992b, p. 17);

e, depois, do de Alice dos Santos, sua amante:

> Alice dos Santos era um caso de frivolismo mundano e sensual comum. Passara até os vinte e três anos na província, com a atenção voltada para a vida elegante da capital. Fizera assim uma idéia exagerada de tudo: da moda, dos divertimentos, dos homens, da liberdade, dos costumes, acreditando em quanta fantasia lia nos jornais e em quanta invenção narram os provincianos de volta, para se darem ares [...] [Casara] não só para gozar os refinamentos da cidade como para dominar e ser a primeira entre as senhoras faladas pela beleza, pela formosura e pela posição. O cuidado com que se comparava à fotografia das grandes damas nos jornais ilustrados para se achar melhor sempre! A pertinácia com que estudava nos *magazines* mundanos a tecnologia, a língua confusa da alta roda, aliás tão limitada! (RIO, 1992b, p. 38).

Eis aí retratos exemplares da sociedade mundana descrita por João do Rio. Afeito à abordagem de temas picantes, prosaicos, como se fossem notícias escritas para os periódicos com os quais colaborava, observa-se inclusive que o autor deixa de lado certo descritivismo enfadonho (mais apropriado, aliás, aos cronistas parnasianos), para tentar uma interpretação do quadro descrito: opina, compara, interfere abertamente no panorama traçado.

Aliás, esse seu apego à temática mundana não está presente apenas nos dois romances citados, percorrendo praticamente toda a sua obra, seja ela ficcional ou jornalística. É o caso de alguns contos de *A Mulher e os Espelhos* e de *Dentro da Noite* (1910), este último trazendo a figura da mundana Laurinda Belfort, mulher da alta sociedade carioca, que estudou no colégio Sion, tem uma inglesa como dama de companhia, usa adereços de brilhantes feitos no Vevert e que, quando se casou, inaugurou

> aquela *grande vida* artificial e custosa, com salas compostas segundo desenhos de decoristas inglezes, os vestidos vindos de Paris e um ar de boneca social, que para sempre lhe tirara a idéia de amar alguém, além da sua presadissima pessoa. A *grande vida* um tempo fel-a mesmo esquecer quasi o marido, porque era preciso passar o carnaval em Nice, estar no outono em Paris, passear os hoteis depravados do Cairo no inverno, dar opiniões sobre artistas e pintores, falar de viagens e manter o seu salão no Rio... (RIO, 1910, p. 182, grifos meus).

Esses e outros excertos, retirados da ficção urbana de João do Rio, tinham, com certeza, a própria vida social carioca como modelo: retratavam-na com a fidelidade devida às obras que se querem costumbristas e com a pena firme de quem se alçara à condição de um de nossos principais jornalistas. Não foi matéria de autores marginalizados pela Academia ou que a hostilizaram, como Lima Barreto, Graça Aranha, Monteiro Lobato e outros. Era, ao contrário, matéria eleita exatamente pelos academicistas, que tinham no mundanismo carioca uma de suas principais fontes de inspiração e modelos de comportamento. Em João do Rio, como dissemos, esta temática extrapola os limites da ficção e atinge seu ápice – como era de se esperar em um jornalista de primeira grandeza – em suas crônicas. É o caso daquela intitulada "O chá e as visitas", publicada em sua *Vida Vertiginosa* (1911). Ali é descrita com clareza o que devia ser a verdadeira vida mundana da sociedade carioca, não poucas vezes, como dissemos, tomada como modelo pelos mais relevantes academicistas. Fazendo considerações gerais sobre os costumes urbanos na burguesia carioca, relata o autor:

> a vida nervosa e febril traz a transformação subita dos habitos urbanos. Desde que há mais dinheiro e mais probabilidades e ganhal-o – há mais conforto e maior desejo de adaptar a elegancia estrangeira. A ininterrupta estação de sól e chuva de todo anno é dividida de accordo com o protocollo mundano [...] Todos tem muito o que fazer e os deveres sociaes são uma obrigação;

e, tratando das ocupações diárias de uma mulher da sociedade, escreve:

> a massagista, ás 9 horas, seguida de um banho tépido com essencia de jasmin. Aula pratica de ingléz ás 10. *All right*! Almoço á ingleza. Muito chá. *Toilette*. Costureiro. Visita a Fulana. Dia de Cicrana. Chá de Beltrana. Conferencia literaria. Chá na Cavé. Casa. *Toilette* para o jantar. Theatro. Recepção seguida de baile na casa do general... (RIO, 1911, p. 47).

Observações semelhantes, no que concerne à temática mundana, podem ser realizadas ainda acerca da ficção de Afrânio Peixoto. Embora seja considerado por parte da crítica um escritor com ênfase na temática rural, ele interessa-nos no que sua produção ficcional possui de mais citadino, pois é como autor de *romances urbanos* que se revelou um cronista da vida mundana.

Escrevendo histórias de caráter documental, legou-nos uma série de quadros dos costumes da elite carioca nas primeiras décadas do século, criando assim uma ficção diletante, impressionista, sem pretensões artísticas. Foi, nesse sentido, um autêntico romancista de costumes urbanos, com obras que procuraram retratar fielmente "o ambiente requintado da sociedade carioca [...] focalizando as indefectíveis conversas do mundanismo" (SALES, 1978, p. 10).

Os próprios componentes essenciais de seus três romances de extração urbana (*A Esfinge, As Razões do Coração* e *Uma Mulher como as Outras*) são uma prova cabal desse apego ao retrato mundano: as cenas passam-se tanto em Petrópolis, refúgio da elite brasileira do começo do século, quanto no cais do porto, onde eram aguardados os navios provenientes da Europa; as personagens são um escultor, um político ou um embaixador (jamais um operário, um caixeiro-viajante ou um pequeno comerciante); as tramas envolvem casos de triangulações amorosas, com um sabor algo picante, bem ao gosto da elite frívola. De resto, seus romances apresentam-se à crítica mais exigente formal e tematicamente padronizados, sem elevações bruscas que, afinal de contas, tornam as situações mais dramáticas e densas; tudo flui num meio-tom bem comportado, no compasso monótono de classes sociais que só aceitam escândalos em surdina. E, assim, a sociedade é "despida" pela pena do romancista baiano...

A Esfinge (1908), por exemplo, assemelha-se a um *panorama luminoso* (CALMON, 1947), em que a alta sociedade carioca é mostrada nos seus momentos mais banais, pintando-se um quadro de costumes sociais, com cenas sobre o relacionamento amoroso, sobre a vida mundana dos salões, sobre as "modernidades" latentes, sobre uma pretensa civilidade urbana etc., como se pode perceber neste trecho:

> na casa de Lúcia havia excesso oposto, o que dava às salas aspecto de viveiro irriquieto e leviano: apenas frivolidade e namoro. Com a ciência de suas várias viagens à Europa e muitas leituras de romances e protocolos mundanos, ela aprendera a evitar estes extremos, escolhendo com arte os convivas para cada jantar e dando às reuniões que se seguiam números sensacionais, guardados em segredo até o momento da exibição: eram artistas extraordinários, de passagem, pianistas desconhecidos, ventríloquos, prestidigitadores, excêntricos, que entretinham e deliciavam a assistência com espetáculos muito cômodos, porque, além do prazer da companhia, as boas graças dos Lemos eram favor precioso na sociedade carioca (PEIXOTO, 1978, p. 87).

Frivolidade, leviandade, mundanismo, sensacionalismo, excentricidade são, portanto, conceitos-chave desse romance de Afrânio Peixoto, como aliás de praticamente todos os romances de costume mundanos dos academicistas.

O mesmo pode-se dizer a respeito de *As Razões do Coração* (1925), onde o mundanismo e a futilidade misturam-se, bem a propósito, com temáticas relativas à moda, às festas, às transformações urbanas e outras:

> lá nos vastos salões, nas recâmaras, no jardim, nos balcões, grupavam-se os que as afinidades de gôsto, de idade, de sexo chamavam para maior intimidade. Os políticos mais influentes, os jornalistas mais lidos, escritores, financistas, mundanos, rapazes sem classificação ainda, já críticos nos jornais, misturavam-se às damas mais pomposas e belas, às meninas mais prometedoras ou ariscas, com a alegria da gente elegante e inteligente que tem prazer em convivência distinta, num cenário adequado de arte, a arte de receber (PEIXOTO, 1944, p. 103).

Finalmente, *Uma Mulher como as Outras* (1928) procura carregar na mescla entre elite formal e agregada: a protagonista do romance é uma prostituta de elite, e não faltam as cenas relacionadas aos vícios próprios de uma classe abastada ou à frequentação de teatros mundanos:

> um capricho de Lili [...] levou-nos ao Apolo, onde nos demos *rendez--vous, toute la bande*, para, depois, uma ceia no "Maison Moderne". O Apolo é o novo teatro do Celestino, feito ou refeito á moderna, para genero alegre, mas elevado. O "mundo" do Lirico e do São Pedro, e o "meio-mundo" do Recreio, do Sant'Ana, do Lucinda... têm agora ponto *chic* de encontro... (PEIXOTO, 1940, p. 133).

Retratos de uma classe preocupada com os caprichos da sociabilidade mundana, os romances urbanos de Afrânio Peixoto encontram correspondência na realidade mesma do Rio de Janeiro, onde são ambientados. Não é difícil perceber, por isso, a coerência descritiva entre o que é relatado pelo autor e a realidade social da elite carioca da época. Aliás, é nessa sociabilidade difusa que Afrânio Peixoto encontra a maior parte do material que precisa para preencher tramas pouco elaboradas. Talvez não fosse exagero considerá-lo, diante das circunstâncias, o romancista dos salões da elite carioca, como se pode notar em *A Esfinge*: "nos salões [...] a boa gente aperta-se, declara-se, namora, beija-se e, se não faz mais, é simplesmente por uma questão de mobiliário" (PEIXOTO, 1978, p. 59); em *As Razões do Coração*:

> aqui, o salão de danças animadas e indecentes, tango nostálgico, gracioso *two-steps*, excitante maxixe; adiante, dois ou três grupos numa sala de *bridge*, bridgistas furiosos a se descomporem, ordinàriamente mulheres, que a paixão, qualquer paixão, descompõe fàcilmente; grupos nos cantos, nos balcões, passeios entre gente desatenta ou diversamente ocupada, uma fuga no jardim ou uma excitação de álcool no *buffet*; já em cima, o jogo... O namôro por tôda parte. A conversa em todos os cantos. Todos bem, cada um à sua vontade (PEIXOTO, 1944, p. 106);

ou ainda em *Uma Mulher como as Outras*:

> ... entrei no salão de danças. A orquestra atacava uma valsa langorosa, *Rosita de la Plata*, e alguns pares, cerimoniosamente, faziam os compassos mesureiros, correctos, afastados, honestos, como se não

> fôssem a Lola, a Pepita Aragon, a Marinette, a Poupée, a Juliette
> d'Alençon... que valsavam com os seus gigolôs ou *amants de coeur*...
> (PEIXOTO, 1940, p. 22).

Já na forma empregada por Afrânio Peixoto para a descrição desses quadros é possível detectar intenções diversas. Salta aos olhos, por exemplo, no primeiro trecho transcrito, a expressão "boa gente", como que delimitando antecipadamente o tipo de classe social eleita pelo autor para suas produções ficcionais; no segundo trecho, não passa despercebido um vocabulário coalhado de estrangeirismo (como a buscar um retrato fiel, pela expressão vocabular, da classe abordada) ou ainda a atmosfera fútil e descompromissada dos salões, que o romancista procura reproduzir no livro; finalmente, no terceiro excerto, o autor nos lembra que, afinal de contas, o mundo da prostituição de luxo também faz parte da civilidade mundana carioca da passagem do século, como atestam vários estudos históricos e um sem-número de romances da mesma época (ARAÚJO, 1993; COSTA, 1983; RAGO, 1987; ADLER, 1991; DARMON, 1991). O emprego do advérbio "aqui", no segundo trecho, como a introduzir o parágrafo, revela claramente a intenção descritivista do autor.

É oportuno analisar, ainda por esta perspectiva, a descrição de algumas personagens, anônimas ou não, das histórias de Afrânio Peixoto, como este quadro, traçado com esmero de cronista de coluna social, das mulheres da classe alta carioca:

> Pús-me a olhar as mulheres [...] Moças, a maior parte, quasi todas belas, consteladas de joias, joias até o limite do incomportável, colares e mais colares, pulseiras umas sobre as outras, e broches e barrétes e bichas e aneis, tantos, tão profusos, diamantes, pérolas, esmeraldas, rubis, principalmente safira, que se lhes perdia o efeito, de realce e de brilho, na profusão barbara (PEIXOTO, 1940, p. 21).

Afrânio Peixoto afirma-se, assim, como um cronista da vida mundana carioca, dando aos seus romances uma natureza deliberadamente documental, descritivista, de um costumbrismo que se volta preferencialmente para os hábitos da elite urbana, como aliás já observara Agrippino Grieco, com sua proverbial mordacidade, ao se referir exatamente aos perfis femininos traçados pelo ilustre acadêmico:

> sente-se a impressão de que as suas heroínas caboclas leram todos os setenta volumes de Bourget. Sua psicologia é madrigalesca e seu estilo é de um homem de boa sociedade que não deseja nunca pisar ou acotovelar as damas da alta roda (GRIECO, 1947, p. 104).

Isso torna, com certeza, o romancista baiano uma das figuras que mais souberam fazer do lema que instituíra para caracterizar a atividade literária na época em que viveu uma realidade: foi, ao lado de seus pares da Academia, um romancista que conseguiu levar ao limite a ideia de literatura como *o sorriso da sociedade*. De fato, a sociedade brilha na pena de Afrânio Peixoto, que faz de suas personagens protagonistas voltados para o diletantismo e o desfrute mundanos. E a estética acadêmica acaba se firmando até por seus modos de representação literária, pela preocupação com a descrição dos costumes da alta sociedade, logrando o romancista construir uma obra ficcional voltada para o detalhamento de seus hábitos: seus romances – como os de João do Rio, Benjamin Costallat, Coelho Neto e outros – são crônicas de costumes mundanos, espelhos de uma época em ebulição constante (JUNIOR, 1947; SÁ, 1987).

O mundanismo literário era caro à Academia também como padrão de comportamento de alguns acadêmicos. É sugestiva, nesse sentido, a parábola escrita por Humberto de Campos para seu volume de crônicas intitulado *Lagartas e Libélulas* (1933): trata-se do diálogo entre dois acadêmicos a passeio pela Avenida das Nações, em que, um deles, o mais jovem, "sólido e elegante", mais atento para "a poeira de seu fato do que para os solecismos de sua prosa", explica suas teorias a respeito da literatura e da atividade literária: "eu ponho-a [a literatura] a meu serviço, ao serviço da minha ambição mundana, considerando-a um simples e elegante ornamento da vida". É esse mesmo autor, preocupado "mais com a volúpia da publicidade do que [com] o gosto de produzir", quem descreve seu leviano *way of life*:

> eu vou ás festas, ás recepções, e tomo o meu chá das cinco horas, ou passo no meu alfaiate, ou mergulho no meu banho de mar, ao contacto da natureza e da vida, [sem nunca sacrificar] a alegria das exibições mundanas (CAMPOS, 1934b, p. 17).

Processo que faz parte de um amplo programa de estilização da literatura nacional, levado a cabo com empenho e rigor pela Academia, o mundanismo – tal e qual tentamos aqui demonstrar – acabava sendo um dos conceitos norteadores da produção literária academicista, já que, como disse com propriedade Gilberto Amado, "mundanismo e esteticismo comandavam, sob o signo da Futilidade, não só o movimento social como o literário também" (AMADO, 1958, p. 79).

O esplendor ornamental

Se, como dissemos anteriormente, do ponto de vista temático, prevalecem temas como o helenismo/orientalismo e o mundanismo, do ponto de vista formal destaca-se um conceito amplo de ornamentalismo, que pode ser entendido, em linhas gerais, como uma tendência ao floreio estilístico, ao retoricismo, ao rebuscamento frásico, à prolixidade. Na literatura desse período, a ornamentação literária se manifestou, muitas vezes, como apego a certos aspectos da estética *art nouveau*, tendência artística vitoriosa durante a *Belle* Époque.

Dissemos "certos aspectos", pois, a rigor, a estética *art nouveau* – que se caracteriza pela busca de uma nova linguagem artística, inspirando-se nas formas orgânicas da natureza, privilegiando o domínio da sensação e do misticismo, apelando para o ornamento e para o decorativismo e tendo como temáticas privilegiadas a natureza e a mulher – é fundamentalmente antiacademicista (CHAMPIGNEULLE, 1976; VERNEUIL & AURIOL, 1974; WALTERS, 1974). Combatendo, até certo ponto, a superficialidade e o conservadorismo artístico, ela buscava diferenciar-se de modo cabal da arte acadêmica, sobretudo no que concerne às artes plásticas, mas também à literatura. As coincidências entre o academicismo e a estética *art nouveau*, portanto, limitam-se ao aspecto da ornamentação, o que pode ser percebido, do ponto de vista gráfico, numa simples leitura das revistas literárias e/ou mundanas que circulavam no período: tanto as revistas de inclinação antiacadêmica (como

Fon-Fon, O Malho ou *Careta*) quanto as de pendor visivelmente acadêmico (como *Renascença, Kósmos* ou a *Revista da Semana*) primavam pela valorização do ornamentalismo gráfico, com seus frisos geométricos, suas molduras florais, seus motivos naturais, seus contornos acentuados, suas estampas espiraladas... Tudo devidamente estilizado (OLIVEIRA, 1997; ORLOV, 1980; PAIVA, 1992; FILHO, 1999; DIMAS, 1983).

No fundo, era mesmo esta *fièvre ornamentale* de que fala Delevoy que acabava contando para os escritores, os quais procuraram, sobretudo na perspectiva da forma, adaptar conceitos do artenovismo à expressão literária academicista, tornando mais efetivo o imbricamento entre as artes plásticas e a literatura (DELEVOY, 1958; HELD, 1981; MOTTA, 1957; ZANINI, 1983; LIMA, 1985).

Críticos como Alfredo Bosi consideram o *art nouveau* uma das marcas mais salientes da *Belle Époque* literária, manifestando-se como uma prosa estilizada e ornamental:

> dos fins do século à guerra de 1914-18, a corrente mestra de nossa literatura, *a que vivia em torno da Academia*, dos jornais, da boêmia carioca e da burocracia, admirou supremamente esse estilo floreal, réplica nas letras do "art nouveau" arquitetônico e decorativo que então exprimia as resistências do artesanato à segunda revolução industrial (BOSI, 1988, p. 220, grifos meus).

Trata-se, em poucas palavras, daquele "esplendor *art nouveau*" de que nos fala Brito Broca (BROCA, 1960); ou, para citar apenas mais um estudioso do assunto, da "exuberância ornamental" referida por José Paulo Paes, no mais consistente trabalho sobre a influência da estética *art nouveau* nas letras brasileiras (PAES, 1985).

Não é difícil, neste sentido, perceber a dívida de alguns dos mais representativos acadêmicos – ou que com eles estabeleciam uma nítida relação de proximidade estética – para com a expressão *art nouveau*, seja pelo emprego de temas próprios dessa tendência, como o mundanismo estilizado, e a procura de efeitos estilísticos (caso de um João do Rio ou um Benjamim Costallat); seja pela obsessão por torneios frásicos e pelo retoricismo ornamental (caso de

Coelho Neto ou de Xavier Marques) (PAES, 1985; SECCO, 1978; GENS, 1995; LOPES, 1994; SALLES, 1977).

Mas nem todo ornamento provém da estética *art nouveau*. No Brasil – sobretudo entre os academicistas – tivemos, por exemplo, a prosa ornamental de Rui Barbosa, proveniente antes de seu retoricismo jurídico, ou a de Coelho Neto, nascida também de uma obstinada procura pelo linguajar preciosista e pelos efeitos de estilo; em muitos aspectos, diferente da escrita de um João do Rio ou de um Benjamim Costallat, cujos ornamentos deviam muito ao formalismo difundido pela Arte Nova.

Torneios frásicos, períodos prolixos, orações rebuscadas, excesso de subordinação nos parágrafos, efeitos de estilo, copiosidade vocabular... Essas eram as marcas predominantes do discurso academicista de feitio ornamental. Tudo se resumia, no final das contas, a uma questão de estilo, afirmando-se, por um lado, aqueles que, como Coelho Neto, defendiam a "disciplina de estylo" (NETO, 1913, p. 111) e, por outro, aqueles que, como Lima Barreto, condenavam as "chinesices de estilo", ambos os conceitos empregados aqui no sentido de pomposidade e variação (BARRETO, 1956a, p. 75).

Esses floreios sintáticos, esse discurso rebarbativo, essa dicção oratória e clacissizante fazem parte de um *estilo ornamental* próprio dos acadêmicos afeitos a um deliberado empolamento frásico, a um arroubo épico premeditado, a uma adjetivação exuberante e diversificada e a um vocabulário particularmente rebuscado. Mas não se trata apenas de pomposidade e rebuscamento, senão de prolixidade, o que redunda num estilo empolado, como se pode perceber também nos contos de Coelho Neto:

> Mal aparecesse solemne, pisando firme nos cothurnos classicos, envolto nas dobras da tunica com que Platão, passeando lentamente entre os tumulos dos heróes e os plátanos, no Ceramico, falava à sadia juventude atheniense de coisas altissimas e puras, o garoto inexoravel daria immediatamente o alamiré e a multidão, que afflue ao ridiculo como as piranhas atiram-se em cardume ao animal que ousa atravessar os rios que ellas dominam, principalmente se leva ferida aberta ou lanho em sangue, por-lhe-ia cerco e o teu heróe, com toda a sua graça apollinea, só conseguiria sahir das aperturas se a Policia,

avisada, mandasse em seu socorro uma "viuva alegre" guarnecida de praças de armas ambaladas (NETO, 1922, p. 54).

Empregando o recurso do hipérbato, aliado à subordinação continuada e a orações intercaladas, o autor logrou criar um parágrafo estilisticamente complexo, cujos núcleos são algumas orações coordenadas aditivas ("o garoto inexoravel daria immediatamente o alamiré"; "a multidão [...] por-lhe-ia cerco"; "o teu heróe só conseguiria sahir das aperturas"), que receberam uma série de intercalações e subordinações, criando o chamado período complexo misto.

O estilo ornamental se manifesta também, entre os acadêmicos, por descrições que primam pelos efeitos fônicos, como a aliteração, bastante sugestiva neste pequeno trecho, já anteriormente citado, retirado de *Tapera* (1911) de Alcides Maya:

> Ondulava-as ainda a brisa a grandes trechos; em diamantadas cambiantes, rorejava-lhes o orvalho no folhame lentescido; e quer sôbre as mais altas, desdobrando à luz, esbeltas, os pendões, quer nas que, entrelaçadas, alastravam as leivas, havia revôos precípites de pássaros, êxodos minúsculos de insetos, todo um quadro vivo de asas desatadas e frementes elitros multicores (MAYA, 1962, p. 53);

ou neste (1936) de Xavier Marques:

> Por toda a parte atalhos sombrios, soturnos caminhos outrora rechinantes de rodagem, verêdas que foram transito de boiadas e de alegres tropeiros, tudo atufado sob a flora mesquinha, rispida e semimorta dos carrascais (MARQUES, 1936, p. 127).

Há uma profusão de onomatopeias, com o objetivo de criar um efeito sonoro flagrante: "brisa a grandes trechos", "rorejava-lhes o orvalho no folhame", "entrelaçadas, alastravam as leivas", "revôos precípites de pássaros", "asas desatadas e frementes elitros multicores", "atalhos sombrios, soturnos", "rechinantes de rodagem", "transito de boiadas e de alegres tropeiros, tudo atufado", "rispida e semimorta dos carrascais"... Mais um indício claro da preocupação dos academicistas com a estilização literária por meio da ornamentação e outros efeitos congêneres.

Como já destacou, com particular acuidade, Flora Süssekind,

> nos primeiros tempos do século XX [...] a opção pelos ornamentos retóricos foi uma das formas mais freqüentes com que se tentou delimitar o campo do "literário", do "artístico" em oposição aos processos técnicos de produção e difusão de imagens e vozes (SÜSSEKIND, 1987, p. 57).

Eis aí algumas palavras que resumem bem não apenas as tendências estéticas das obras analisadas, mas também o espírito literário de toda uma época. É o *esplendor ornamental* a serviço – juntamente com outros recursos literários aqui revelados – do empenho vitorioso da Academia Brasileira de Letras e de seu modelo estético.

CONCLUSÃO
"O braço constróe, o espírito eternisa"

APESAR DE A PRODUÇÃO LITERÁRIA BRASILEIRA de princípios do século XX ter sido classificada – por mais de um crítico da literatura brasileira – como sendo uma literatura *eclética*, a conformação e a consolidação de uma estética ligada ao movimento academicista ganha impulso em fins do século XIX, para se afirmar definitivamente no cenário artístico nacional nas duas primeiras décadas do século XX. Agrupados em torno da Academia Brasileira de Letras, autores das mais diferenciadas "tendências" literárias lograram produzir uma literatura esteticamente singularizada, com características formais e temáticas próprias e com uma particular ideologia, sobretudo se pensarmos na ligação intrínseca que ela estabelece com o poder político institucionalizado ou com posições ideológicas definidas, como o aristocratismo e outras.

Evidentemente, nem todos os autores do período aqui analisado faziam parte oficialmente da Academia; tampouco todas as atitudes estéticas por eles adotadas podem ser enquadradas no ideário academicista. O que ocorre é que, unidos por um espírito literário comum – uma ética e uma estética próprias de determinado grupo socioliterário –, tais autores conseguiram difundir e tornar vigente uma ideia particularizada e relativamente homogênea de literatura.

Refletindo acerca das condições socioculturais e extraliterárias encontradas e/ou forjadas pelos academicistas para que sua produção estética adquirisse um sentido e pudesse ser satisfatoriamente assimilada pelo público, importa tratar, em especial, das *circunstâncias* que viabilizaram a consolidação de uma estética assenhorada por alguns dos mais relevantes nomes da intelectualidade do período e legitimada pela Academia Brasileira de Letras.

Como já salientou Robert Darnton a respeito das obras não canônicas do século XVIII, para que semelhante projeto se torne viável, faz-se necessário um "conjunto sistemático dos elementos" que possibilitem a existência de uma literatura canônica: "o jogo da oferta e o da procura, as condições de publicação, os circuitos de comercialização" (DARNTON, 1992, p. 162). Em uma palavra, trata-se de observar o *contexto* em que se insere a produção literária do período, a fim de apreender suas principais características estéticas. É, aliás, exatamente essa ideia de contexto que irá determinar o aparecimento de um fazer literário próprio, singularizado pela existência de uma instituição prevalente, pela concorrência de instâncias legitimadoras dessa prática literária e pela absorção de uma série variada de "influências" estrangeiras, o que contribuiria para o surgimento de uma literatura formalista, ornamental, diletante – enfim, de uma *literatura academicista*. São, com efeito, esses e outros fenômenos que, como já afirmou Bourdieu para o século XIX, "contribuem para estruturar o campo literário" (BOURDIEU, 1996, p. 69).

Contudo, o problema da constituição de um cânone literário academicista na passagem do século não é simples, emergindo como uma das questões mais prementes para aqueles que se dispõem a estudar a produção literária da época: o que chamamos de academicismo – tendência estético-literária situada cronologicamente entre 1890 e 1920, que implica um modo de *ser* escritor e um modo de *fazer* literatura, sustentados ideológica e esteticamente pela Academia Brasileira de Letras – pressupõe a constituição, pelos próprios academicistas, de um cânone literário representativo dessa tendência, o qual passa a valer como o único dotado de legitimidade historiográfica.

Entendendo por *canonização* o processo de preservação que empresta a certos fenômenos contornos que resistem a mudanças (OLINTO, 1994/1997; CAMPOS, 1995), pode-se dizer que a constituição de um determinado cânone representa a dicotomia seleção/exclusão de textos e autores, a partir de critérios valorativos que, no caso dos academicistas, assentavam-se em dois conceitos: o de sociabilidade e o de poder.

Assim, para os academicistas, a inclusão de determinado autor no cânone literário nacional deveria passar, primeiro, pelo critério da sociabilidade, isto é, o escritor estaria tanto mais apto a participar do restrito grupo dos nomes representativos da literatura quanto maior fosse o seu grau de visibilidade, aceitabilidade e transitividade social. E não se trata, evidentemente, de qualquer espécie de sociedade, mas de uma bem definida e distinta burguesia urbana. Em termos práticos, semelhante critério prescrevia a necessidade tácita de participação em conferências e salões, de textos e retratos em periódicos mundanos, de uma ampla rede de relações sociais, da ocupação de cargos públicos etc.

Desse modo, a aceitação de um escritor pela Academia Brasileira de Letras representava, nas condições aqui esboçadas, a tão ansiada entrada para o cânone literário brasileiro, pois sua canonização dependia não poucas vezes de uma autêntica rede de solidariedade e relações sociais, já que, como sugerem as palavras de uma pesquisadora do assunto, "os rituais de aceitação e posterior canonização incluem atos de sociabilidade" (MUZART, 1995, p. 87).

Além disso, parece não se constituir novidade alguma o fato de que a ocupação dos espaços literários e a filiação da literatura aos centros de poder político e cultural pressupõem o monopólio de decisão do que é bom ou ruim, do que deve ou não ser lido e, mais do que isso, da clave pela qual determinado texto deve ser compreendido e assimilado. É, portanto, a partir desse pressuposto que várias tendências estéticas (simbolistas, decadistas, pré-modernistas, socialistas etc) foram alijadas pelos acadêmicos do cânone da época. Além de não ter a chancela da Academia, ou exatamente por isso, essa literatura era tida como menor, quando não subversiva dos padrões éticos e estéticos daquela instituição.

Portanto, tomar para si a possibilidade de decisão sobre a prática literária e seu produto é deter o poder de consolidação e manutenção de um determinado cânone literário. Neste sentido, a noção de cânone aproxima-se da de poder, na medida em que ambos pressupõem uma lógica excludente: o poder dos academicistas permite-lhes determinar um cânone, enquanto a determinação de um cânone redunda num maior poder, resultando na exclusão de autores que não se enquadram nos preceitos institucionais da Academia. São essas "estratégias seletivas", portanto, que dão sustentação lógica ao processo de constituição dos cânones literários, os quais podem ser considerados, nas palavras de Frank Kermode, autênticos "cúmplices do poder" (KERMODE, 1990, p. 144; SILVEIRA, 1996).

De fato, a constituição do cânone academicista, que depende de uma série de *relações sociais* e busca impor um gosto literário ao público leitor, tem como objetivo a consagração de obras e autores que compactuam com seus preceitos artísticos, sempre a partir de um conjunto de normas informais de concretização estética. Toda essa prática, institucionalizada pela Academia Brasileira de Letras e institucionalizadora dela, revela um aspecto de poder que pressupõe a eleição e preservação de obras literárias, ou seja, sua canonização e, consequentemente, sua incorporação na historiografia literária nacional. Nesse contexto, não seria demais enfatizar, a Academia surge como a entidade que, como nenhuma outra, dá respaldo institucional ao processo de legitimização do cânone literário brasileiro no período (VIANNA, 1996; REIS, 1994).

Semelhante tarefa obedece a um critério que encontra sustentação basicamente em dois aspectos metodológicos distintos, mas interligados. Primeiro, na consideração de fatores capazes de promover a institucionalização da literatura, por meio de uma ampliação da noção de contexto; segundo, na percepção de que a história literária se constrói a partir da valorização do sujeito interpretante, corresponsável por uma hermenêutica que explore, antes, as condições de constituição do sentido estético, já que

> o potencial de comunicação do texto literário não pode derivar de um paradigma que veja na obra de arte a representação dos valores dominantes de uma época e que prive o texto de sua dimensão pragmática [...] a interpretação não pode mais se contentar em comunicar aos leitores o sentido do texto; ela deve se interessar pelas condições de constituição de seu sentido (ISER, 1997, p. 37/43).

A vantagem de semelhante critério é não a perda da substancialidade da literatura, mas o ganho de uma visão positivamente particularizada do fato literário, isto é, uma visão heterogênea que pressuponha fatores tão diversos quanto as condições de produção, as estatísticas de leitura, a publicidade editorial, a recepção ou a paraliteratura, o que alarga nosso espectro histórico, matiza nossos critérios estéticos e, principalmente, relativiza nosso inventário canônico.

A história da literatura deixa de ser, assim, a História dos autores, textos e períodos canonizados para se transformar numa série ilimitada de *histórias* de práticas literárias diversas, capazes de dar maior sustentação ao sistema literário como um todo e, finalmente, resgatar do limbo historiográfico o academicismo literário, cujo ideário estético – como dissermos alhures – pode ser resumido na singular concepção da literatura como *o sorriso da sociedade*.

"O braço constróe, o espírito eternisa"

Em seu célebre livro *Prosa de Ficção* – aquele que, ao lado de *A Vida Literária no Brasil*, de Brito Broca, pode ser considerado o melhor retrato literário do período em estudo –, Lúcia Miguel-Pereira aborda os autores do período aqui estudado num capítulo sugestivamente intitulado "Sorriso da Sociedade", como a defini-los a partir dessa premissa crítica. As palavras com que inicia o capítulo são sugestivas:

> os escritores reunidos neste capítulo não se congregam em torno de nenhuma escola, não formam sequer um grupo; o que os aproxima, embora de modo frouxo e indeciso, será uma concepção semelhante da literatura, tácita em quase todos, expressa de modo insofismável por Afrânio Peixoto, que a encarava como um sorriso da sociedade (MIGUEL-PEREIRA, 1950, p. 251).

Cumpre refletir, portanto, acerca das origens e da ideia que sustenta essa noção da literatura como *o sorriso da sociedade*, expressa e defendida por Afrânio Peixoto...

Numa entrevista que deu a *O Jornal* (1945) sobre o conceito da literatura como *o sorriso da sociedade*, Afrânio Peixoto afirmava: "só um ambiente social tranquilo e feliz permite o aparecimento de um livro notável" (*apud* SENNA, 1996, p. 90). Para ele, portanto, a literatura era efetivamente um complemento necessário das sociedades felizes, sendo expressão desta mesma felicidade. Para o autor, em nenhuma outra época da história cultural brasileira a literatura desempenhara melhor este papel complementar do que naquelas décadas que representavam a passagem do século XIX para o XX, exatamente o período de vigência da literatura academicista. Essa definição do fenômeno literário remete-nos diretamente à ideia da literatura como elemento extremamente superficial, como um típico artefato mundano, destinado apenas a espelhar a vida airada de uma sociedade sem grandes preocupações ou desafios. Enfim, como sugere o próprio Afrânio Peixoto, em outra obra, uma *arte suntuária*:

"a literatura, arte suntuaria, como todas as artes, exprime a felicidade de viver. Uma grande felicidade social, uma grande literatura" (PEIXOTO, 1932, p. 10). Daí o fato de ter sido Afrânio Peixoto um dos principais definidores da literatura academicista como *o sorriso da sociedade*, cujo pensamento – muito comentado, mas pouco reproduzido na íntegra – merece aqui ser relembrado:

> *a literatura é como o sorriso da sociedade*. Quando ela é feliz, a sociedade, o espírito se lhe compraz nas artes e, na arte literária, com ficção e com poesia, as mais graciosas expressões da imaginação. Se há apreensão ou sofrimento, o espírito se concentra, grave, preocupado, e, então, história, ensaios orais e científicos, sociológicos e políticos, são-lhe a preferência imposta, pela utilidade imediata. A literatura de um povo não denuncia apenas sua sensibilidade e sua inteligência, senão suas condições de vida, feliz ou apreensiva, ou sofredora, sofrimento moral, político, econômico (PEIXOTO, 1940, p. 5, grifo meu).

Sabemos que na época em que semelhante concepção foi forjada vigorava inconteste, com seus tentáculos nos vários âmbitos da cultura humana, o Positivismo. Do ponto de vista literário, a filosofia positivista expressava a possibilidade real de aliar, de modo *determinante*, literatura e sociedade, num espectro ideológico que ia, numa vertente científica, de Spencer a Darwin e, numa vertente artística, de Taine a Guyau (COUTINHO, 1988; SODRÉ, 1965; PACHECO, 1971).

Indubitavelmente, o ideário estético da literatura como *o sorriso da sociedade* é claramente de extração positivista, refletindo a mais pura tradição determinista, que considera a literatura reflexo dos fatos sociais. E, nesse sentido, acreditamos que tenha sido Gustave Lanson – historiador oficial da literatura francesa na passagem do século, autor da célebre *Histoire de la Littérature Française* (1894) e do *Manuel Bibliographique de la Littérature Française* (1909) – o principal inspirador de Afrânio Peixoto que, aliás, forjou seu conceito num insosso *Panorama da Literatura Brasileira* (1940), já anteriormente esboçado por Coelho Neto num não menos desenxabido *Compêndio de Literatura Brasileira* (1913).

Já em 1904, na *Revue de Métaphysique et de Morale*, Lanson afirmava que os principais problemas da historiografia literária são problemas de fundo sociológico, como questões relacionadas ao livro e ao escritor, os quais seriam um "produto social e uma expressão social". Por isso, o crítico francês trata ainda das leis – ou melhor, dos fatos gerais – da sociologia da literatura, entre os quais se encontra a lei da correlação entre a literatura e a vida social, segundo a qual "a literatura é expressão da sociedade" e, portanto, "certas instituições sociais determinam certos efeitos estéticos". Em 1910, agora na *Revue du Mois*, complementa seu raciocínio nos seguintes termos: "é impossível, com efeito, desconhecer que toda obra literária é um fenômeno social. É um ato individual, mas um ato social do indivíduo" (LANSON, 1965, p. 75, tradução minha). E, finalmente, declara preremptoriamente:

> a literatura é a expressão da sociedade: verdade incontestável, que tem gerado muitos erros. A literatura frequentemente é complementar à sociedade: ela exprime o que não é exprimido em nenhum outro lugar: *os arrependimentos, os sonhos, as aspirações dos homens* (LANSON, 1965, p. 75, tradução e grifos meus).

O que dizia Lanson não podia ser classificado, mesmo no final do século, como absoluta novidade, já que o crítico francês atuara, antes, como sistematizador de um ideário que, cada vez mais, entusiasmava críticos e escritores na França e em outros países ocidentais, como é o caso do Brasil. Curiosa, nesse sentido, a adesão incondicional a essa concepção da literatura por vários pequenos movimentos estéticos que proliferavam no ambiente literário francês da passagem do século, como é o caso do Movimento Naturista (que não deve ser confundido com o Naturalismo), fundado pelo esteta Saint-Georges de Bouhélier, o qual teve, no Brasil, a anuência de Elysio de Carvalho, como se pode constatar em sua obra intitulada *As Modernas Correntes Esthéticas na Literatura Brazileira* (1907). Publicado pela primeira vez no jornal *Le Figaro*, em 1897, o Manifesto Naturista primava – aliás, como os academicistas brasileiros – por seus ataques contra o Simbolismo, expondo suas ideias, que não dispensam um lastro de nacionalismo xenófobo e conservador, na *Revue de l'Académie Française* (1892). As palavras que compõem o manifesto citado não deixam dúvida quanto a sua filiação à concepção literária que vimos analisando até agora: "quando a paz reina sobre a nação, nós não podemos descrever senão os prazeres, a augusta alegria e o encanto solene" (MITCHELL, 1966, p. 17, tradução minha).

Com efeito, comparando algumas opiniões de Lanson e Bouhélier acerca da literatura com as palavras de Afrânio Peixoto, percebe-se a semelhança de concepção, que, aliás, é mais do que mera semelhança: são, de fato, afirmações contundentes na sua proximidade com aquelas opiniões proferidas pelo academicista na exposição do que ele entendia por literatura e seu papel na sociedade: ideias como a de que a literatura é uma expressão da sociedade, retratando desgostos, sonhos e aspirações humanas, aproximam-se visivelmente do ideário estético de Afrânio Peixoto.

Ecoando as palavras expressas por esses teóricos franceses, sobretudo as de Gustave Lanson, essa concepção da arte via a literatura como uma atividade diletante, ligada ao bem-estar social e à realização de atividades lúdicas, jamais profissionais. É o próprio Afrânio Peixoto quem abona esse diagnóstico em outras oportunidades: "felizmente para nós as letras foram sempre aqui, menos que uma carreira, uma diversão ou adereço, o que lhes vai bem, pois só espontâneas lhes é possível a sinceridade, condição de excelência de toda arte" (PEIXOTO, 1947, p. 140).

Embora ligada à oficialidade política, a literatura era, ainda, vista como uma atividade essencialmente associada ao prazer, só começando a se profissionalizar graças à difusão do jornalismo. Outros acadêmicos de igual renome defenderiam esses mesmos ideais estéticos, fazendo coro às palavras do autor de *A Esfinge*, como é o caso de Humberto de Campos, que, ao relatar suas experiências como novato no meio literário carioca, no começo do século, confessa: "as letras eram, ainda, um delicado ornamento da vida" (CAMPOS, 1934, p. 106).

Arte suntuária, diversão, adereço, ornamento: estas não parecem ser noções articuladas aleatoriamente, mas, antes, obedecem a um programa estético que procurava desvincular a literatura de ações sociais mais críticas. Pode-se afirmar, portanto, que dificilmente se encontrará algum acadêmico, no período áureo da Academia Brasileira de Letras, que se mostre alheio à aspiração estética da literatura academicista, vale dizer, à literatura como reflexo de uma sociedade feliz. Pelo menos é o que sugere, larga e profundamente, o ideário estético da época, da literatura como "l'expression de la société", refletindo "les regrets, les rêves, les aspirations des hommes", de Gustave Lanson à literatura como "o sorriso da sociedade", exprimindo "suas condições de vida, feliz ou apreensiva, ou sofredora, sofrimento moral, político, econômico", de Afrânio Peixoto.

Não causa surpresa alguma, portanto, o fato de Coelho Neto, acadêmico-mor, compartilhar literalmente dessa visão particularizada da arte de ficção, já que todos os representantes da literatura academicista pareciam professar as mesmas ideias a respeito do assunto. Nesse sentido, é fácil observar em suas palavras uma definição da literatura que vai diretamente ao encontro daquela que, conforme mostramos acima, tornou-se a divisa de toda uma geração, além evidentemente dos laivos de idealismo que o romancista maranhense gostava de empregar em tudo o que, direta ou indiretamente, dizia respeito à arte:

> se o progresso material avulta á flor da terra em construcções ephemeras, cria o conforto, facilita as relações entre os homens, o progresso intelectual, que se perpetua em obras literarias, nos poemas, nas composições philosophicas, nos registros de sciencia e historia, subsiste transmitindo-se de geração em geração, como um lume inflamado ao sol da primeira madrugada do mundo que, passando de seculo a seculo, cada vez mais irradia e fulgura [...] O braço constróe, o espírito eternisa (NETO, 1913, p. 5).

Literatura amena

Nesse contexto, a Academia ganha uma importância incontestável. Torna-se, por assim dizer, o espaço por excelência das virtudes literárias oficializadas por uma estética relativamente padronizada e por uma ética dominante. Enfim, por uma *ideologia academicista*. Não era qualquer escritor, portanto, que podia fazer parte da agremiação acadêmica, necessitando para tanto do "capital social" de que nos fala Bourdieu a respeito de alguns autores franceses do século XIX, nascido, sobretudo, de uma "imbricação profunda do campo literário e do campo político" (BOURDIEU, 1996, p. 68).

É certo que, para alguns críticos de todo esse processo corporativista, a ideia deveria adequar-se às limitações inerentes ao próprio conceito de Academia: segundo Antônio Torres, por exemplo, só havia duas maneiras de ser literato no Brasil, "ou nascer litterato ou entrar para a Academia", essa "usina de glorias litterarias com capital limitado" (TORRES, 1921, p. 165).

Responsável, portanto, pela "organização do campo intelectual" brasileiro da passagem do século (VELOSO & MADEIRA, 1999, p. 77), a Academia Brasileira de Letras acabava impondo preceitos éticos e estéticos para a boa condução da literatura no país. É certo que não se tratava de uma imposição rigorosa, a todo custo, como a das Academias do século XVIII, que poderia tomar como divisa um dos versos do poema oferecido a Dom João V por seu ilustre componente, o vigário da Igreja de São Pedro, Francisco Pinheiro Barreto: "ilustre Academia, / onde os preceitos são razões de Estado" (*apud* CASTELLO, 1968, p. 150). Mas, ainda assim, não deixava de ser um receituário ético e estético seguido pelos acadêmicos, não como razões de Estado, evidentemente, mas pelo menos como razões de classe.

Da Academia e de seu ideário, precisamente, nasce a ideia de uma expressão literária singular, a que aqui chamamos de *literatura academicista*. Um conjunto de pressupostos estéticos conforma uma *dicção academicista*, que, como na teoria da enunciação prescrita pela Análise do Discurso (GADET, 1993; BRANDÃO, 1997; MAINGUENEAU, 1997; MAZIÈRE, 2007), possui uma dupla face: de um lado, constitui o acadêmico em sujeito de seu discurso; de outro, ela o legitima, institucionalizando-o como acadêmico. Trata-se, em última instância, da enunciação institucionalizadora de uma identidade social e literária: a do *escritor acadêmico*. Assim, atitudes afetadas, ideologia comprometida com o poder público e escritura oficializada por uma estética dirigida acabavam desaguando, para usar as palavras de Machado Neto, num autêntico "estilo de casta" (MACHADO NETO, 1973, p. 230). Convém lembrar que a estética academicista só deve ser pensada como uma tendência literária plasmada por uma ética rigidamente definida a partir de um código comportamental latente. Ambos os fatores – ética e estética – contribuíram definitivamente para a constituição de um *ethos academicista*.

Evidentemente, trata-se de uma estética que não conheceu esforço teórico de codificação em manifestos de fundação, como ocorrera com outras tendências literárias, aproximando-se, por isso, mais de uma mentalidade difusa, ligada a práticas culturais diversas (leitura, publicação, sociabilidade etc). Para os academicistas, não é propriamente a literatura como expressão cultural de uma nação que importa, mas antes as práticas culturais que norteiam o próprio fazer literário e seu resultado material imediato, o livro. Daí podemos entender a literatura academicista, como sugerimos há pouco, como um prática cultural de classe, em que interessa antes uma espécie de *comportamento literário*, voltado sobretudo para a obtenção de um público cada vez maior, não exatamente um público-leitor, mas um público-admirador da *figura* do escritor acadêmico (FILHO, 1999). Como salienta Antonio Candido, uma série de fatores sociais – mas, sobretudo, aqueles relacionados à inserção dos escritores na sociedade brasileira a partir do século XIX – fizeram com que se tentasse, no Brasil, um ajuste entre o escritor e seu público. E, particularmente entre os academicistas, esse ajuste acabou determinando uma estética definida, marcada por um insofismável *diletantismo* (CANDIDO, 1985).

É necessário, contudo, refletir melhor acerca dessa ideia central do diletantismo como fundamento ético e estético da literatura academicista, pois, a nosso ver, há uma espécie de contradição a sustentar a vigência desse conceito no período.

O jornalismo, como se sabe, filho dileto de uma época de transformações vertiginosas, emerge como o produto de divulgação literária mais eficaz então. A época – talvez mais do que qualquer outra – já não era para os gêneros nobres, para os tradicionais discursos literários, para as grandes narrativas, mas antes para a expressão ligeira, para o efêmero, o impactante (é o início da reportagem sensacionalista e dos *faits divers*), resultado das mudanças por que estava passando o Rio de Janeiro, centro nervoso da produção literária do país. Aliás, são essas mesmas mudanças que iriam impingir ao público leitor a dicção jornalística, a qual cerraria fileiras contra as obras monumentais dos românticos e dos realistas, para substituí-las por um modo de escrever mais descompromissado, áulico e "da moda". Exatamente aí reside o que consideramos uma contradição interna do diletantismo: se, por um lado, com o advento do jornalismo, temos a profissionalização do escritor, que deixa de ser boêmio, assumindo um papel social de profissional da escrita, portanto, não diletante; por outro lado, esse mesmo jornalismo, com seu estilo fugaz e oscilante, levaria os escritores, sobretudo os academicistas, a produzirem uma literatura menos comprometida com temas de extração social e formalmente mais rebuscada, assumindo, portanto, um espaço literário propício ao desenvolvimento do diletantismo.

De qualquer maneira, é exatamente esse aspecto estritamente literário e não propriamente jornalístico dos autores academicistas que nos interessa, o que aponta, em relação à produção ficcional da época, para uma inquestionável vigência do diletantismo estético.

De fato, escrever, para muitos academicistas, podia ser considerado um passatempo sem muito compromisso com a concepção que tanto José Veríssimo quanto Aluísio Azevedo – aliás, dois acadêmicos atípicos – tinham da arte: uma "cousa grave", para o primeiro, ou uma "cousa muito séria", para o segundo. Por isso, enquanto o crítico paraense criticava veementemente os escritores que faziam da atividade literária "um brinco, uma prenda de salão, alguma cousa que dá certo destaque entre snobs e snobinas" (VERÍSSIMO, 1936, p. 115); o romancista maranhense não mede palavras ao atacar aquela arte que, por não pertencer ao público e, portanto, não ser legítima, "não deve sair da casa do autor; deve ficar na sala de visitas, sôbre os consôlos, entre os *bibelots* e os bordados da família" (AZEVEDO, 1938, p. 52).

Com efeito, a atividade literária, para os academicistas, não se desvinculava do diletantismo, já que eles se mostravam mais preocupados com temas e motivos mundanos, com o apuro formal de suas obras, com a aceitação de seus escritos pela alta sociedade pseudoletrada, com os floreios retóricos, com a visibilidade e a publicidade, enfim, com práticas mais ligadas à *vida literária* que à *literatura* propriamente dita: uma "prenda de salão", que deveriam se limitar à "sala de visitas, sobre os consolos, entre os *bibelots* e os bordados da família"...

Daí algumas críticas que, no rastro das de José Veríssimo e Aluísio Azevedo, atingiam justamente esse pendor dos academicistas por uma "literatura amena", nas palavras de Lúcia Miguel-Pereira (MIGUEL-PEREIRA, 1950, p. 254); por essa espécie declarada de "divertimento de homens bem collocados", nas palavras de Gilberto Amado (AMADO, 1922, p. 135); pela concepção da literatura como "flores, acrósticos, gaiterices, bombons dos tempos felizes", na visão pouco condescendente de Osório Borba (BORBA, 1941, p. 184).

Mas se, como estamos vendo, essa estética sugere uma gama bastante variada de conceitos, ora negativos, ora positivos – consoante a leitura que dela se faça e a perspectiva que se adote ao interpretá-la –, é sobre uma concepção bastante singular e que acabou se tornando emblemática de uma época e de um fazer literário que se assenta a literatura academicista: exatamente a concepção, expressa por Afrânio Peixoto e tantas vezes aqui reproduzida, da literatura como... *o sorriso da sociedade*.

BIBLIOGRAFIA

FICÇÃO, CRÔNICAS, ENSAIOS, CORRESPONDÊNCIA ETC. (1890-1920)

Livros

ABRANCHES, Dunshee de. *A Illusão Brazileira*. Rio de Janeiro: Imprensa Nacional, 1917.

ACADEMIA BRASILEIRA DE LETRAS. *Estatutos, Regimento Interno e Regulamento dos Concursos da Academia Brasileira de Letras*. Rio de Janeiro: Jornal do Commercio, 1917.

_____. *Discursos Acadêmicos (1914-1918)*. Rio de Janeiro: Civilização Brasileira, 1935.

AGUDO, José. *Gente Rica. Scenas da Vida Paulistana*. São Paulo: O Pensamento, 1912.

_____. *Gente Audaz. Scenas da Vida Paulistana (Segunda Série)*. São Paulo: O Pensamento, 1913.

_____. *Cartas d'Oéste*. São Paulo: O Pensamento, 1914.

_____. *Amor Moderno. Scenas da Vida Paulistana (Terceira Série)*. São Paulo: O Pensamento, 1915.

_____. *Pobre Rico!* São Paulo, O Pensamento, 1917.

ALBANO, José. (1912) *Rimas*. Rio de Janeiro: Graphia, 1993.

ALBUQUERQUE, Medeiros e. *Um Homem Pratico*. Rio de Janeiro: Imprensa Nacional, 1898.

ALMEIDA, Filinto de. *Colunas da Noite*. Paris: Truchy-Leroy, 1931.

ALMEIDA, Guilherme de. (1919) *Messidor*. São Paulo: Martins, s.d.

ALMEIDA, Júlia Lopes de. (1897) *A Viúva Simões*. Florianópolis: Mulheres, 1999.

_____. (1902) *A Falência*. São Paulo: Hucitec, 1978.

_____. *Ância Eterna*. Rio de Janeiro: Garnier, 1903.

_____. (1908) *A Intrusa*. Rio de Janeiro: Fundação Biblioteca Nacional, 1994.

_____. (1911) *Cruel Amor*. São Paulo: Saraiva, s.d.

_____. (1913) *Correio da Roça*. Rio de Janeiro: Civilização Brasileira, 1933.

_____. *A Silveirinha*. Rio de Janeiro: Francisco Alves, 1914.

_____. *Jornadas no meu País*. Rio de Janeiro: Francisco Alves, 1920.

_____. *Pássaro Tonto*. São Paulo: Companhia Editora Nacional, 1934.

ANJOS, Augusto. (1912) *Eu. Obra Completa*. Rio de Janeiro: Nova Aguilar, 1995.

AMADO, Gilberto. *A Chave de Salomão e Outros Escriptos*. Rio de Janeiro: Francisco Alves, 1914.

_____. *Apparencias e Realidades*. São Paulo: Monteiro Lobato & C., 1922.

_____. *Mocidade no Rio e Primeira Viagem à Europa*. Rio de Janeiro: José Olympio, 1958.

AMARAL, Amadeu. (1899) *Poesias Completas*. São Paulo: Hucitec, 1977.

_____. (1920) *Novela e Conto*. São Paulo: Hucitec, 1976.

_____. (1938) *Memorial de um Passageiro de Bonde*. São Paulo: Hucitec, 1976.

_____. *O Elogio da Mediocridade. Estudos e Notas de Literatura*. São Paulo: Hucitec, 1976.

ARANHA, Graça. (1902) *Chanaan*. Rio de Janeiro: Briguiet, 1943.

_____. (1924) *Espírito Moderno*. São Paulo: Companhia Editora Nacional, 1932.

ARINOS, Affonso. (1898) *Pelo Sertão*. Belo Horizonte: Itatiaia, 1981.

ASSIS, Machado de. (1881) *Memórias Póstumas de Brás Cubas. Obras Completas*. Vol. I. Rio de Janeiro: Nova Aguilar, 1986.

_____. (1904) *Esaú e Jacó. Obras Completas*. Vol. I. Rio de Janeiro: Nova Aguilar, 1986.

_____. "O Jornal e o Livro". In: *Miscelânea. Obras Completas*. Vol. III. Rio de Janeiro: Nova Aguilar, 1986, p. 943-948.

AZEVEDO, Aluísio. (1880) *Uma Lágrima de Mulher*. São Paulo: Martins, 1954.

_____. (1881) *O Mulato*. São Paulo: Ática, 1977.

_____. (1882) *A Condessa Vesper*. Rio de Janeiro: Briguiet, 1937.

_____. (1882) *Girândola de Amores*. São Paulo: Martins, 1954.

_____. (1887) *O Homem*. São Paulo: Martins, 1954.

_____. (1890) *O Coruja*. São Paulo: Martins, 1954.

_____. (1894) *A Mortalha de Alzira*. Rio de Janeiro: Briguiet, 1937.

_____. *O Touro Negro*. Rio de Janeiro: Briguiet, 1938.

AZEVEDO, Arthur. *Vida Alheia*. Rio de Janeiro: Bruguera, s.d.

_____. (1891) *O Tribofe*. Rio de Janeiro: Nova Fronteira/Fundação Casa de Rui Barbosa, 1986.

_____. (1893) *Contos Fora da Moda*. Rio de Janeiro: Livraria Prado, 1955.

BANDEIRA, Souza. *Perigrinações*. Porto: Chardron, 1910.

_____. *Páginas Literárias*. Rio de Janeiro: Francisco Alves, 1917.

BARBOSA, Orestes. (1923) *Bambambã!* Rio de Janeiro, Secretaria Municipal de Cultura, 1993.

BARBOSA, Ruy. *Collectanea Literaria (1868-1922)*. São Paulo: Companhia Editora Nacional, 1945.

_____. (1920) *A Imprensa e o Dever da Verdade*. São Paulo: Edusp/Com-Arte, 1990.

BARRETO, Lima. (1909) *Recordações do Escrivão Isaías Caminha*. São Paulo: Ática, 1984.

_____. (1915). *Triste Fim de Policarpo Quaresma*. São Paulo: Ática, 1987.

_____. (1917) *Numa e a Ninfa*. Rio de Janeiro: Gráfica Editora Brasileira, 1950.

_____. (1919) *Vida e Morte de M. J. Gonzaga de Sá*. Rio de Janeiro: Garnier, 1990.

_____. (1920) *Histórias e Sonhos*. Rio de Janeiro: Gráfica Editora Brasileira, 1951.

_____. (1922) *Os Bruzundangas*. São Paulo: Ática, 1985.

_____. *Clara dos Anjos*. Rio de Janeiro: Mérito, 1948.

_____. (1953) *Feiras e Mafuás*. São Paulo: Brasiliense, 1956.

_____. (1953) *Marginália*. São Paulo: Brasiliense, 1956.

_____. *Diário Íntimo*. Rio de Janeiro: Mérito, 1953.

_____. *Impressões de Leitura*. São Paulo: Brasiliense, 1956.

_____. *Correspondência*. 2 vols. São Paulo: Brasiliense, 1956.

BARRETO, Mário. *Estudos da Língua Portuguesa*. Rio de Janeiro: Livraria da Viúva Azevedo, 1903.

BERTHA, Albertina. (1916) *Exaltação*. Rio de Janeiro: Jacintho Ribeiro dos Santos, 1918.

BILAC, Olavo. (1888) *Poesias*. Rio de Janeiro: Tecnoprint, s.d.

_____. (1906) *Conferências Literárias*. Rio de Janeiro: Francisco Alves, 1930.

_____. (1916) *Ironia e Piedade*. Rio de Janeiro: Francisco Alves, 1921.

_____. *Vossa Insolência* (org. Antônio Dimas). São Paulo: Companhia das Letras, 1996.

BOMFIM, Manoel. (1905) *A América Latina. Males de Origem*. Rio de Janeiro: Topbooks, 1993.

BUARQUE, Felício. (1894) *Origens Republicanas. Estudo de Gênese Política em Refutação ao Livro do Sr. Dr. Afonso Celso, O Imperador no Exílio*. São Paulo: Edaglit, 1962.

CAMPOS, Humberto de. (1911) *Poesias Completas*. Rio de Janeiro: W. M. Jackson, 1933.

_____. (1918) *Da Seara de Booz*. Rio de Janeiro: W. M. Jackson, 1945.

_____. (1919) *Vale de Josafá*. Rio de Janeiro: W. M. Jackson, 1944.

_____. (1920) *Mealheiro de Agripa*. Rio de Janeiro: José Olympio, 1936.

_____. *O Monstro e Outros Contos*. Rio de Janeiro: Marisa, 1932.

_____. *Os Párias*. São Paulo: José Olympio, 1933.

_____. (1933) *Lagartas e Libélulas*. Rio de Janeiro: José Olympio, 1934.

_____. *À Sombra das Tamareiras. Contos Orientais*. São Paulo: José Olympio, 1934.

_____. (1935) *Sepultando os meus Mortos (Crônicas)*. Rio de Janeiro: W. M. Jackson, 1941.

_____. *Reminiscências...* Rio de Janeiro: W. M. Jackson, 1957.

_____. *Antologia da Academia Brasileira de Letras. Trinta Anos de Discursos Acadêmicos (1897-1927)*. Rio de Janeiro: W. M. Jackson, s.d.

CARVALHO, Elysio de. *As Modernas Correntes Esthéticas na Literatura Brazileira*. Rio de Janeiro: Garnier, 1907.

_____. *Five o' Clock*. Rio de Janeiro: Garnier, 1909.

CELSO, Affonso. (1900) *Por que me ufano do meu Paíz*. Rio de Janeiro: Garnier, s.d.

COSTALLAT, Benjamim. (1919) *A Luz Vermelha*. Rio de Janeiro: Leite Ribeiro, 1922.

_____. (1920) *Modernos...* Rio de Janeiro: Benjamim Costallat & Miccolis, 1923.

_____. *Mlle. Cinema. Novella de Costumes do Momento que Passa...* Rio de Janeiro: Benjamim Costallat & Miccolis, 1923.

_____. (1924) *Mistérios do Rio*. Rio de Janeiro: H. Antunes, 1931.

_____. (1929) *Gurya*. São Paulo: Companhia Editora Nacional, s.d.

_____. *A Loucura Sentimental*. São Paulo: Companhia Editora Nacional, 1930.

_____. (1931) *Katucha*. Rio de Janeiro: Getulio Costa, s.d.

_____. (1933) *A Virgem da Macumba*. Rio de Janeiro: Civilização Brasileira, 1934.

_____. (1934) *A Mulher da Madrugada*. Rio de Janeiro: Civilização Brasileira, s.d.

_____. *Paysagem Sentimental (Chronicas)*. Rio de Janeiro: José Olympio, 1936.

CUNHA, Euclides da. (1902) *Os Sertões*. São Paulo: Tecnoprint, s.d.

DIAS, Carlos Malheiro. *Scenarios. Phantasias sobre a História Antiga*. Rio de Janeiro: Joaquim da Cunha, 1894.

_____. (1896) *A Mulata*. Lisboa: Arcádia, 1975.

DUQUE, Gonzaga. (1888) *A Arte Brasileira*. Campinas: Mercado de Letras, 1995.

_____. (1899) *Mocidade Morta*. São Paulo: Editora Três, 1973.

_____. *Graves e Frívolos*. Lisboa: Livraria Clássica, 1910.

_____. *Horto de Mágoas*. Rio de Janeiro: Benjamin de Aguila, 1914.

FILHO, Théo. *Ídolos de Barro*. Rio de Janeiro: Leite Ribeiro, 1923.

FONTES, Hermes. *Juizos Ephemeros*. Rio de Janeiro: Francisco Alves, 1916.

FONTES, Martins. (1936) *Nós, as Abelhas (Reminiscencias da Epocha de Bilac)*. São Paulo: J. Fagundez, s.d.

_____. (s.d.) *Fantástica*. São Paulo: J. Fagundes, s.d.

GONÇALVES, Emílio. *Os Polvos*. São Paulo: Zenith, 1920.

GOULART DE ANDRADE, J. M. *Poesias*. Rio de Janeiro: Garnier, 1907.

_____. *Assumpção*. Rio de Janeiro: Francisco Alves, 1913.

GUERRA, Álvaro. (1915) *Palestras com a Mocidade*. São Paulo: Pocai Weiss & C., 1916.

JÚLIA, Francisca. *Esphinges*. São Paulo: Monteiro Lobato e Cia. Editores, 1903.

LAET, Carlos de. *Obra Seleta I. Crônicas*. Rio de Janeiro: Agir/Casa de Rui Barbosa, 1983.

LEITE, Gomes. *Posthuma*. Rio de Janeiro: Empreza Brasil, 1923.

LEONI, Raul de. (1922) *Luz Mediterrânea*. São Paulo: Livraria Martins, 1949.

LIMA, Augusto de. *Noites de Sabbado*. Rio de Janeiro: Annuario do Brasil, 1923.

LOBATO, Monteiro. (1918) *Urupês*. São Paulo: Brasiliense, 1957.

_____. (1920) *A Onda Verde*. São Paulo: Brasiliense, 1957.

LOPES, Thomaz. *Sete Soes*. Chronicas. Rio de Janeiro: Garnier, 1911.

LUSO, João. *Reflexos do Rio*. Porto: Chardron, 1923.

MAGALHÃES, Valentim. (1897) *Flor de Sangue*. São Paulo: Editora Três, 1974.

MALLET, Pardal. (1887) *Hóspede*. São Paulo: Editora Três, 1974.

MARQUES, Xavier. (1902) *Praieiros*. Salvador: GRD, 1969.

_____. (1902) *O Sargento Pedro. Tradições da Independência*. São Paulo/Brasília: GRD/INL, 1976.

_____. *Cultura da Língua Nacional*. Bahia: Escola de Aprendizes Artífices, 1933.

_____. *Terras Mortas. Contos*. Rio de Janeiro: José Olympio, 1936.

MAYA, Alcides. (1911) *Tapéra (Cenários Gaúchos)*. Rio de Janeiro: Briguiet, 1962.

MEIRA, Rubião. *Turbilhões*. São Paulo: Casa Espindola, 1917.

MELLO, Miguel. *A Visão da Estrada*. Rio de Janeiro: Francisco Alves, 1914.

MIRANDA, Veiga. *Redempção*. São Paulo: O Pensamento, 1914.

NABUCO, Joaquim. (1900) *Minha Formação*. São Paulo: Companhia Editora Nacional, 1934.

NEIVA, Arthur. *Daqui e de Longe... Crônicas Nacionaes e de Viagem*. São Paulo: Melhoramentos, 1927.

NETO, Coelho. (1891) *Rapsodias*. Rio de Janeiro: Garnier, s.d.

_____. (1893) *A Capital Federal (Impressões de um Sertanejo)*. Porto: Chardron, 1924.

_____. (1895) *Miragem*. Porto: Chardron, 1921.

_____. (1897) *Inverno em Flor*. Porto: Chardron, 1928.

_____. (1898) *O Rajá de Pendjab*. 2 vols. Porto: Chardron, 1927.

_____. (1898) *O Morto (Memórias de um Fuzilado)*. Porto: Chardron, 1924.

_____. (1898) *O Paraíso*. Porto: Chardron, 1926.

_____. (1899) *A Conquista*. Porto: Chardron, 1920.

_____. (1901) *Tormenta*. Porto: Chardron, 1920.

_____. (1906) *Turbilhão*. Rio de Janeiro: Ediouro, s.d.

_____. (1906) *Esphinge*. Porto: Chardron, 1920.

_____. (1907) *Fabulário*. Porto: Lello & Irmãos, 1919.

_____. (1914) *Rei Negro*. Rio de Janeiro: Ediouro, s.d.

_____. *O Meu Dia*. Porto: Lello & Irmãos, 1922.

_____. *Conversas. Contos Dialogados*. Rio de Janeiro: Annuario do Brasil, 1922.

_____. *O Polvo*. São Paulo: Jornal do Commercio, 1924.

_____. *Bazar*. Porto: Lello & Irmãos, 1928.

_____. *Livro de Prata*. São Paulo: Livraria Liberdade, 1928.

_____. *Ramo de Louro. Novos Ensaios de Crítica e de História*. São Paulo: Nacional, 1928.

_____. *Fogo Fátuo*. Porto: Chardron, 1929.

OLIVEIRA, Antônio de. (1901) *O Urso. Romance de Costumes Paulistas*. São Paulo: Academia Paulista de Letras, 1976.

OLIVEIRA, J. M. Cardoso de. *Dois Metros e Cinco. Aventuras de Marcos Parreira (Costumes Brasileiros)*. Rio de Janeiro: Briguiet, 1936.

PACHECO, Félix. (1914) *Poesias*. Rio de Janeiro: Jacintho Ribeiro dos Santos, 1914.

PEIXOTO, Afrânio. (1908) *A Esfinge*. São Paulo: Clube do Livro, 1978.

_____. (1914) *Maria Bonita*. Rio de Janeiro: W. M. Jackson, 1948.

_____. (1920) *Fruta do Mato*. Rio de Janeiro: W. M. Jackson, 1947.

_____. (1922) *Bugrinha*. Rio de Janeiro: Companhia Editora Nacional, 1941.

_____. (1925). *As Razões do Coração*. Rio de Janeiro: W. M. Jackson, 1944.

_____. (1928) *Uma Mulher como as Outras*. São Paulo: Companhia Editora Nacional, 1940.

_____. (1929) *Sinhazinha*. São Paulo: Companhia Editora Nacional, 1942.

_____. (1938) *Clima e Saúde. Introdução Biogeográfica à Civilização Brasileira*. São Paulo: Companhia Editora Nacional, 1975.

_____. *Panorama da Literatura Brasileira*. São Paulo: Nacional, 1940.

_____. *Poeira da Estrada. Ensaios de Crítica e de História*. Rio de Janeiro: W. M. Jackson, 1947.

PENALVA, Gastão. *Luvas e Punhaes (Contos e Chronicas)*. Rio de Janeiro: Benjamim Costallat & Miccolis, 1924.

PINTO, Adolpho A. *Cartas da Europa*. São Paulo: Vanorden, 1907.

POMPÉIA, Raul. (1888) *O Ateneu*. São Paulo: Três, 1973.

PRADO, Eduardo. *Fastos da Dictadura Militar no Brasil*. S.l.: s.e., 1890.

_____. (1893) *A Ilusão Americana*. São Paulo: Ibrasa, 1980.

PRADO, Paulo. (1928) *Retrato do Brasil. Ensaio sobre a Tristeza Brasileira*. Rio de Janeiro: José Olympio, 1962.

RAMOS, Eduardo. *Retalhos e Bisalhos*. Rio de Janeiro: Annuario do Brasil, 1923.

RANGEL, Godofredo. (1920) *Vida Ociosa*. São Paulo: Nacional, s.d.

RIBEIRO, Júlio. (1888) *A Carne*. São Paulo: Três, 1972.

RIBEIRO, João. (1910) *O Fabordão*. Rio de Janeiro: Livraria São José, 1964.

_____. (1921) *A Língua Nacional e Outros Estudos Língüísticos*. Petrópolis: Vozes, 1979.

RIO, João do. (1906) *As Religiões do Rio*. Rio de Janeiro: Organizações Simões, 1951.

_____. (1907) *O Momento Literário*. Rio de Janeiro: Fundação Biblioteca Nacional/Departamento Nacional do Livro, 1994.

_____. (1908) *A Alma Encantadora das Ruas*. Rio de Janeiro: Secretaria Municipal de Cultura, 1991.

_____. *Cinematoghrapho (Chronicas Cariocas)*. Porto: Chardron, 1909.

_____. (1910) *Fados e Canções de Portugal*. Rio de Janeiro: Garnier, s.d.

_____. *Dentro da Noite*. Rio de Janeiro: Garnier, 1910.

_____. *Vida Vertiginosa*. Rio de Janeiro: Garnier, 1911.

_____. (1913) *A Profissão de Jacques Pedreira*. Rio de Janeiro: Scipione, 1992.

_____. (1918) *Correspondência de uma Estação de Cura*. São Paulo: Scipione, 1992.

_____. (1919) *A Mulher e os Espelhos*. Rio de Janeiro: Secretaria Municipal de Cultura, 1995.

_____. *Celebridades. Desejo*. Rio de Janeiro: Pátria Portuguesa e Lusitana, 1932.

SALLES, Antonio. *Poesias*. Rio de Janeiro: Garnier, 1902.

_____. (1914) *Aves de Arribação. Romance Cearense*. São Paulo: Companhia Editora Nacional, 1929.

TÁCITO, Hilário. (1919) *Madame Pommery*. São Paulo: Revista do Brasil, 1920.

TAUNAY, Visconde de. (1893) *O Encilhamento*. São Paulo: Melhoramentos, s.d.

TERRA, Felício. (1907) *Imagens*. Rio de Janeiro: Leite Ribeiro & Maurillo, 1920.

_____. (1907) *Contos e Crônicas*. Rio de Janeiro: Leite Ribeiro, 1922.

TIGRE, Bastos. *Uma Coisa e Outra*. Rio de Janeiro: s.e., 1937.

TORRES, Alberto. (1914) *O Problema Nacional Brasileiro*. São Paulo: Companhia Editora Nacional/INL, 1978.

TORRES, Antônio. (1920) *Verdades Indiscretas*. Rio de Janeiro: Livraria Castilho, 1925.

_____. (1920) *Pasquinadas Cariocas*. Rio de Janeiro: Livraria Castilho, 1921.

VIANNA, Oliveira. (s.d.) *O Occaso do Imperio*. São Paulo: Melhoramentos, s.d.

Periódicos

Album Illustrado. Revista Literaria e Noticiosa, São Paulo, n. 73, maio 1918.

Album Imperial. Quinzenário Político e Literario, São Paulo, n. 2, jan. 1906 – n. 8, abr. 1906; n. 18, set. 1907.

Album Popular Brazileiro, Bahia, n. 4, 1914; n. 5, 1915.

Almanach Illustrado de São Paulo, São Paulo, 1903-1904.

Almanach Litterario de São Paulo, São Paulo, 1876-1878.

Almanach Paulista Illustrado para 1896, São Paulo, 1896.

Almanach Paulistano, São Paulo, 1904.

Almanak Historico-Litterário do Estado de S. Paulo, São Paulo, 1903.

Almanak-Laemmert. Annuario Administrativo, Agricola, Profissional, Mercantil e Industrial do Rio de Janeiro, Rio de Janeiro, 1901-1902, 1908.

Almanaque Brasileiro Garnier, Rio de Janeiro, 1904-1906.

Almanaque d'O Theatro, Rio de Janeiro, 1907.

America Brasileira. Resenha da Actividade Nacional, Rio de Janeiro, n. 3, fev. 1922.

Annaes da Biblioteca Nacional do Rio de Janeiro, Rio de Janeiro, vol. III, 1877 – vol. 114, 1994.

Annuario Fluminense. Almanach Historico da Cidade do Rio de Janeiro, Rio de Janeiro, 1901-1902.

Annuario Ilustrado do Jornal do Brasil, Rio de Janeiro, 1900.

O Archivo Illustrado, São Paulo, n. XLV, 1904.

Arte=Natureza. Revista Quinzenal Illustrada do Brasil, São Paulo, n. 1, jan. 1908.

Bahia Illustrada, Rio de Janeiro, n. 1, dez. 1917 – n. 39, jun. 1921.

Brasil Illustrado, Rio de Janeiro, n. 1, jul. 1919 – n. 19, jun. 1920.

Brasil-Teatro, Rio de Janeiro, 1901-1909.

O Brazil Artistico. Revista da Sociedade Propagadora das Bellas-Artes do Rio de Janeiro, Rio de Janeiro, mar. 1911.

Brazil Moderno, Rio de Janeiro, n. 10, abr. 1908.

O Cabrião, São Paulo, n. 1, 1866 – n. 51, 1867.

Careta, Rio de Janeiro, n. 742, set. 1922 – n. 753, nov. 1922.

Capital Paulista, São Paulo, n. 9, mar. 1900 – n. 30, dez. 1902 (menos ns. 23, 24, 26).

A Chronica. Revista Mensal d'Artes e Letras, São Paulo, n. 2, fev. 1908.

A Cidade e os Campos. Decennario educacional e Instructivo inteiramente consagrado á defeza, á vulgarização e á propaganda do ensino pratico agricola e artes correlativas, ao commercio, industria, sciencias, litteratura e a todos os assumptos de interesse para o homem, a familia, o cidadão e a patria sob o objetivo da actualidade, São Paulo, n. 1-5, 1915.

A Cigarra, São Paulo, n. 1, mar. 1914 – n. 100, set. 1918; n. 181, abr. 1922 – n. 193, out. 1922.

Cosmos. Revista de Sciencias, Lettras e Artes, São Paulo, n. 2, mar. 1902.

Cri-cri. Semanario de Atualidades, São Paulo, n. 12, fev. 1908.

A Cultura Acadêmica. Sciencias e Letras, Pernambuco, 1904-1906.

Don Quixote, Rio de Janeiro, n. 89, 1899 – n. 163, 1903.

O Echo, São Paulo, n. 74-75, maio 1908.

Echo Phonographico, São Paulo, n. 22, jan. 1904; n. 35, jan. 1905 – n. 36, fev. 1905; n. 47, jan. 1908.

O Espelho. Jornal Illustrado, Londres, n. 19, jan. 1916 – n. 24, mar. 1916; n. 1, abr. 1916 – n. 26, fev. 1917; n. 1, mar. 1917 – n. 25, fev. 1918; n. 1, mar. 1918 – n. 15, set. 1918.

O Estudante. Orgam dos alumnos do "Externato M. Soares", São Paulo, n. 1, ago. 1903.

Eu Sei Tudo. Magazine Mensal Illustrado, Rio de Janeiro, n. 1, jun. 1917 – n. 44, jan. 1921.

Fernet-Branca, São Paulo, n. 4, dez. 1903.

Fon-Fon!, Rio de Janeiro, n. 25, jun. 1913 – n. 29, jul. 1913; ns. 3-4, jan. 1918; n. 46, nov. 1918 – n. 13, mar. 1919.

Gazeta Clinica. Publicação Medica Mensal, São Paulo, n. 1, jan. 1904.

Illustração Brasileira, Paris, n. 1, ago. 1901 – n. 2, set. 1901; n. 4, nov. 1901 – n. 5, dez. 1901; n. 7, fev. 1902 – n. 11, jun. 1902.

Jornal do Commercio, Rio de Janeiro, 1º set. 1915 – 30 set. 1915; 1º jan. 1916 – 29 fev. 1916.

A Ilustração Brasileira, Rio de Janeiro, n. 1, jun. 1909 – n. 38, dez. 1910; n. 87, jan. 1913 – n. 110, dez. 1913.

O Jocoso. Orgam Litterario, Humoristico e Critico, São Paulo, n. 5, dez. 1903.

Kósmos. Revista Artistica, Scientifica e Litteraria, Rio de Janeiro, 1904-1908; 1909 (ns. 1-4).

O Malho. Semanario Humoristico, Artistico e Litterario, Rio de Janeiro, n. 1, set. 1902 – n. 41, jun. 1903; n. 558, maio 1913.

Minerva. Artes e Letras, São Paulo, n. 3, nov. 1903.

O Monóculo, São Paulo, n. 1, jun. 1915 – n. 2, jul. 1915.

Nevoas. Revista Literaria. Publicada pelo "Centro Normalista", São Paulo, n. 6, ago. 1903.

Niteroy. Revista Brasileira, Paris, ns. 1-2, 1836.

A Nova Cruz. Revista Mensal de Artes & Letras, São Paulo, n. 4, nov. 1907.

Nova Cruzada. Revista Humoristica, Litteraria, Critica e Artística, São Paulo, n. II, 1903; ns. XII e XIII, mar. 1904.

O Onze de Agosto. Orgam do Centro Academico Onze de Agosto, São Paulo, n. 3, out. 1907.

A Ordem. Orgam Independente (nome antigo: *A Galhofa*, até n. 24), São Paulo, n. 25, dez. 1903.

O Palco Illustrado. Revista Quinzenal de Assumptos Theatraes, São Paulo, n. 1, jun. 1908.

A Paulicéa. Revista Literaria, Scientifica e Noticiosa, São Paulo, n. 10, jan. 1904.

Paulopolis. Arte, Sciencia, Letras, São Paulo, n. IV, out. 1903.

O Patriota. Jornal Litterario, Politico, Mercantil, etc do Rio de Janeiro, Rio de Janeiro, n. 1, 1813 – n. 4, 1813.

La Petite Revue. Financière, Économique, Commerciale et Littéraire. Organe di "Crédit Générale Français", São Paulo, n. 2, set. 1902.

O Pharol. Sciencia, Litteratura e Humorismo (Revista mensal, dedicada à poderosa classe dos empregados da Companhia Mogyanna), São Paulo, n. 2, abr. 1918.

Progresso Commercial do Brazil. Revista Illustrada, Commercial e Industrial, São Paulo, n. XXVI, maio 1908.

Renascença, Rio de Janeiro, n. 1, mar. 1904 – n. 5, jul. 1904.

Revista da Academia Brasileira de Letras, Rio de Janeiro, n. 1, 1911 – n. 129, 1932.

Revista Brazileira (terceira fase), Rio de Janeiro, 1879.

Revista Brazileira (quarta fase), Rio de Janeiro, n. 1, 1895 – n. 18, 1899.

Revista Campineira. Semanario Critico, Literario, Humoristico e Noticioso, São Paulo, n. 1, jun. 1919 – n. 15, maio 1920.

A Revista da Semana, Rio de Janeiro, n. 28, jul. 1922 – n. 52, dez. 1922; n. 28, jul. 1923 – n. 32, ago. 1923.

Revista do Centro de Sciencias, Letras e Artes de Campinas, São Paulo, n. 4, out. 1903; n. 14, jun. 1907.

Revista Moderna, São Paulo, n. 3, dez. 1905; n. 8, abr. 1918.

Revista Universal Brazileira. Jornal de Instrução e Recreio, Rio de Janeiro, ns. 1-24, 1848.

A Ronda. Literatura, Arte, Humorismo, São Paulo, n. 1, maio 1914 – n. 6, jul. 1914.

Santa Cruz. Revista Illustrada de Religião, Letras, Artes e Variedades, São Paulo, n. 4, jan. 1903.

A Semana. Literatura, Humorismo, Arte, Sport e Propaganda, São Paulo, n. 1, jul. 1916 – n. 11, set. 1916.

Silhueta, São Paulo, n. 1, jan. 1916 – n. 18, maio 1916.

Smart. Semanario Illustrado de Actualidade, São Paulo, n. 1, abr. 1908.

Speculum. Sciencia, Literatura e Humorismo, São Paulo, n. 1, set. 1916 – n. 4, maio 1917.

A Suavisadora. Sciencia, Literatura, Humorismo, Critica, São Paulo, n. 11, jun. 1908.

O Universo. Revista Litteraria Illustrada, São Paulo, n. 18, abr. 1908.

Vera-Cruz. Quinzenário Político, Literario e Humoristico, São Paulo, n. 17, fev. 1907; n. 22, mar. 1908.

A Vida Moderna. Revista Quinzenal Illustrada, São Paulo, ns. 29-30, dez. 1907; n. 208, 1914.

Vida Paulista. Edição Semanal Illustrada d'A Notícia, São Paulo, n. 116, maio 1908; n. 119, maio 1908 – n. 139, out. 1908.

Vesper. Letras, Critica e Humorismo, São Paulo, n. 1, fev. 1904 – n. 3, abr. 1904.

ESTUDOS SOBRE A ÉPOCA, HISTÓRIA GERAL E DO BRASIL

Livros

ADLER, Laure. *Os Bordéis Franceses. 1830-1930*. São Paulo: Companhia das Letras/ Círculo do Livro, 1991.

AMARAL, Glória Carneiro do. *Aclimatando Baudelaire*. São Paulo: Annablume, 1996.

ANTONIO, João. *Calvário e Porres do Pingente Afonso Henriques de Lima Barreto*. Rio de Janeiro: Civilização Brasileira, 1977.

ARAÚJO, Rosa Maria Barboza de. *A Vocação do Prazer. A Cidade e a Família no Rio de Janeiro Republicano*. Rio de Janeiro: Rocco, 1993.

ARAÚJO, Vicente de Paula. *A Bela Época do Cinema Brasileiro*. São Paulo: Perspectiva, 1976.

ARTIAGA, Jugharta de. *Figuras da Primeira República*. Lisboa: Editorial Minerva, 1955.

ATHAYDE, Raymundo A. de. *Pereira Passos. O Reformador do Rio de Janeiro*. Rio de Janeiro: A Noite, s.d.

AZEVEDO, Fernando de. *Máscaras e Retratos. Estudos Literários sobre Escritores e Poetas do Brasil*. São Paulo: Melhoramentos, 1962.

AXELRAD, Jacob. *Anatole France. Uma Vida sem Ilusões*. São Paulo: Assunção, 1946.

BAHIA, Juarez. *Jornal, História e Técnica. História da Imprensa Brasileira*. São Paulo: Ática, 1990.

BAICU, Stefan. *Manuel Bandeira de Corpo Inteiro*. Rio de Janeiro: José Olympio, 1966.

BARBOSA, Francisco de Assis. *A Vida de Lima Barreto (1881-1922)*. Rio de Janeiro: José Olympio, 1981.

BARBOSA, João Alexandre. *A Tradição do Impasse. Linguagem da Crítica e Crítica da Linguagem em José Veríssimo*. São Paulo: Ática, 1974.

BARRETO, Mário. *Estudos da Língua Portuguesa*. Rio de Janeiro: Livraria da Viúva Azevedo, 1903.

BELLO, José Maria. *História da República. 1889-1954. Síntese de Sessenta e Cinco Anos de Vida Brasileira*. São Paulo: Companhia Editora Nacional, 1983.

_____. *Novos Estudos Críticos*. Rio de Janeiro: Revista dos Tribunais, 1917.

BENCHIMOL, Jaime Larry. *Pereira Passos: Um Haussmann Tropical. A Renovação Urbana da Cidade do Rio de Janeiro no Início do Século XX*. Rio de Janeiro: Secretaria Municipal de Cultura, 1990.

BIBLIOTECA NACIONAL. *Catálogo da Exposição Comemorativa do Centenário de Nascimento de Lima Barreto*. Rio de Janeiro: Ministério da Educação e Cultura/ Secretaria de Cultura, 1981.

_____. *Catálogo da Exposição Comemorativa do Centenário de Nascimento de Coelho Neto*. Rio de Janeiro: Biblioteca Nacional do Rio de Janeiro/Ministério da Educação e Cultura, 1964.

_____. *Paulo Barreto. 1881-1921. Catálogo da Exposição Comemorativa do Centenário de Nascimento*. Rio de Janeiro, 1981.

_____. *Afrânio Peixoto. Catálogo da Exposição Comemorativa do Centenário do Nacimento*. Rio de Janeiro: Biblioteca Nacional, 1976.

BEIGUELMAN, Paula. *Por Que Lima Barreto*. São Paulo: Brasiliense, 1981

BILLY, André. *L'Époque 1900 (1885-1905)*. Paris: Jules Tallandier, 1951.

BORBA, Osório. *Comédia Literária*. Rio de Janeiro: Alba, 1941.

BOSI, Alfredo. *História Concisa da Literatura Brasileira*. São Paulo: Cultrix, 1988.

_____. *O Pré-Modernismo*. São Paulo: Cultrix, 1969.

BOURGIN, Georges. *La Troisième République. 1870-1914*. Paris: Armand Colin, 1967.

BRAIT, Beth. *Ironia em Perspectiva Polifônica*. Campinas: Editora da Unicamp, 1996.

BRITO, Mário da Silva. *História do Modernismo Brasileiro. Antecedentes da Semana de Arte Moderna*. Rio de Janeiro: Civilização Brasileira, 1974.

BROCA, Brito. *A Vida Literária no Brasil. 1900*. Rio de Janeiro: José Olympio, 1960.

_____. *Teatro das Letras*. Campinas: Editora da Unicamp, 1993.

_____. *Escrita e Vivência*. Campinas: Editora da Unicamp, 1993.

_____. *Naturalistas, Parnasianos e Decadistas. Vida Literária do Realismo ao Pré-Modernismo*. Campinas: Editora da Unicamp, 1991.

BROUSSON, Jean-Jacques. *Itinéraire de Paris à Buenos-Ayres*. Paris: G. Cris, 1927.

CALMON, Pedro. *História da Civilização Brasileira*. São Paulo: Companhia Editora Nacional, 1958.

CAMPOS, Humberto de. *Crítica. Primeira Série*. Rio de Janeiro: José Olympio, 1935.

_____. *Crítica. Segunda Série*. Rio de Janeiro: José Olympio, 1940.

CAMPOS, Maria Tereza Arruda. *Lima Barreto*. São Paulo: Ática, 1988.

CANDIDO, Antonio. *Literatura e Sociedade. Estudos sobre Teoria e História Literária*. São Paulo: Nacional, 1985.

_____. *A Educação pela Noite e Outros Ensaios*. São Paulo: Ática, 1989.

_____. *Introdução à Literatura Brasileira (Resumo para Principiantes)*. São Paulo: Humanitas, 1998.

_____. *Formação da Literatura Brasileira (Momentos Decisivos)*. 2 vols. Belo Horizonte: Itatiaia, 1981.

CANDIDO, Antonio et al. *A Crônica. O Gênero, sua Fixação e suas Transformações no Brasil*. Campinas/Rio de Janeiro: Editora da Unicamp/Fundação Casa de Rui Barbosa, 1992.

CARASSUS, Émilien. *Le Snobisme et les Lettres Françaises de Paul Bourget à Marcel Proust. 1884-1914*. Paris: Armand Colin, 1966.

CARELLI, Mário. *Culturas Cruzadas. Intercâmbios Culturais entre França e Brasil*. Campinas: Papirus, 1994.

_____. *Carcamanos e Comendadores. Os Italianos de São Paulo: da Realidade à Ficção (1919-1930)*. São Paulo: Ática, 1985.

CARELLI, M.; THÉRY, H.; ZANTMAN, A. *France-Brésil: Bilan pour une Relance*. Paris: Entente, 1987.

CARIAS, Léon. *Les Carnets Intimes d'Anatole France*. Paris: Émile-Paul Frères, 1946.

CARNEIRO LEÃO, A. *Victor Hugo no Brasil*. Rio de Janeiro: José Olympio, 1960.

CARRARA, Sérgio. *Crime e Loucura. O Aparecimento do Manicômio Judiciário na Passagem do Século*. Rio de Janeiro/São Paulo: Uerj/Edusp, 1998.

CARVALHO, José Murilo de. *Os Bestializados: O Rio de Janeiro e a República que não foi*. São Paulo: Companhia das Letras, 1989.

_____. *A Formação das Almas. O Imaginário da República no Brasil*. São Paulo: Companhia das Letras, 1990.

CARVALHO, José Murilo de *et al. Sobre o Pré-Modernismo*. Rio de Janeiro: Fundação Casa de Rui Barbosa, 1988.

CARVALHO, Lia de Aquino. *Habitações Populares. Rio de Janeiro. 1886-1906*. Rio de Janeiro: Secretaria Municipal de Cultura, 1995.

CARVALHO, Maria Alice Rezende de. *Quatro Vezes Cidade*. Rio de Janeiro: 7 Letras, 1994.

CASTELLO, José Aderaldo. *Manifestações Literárias do Período Colonial (1500-1808/1836)*. São Paulo: Cultrix/Edusp, 1975.

CHALHOUB, Sidney. *Trabalho, Lar e Botequim. O Cotidiano dos Trabalhadores no Rio de Janeiro da Belle Époque*. São Paulo: Brasiliense, 1986.

_____. *Cidade Febril. Cortiços e Epidemias na Corte Imperial*. São Paulo: Companhia das Letras, 1996.

CHALHOUB, Sidney & PEREIRA, Leonardo A. de Miranda (orgs.). *A História Contada. Capítulos de História Social da Literatura Brasileira*. Rio de Janeiro: Nova Fronteira, 1998.

CLEMENCEAU, Georges. *Notes de Voyage dans l'Amérique du Sud. Argentine – Uruguay – Brésil*. Paris: Utz, 1991.

COARACY, Vivaldo. *Memórias da Cidade do Rio de Janeiro*. Rio de Janeiro: José Olympio, 1955.

_____. *Couves da Minha Horta*. Rio de Janeiro: José Olympio, 1949.

COELHO, Joaquim-Francisco. *Manuel Bandeira Pré-Modernista*. Rio de Janeiro: José Olympio, 1982.

COSTA, Emília Viotti da. *Da Monarquia à República: Momentos Decisivos*. São Paulo: Brasiliense, 1985.

COSTA, Jurandir Freire. *Ordem Médica e Norma Familiar*. Rio de Janeiro: Graal, 1983.

COUTINHO, Afrânio. *Introdução à Literatura no Brasil*. Rio de Janeiro: Bertrand, 1988.

CRULS, Gastão. *Antônio Torres e seus Amigos (Notas Bio-Bibliográficas seguidas de Correspondência)*. São Paulo: Companhia Editora Nacional, 1950.

CURY, Maria Zilda Ferreira. *Um Mulato no Reino do Jambom (As Classes Sociais na Obra de Lima Barreto)*. São Paulo: Cortez, 1981.

DANTAS, Paulo. *Coelho Neto*. São Paulo: Melhoramentos, s.d.

_____ (org.). *Vozes do Tempo de Lobato*. São Paulo: Traço, 1982.

DARMON, Pierre. *Médicos e Assassinos na Belle Époque. A Medicalização do Crime*. São Paulo: Paz e Terra, 1991.

DARNTON, Robert. *Edição e Sedição. O Universo da Literatura Clandestina no Século XVIII*. São Paulo: Companhia das Letras, 1992.

DEBIDOUR, A. *Histoire Diplomatique de l'Europe. La Paix Armée (1878-1914)*. Paris: Félix Alcan, 1929.

DIMAS, Antônio. *Tempos Eurforicos. Análise da Revista Kosmos: 1904-1909*. São Paulo: Ática, 1983.

ESTEVES, Manuel. *O Rio de Ontem e Minhas Viagens*. Rio de Janeiro: Livraria São José, 1974.

ESTEVES, Martha de Abreu. *Meninas Perdidas. Os Populares e o Cotidiano do Amor no Rio de Janeiro da Belle Époque*. Rio de Janeiro: Paz e Terra, 1989.

FANTINATI, Carlos Erivany. *O Profeta e o Escrivão. Estudo sobre Lima Barreto*. São Paulo: ILPHA-Hucitec, 1978.

FARIA, Gentil Luiz de. *A Presença de Oscar Wilde na "Belle Époque" Brasileira*. São Paulo: Pannartz, 1988.

FARO, Arnaldo. *Eça e o Brasil*. São Paulo: Companhia Editora Nacional/Edusp, 1977.

FAUSTO, Boris. *Crime e Cotidiano. A Criminalidade em São Paulo (1880-1924)*. São Paulo: Brasiliense, 1984.

FELIZARDO, Joaquim J. *História Nova da República Velha. Do Manifesto de 1870 à Revolução de 1930*. Petrópolis: Vozes, 1980.

FILHO, Cândido Motta. *Contagem Regressiva. Memórias*. Rio de Janeiro: José Olympio, 1972.

_____. *A Vida de Eduardo Prado*. Rio de Janeiro: José Olympio, 1967.

FILHO, Luís Viana. *A Vida de Rui Barbosa*. Rio de Janeiro: Nova Fronteira, 1987.

FIORENTINO, Teresinha A. del. *Prosa de Ficção em São Paulo. Produção e Consumo (1900-1920)*. São Paulo: Hucitec, 1982.

FREYRE, Gilberto. *Perfil de Euclides e Outros Perfis*. Rio de Janeiro: Record, 1987.

_____. *Casa-Grande & Senzala. Formação da Família Brasileira sob o Regime da Economia Patriarcal*. Rio de Janeiro: José Olympio, 1987.

_____. *Ordem e Progresso*. Lisboa: Livros do Brasil, s.d.

GALVÃO, Francisco. *A Academia de Letras na Intimidade*. Rio de Janeiro: A Noite, 1937.

GERSON, Brasil. *História das Ruas do Rio*. Rio de Janeiro: Livraria Brasiliana, 1965.

GICOVATE, Moisés. *Lima Barreto. Uma Vida Atormentada*. São Paulo: Melhoramentos, s.d.

GIFFONI, O. Carneiro. *Estética e Cultura*. São Paulo: Letras Editora Continental, s.d.

GOLDSTEIN, Norma Seltzer. *Do Penumbrismo ao Modernismo. O Primeiro Bandeira e Outros Poetas Significativos*. São Paulo: Ática, 1983.

GOMES, Sônia de Conti. *Bibliotecas e Sociedade na Primeira República*. São Paulo: Pioneira, 1983.

GOULEMOT, Jean M. & OSTER, Daniel. *Gens de Lettres, Écrivains et Bohèmes. L'imaginaire Littéraire. 1630-1900*. Paris: Minerve, 1992.

GRAHAM, Richard. *Grã-Bretanha e o Início da Modernização no Brasil*. São Paulo: Brasiliense, 1973.

GRAHAM, Sandra Lauderdale. *Proteção e Obediência. Criadas e seus Patrões no Rio de Janeiro. 1860-1910*. São Paulo: Companhia das Letras, 1992.

GRIECO, Agrippino. *Vivos e Mortos*. Rio de Janeiro: Schimdt, 1931.

_____. *Evolução da Prosa Brasileira*. Rio de Janeiro: José Olympio, 1947.

_____. *Pérolas*. Rio de Janeiro: Companhia Brasil Editora, 1937.

HALLEWELL, Laurence. *O Livro no Brasil (sua História)*. São Paulo: T. A. Queiroz/ Edusp, 1985.

HARDMAN, Francisco Foot. *Trem Fanstasma. A modernidade na Selva*. São Paulo: Companhia das Letras, 1988.

HOBSBAWM, Eric J. *A Era dos Impérios. 1875-1914*. Rio de Janeiro: Paz e Terra, 1988.

HOLANDA, Sérgio Buarque de. *Raízes do Brasil*. Rio de Janeiro: José Olympio, 1976.

_____. *Visão do Paraíso. Os Motivos Edênicos no Descobrimento e Colonização do Brasil*. São Paulo: Brasiliense, 1994.

IANNI, Octávio. *Estado e Planejamento Econômico no Brasil*. Rio de Janeiro: Civilização Brasileira, 1986.

_____. *A Idéia de Brasil Moderno*. São Paulo: Brasiliense, 1992.

IVO, Lêdo. *A Ética da Aventura*. Rio de Janeiro: Francisco Alves, 1992.

JANOTTI, Maria de Lourdes Mônaco. *Os Subversivos da República*. São Paulo: Brasiliense, 1986.

JÚNIOR, Araripe. *O Movimento Literário do Ano de 1893. Obra Crítica de Araripe Júnior*. Vol. III. Rio de Janeiro: Ministério da Educação e Cultura/Casa de Rui Barbosa, 1963.

JÚNIOR, Davi Arrigucci. *Humildade, Paixão e Morte. A Poesia de Manuel Bandeira*. São Paulo: Companhia das Letras, 1990.

LAGARDE, André & MICHARD, Laurent. *XXe. Siècle*. Paris: Bordas, 1973.

LAJOLO, Marisa & ZILBERMAN, Regina. *A Formação da Leitura no Brasil*. São Paulo: Ática, 1996.

LANGLE, Henry-Melchior de. *Le Petit Monde des Cafés et* Débits Parisiens ai XIXe. Siècle. Évolution de *la Sciabilité Citadine*. Paris: Presses Universitaires de France, 1990.

LANSON, Gustave. *Histoire de la Littérature Française*. Paris: Hachette, 1912.

LEÃO, Múcio. *João Ribeiro*. Rio de Janeiro: Livraria São José, 1962.

LEBERT, Maria de Lourdes. *Humberto de Campos*. São Paulo: Melhoramentos, s.d.

LEITE, Dante Moreira. *O Caráter Nacional Brasileiro. História de uma Ideologia*. São Paulo: Pioneira, 1983.

LEVIN, Orna Messer. *As Figurações do Dândi. Um Estudo sobre a Obra de João do Rio*. Campinas: Editora da Unicamp, 1996.

LIMA, Alceu Amoroso. *Primeiros Estudos I. Contribuição à História do Modernismo Literário. O Pré-modernismo de 1919 a 1920*. Rio de Janeiro: Agir, 1948.

_____. *Introdução à Literatura Brasileira*. Rio de Janeiro: Agir, 1968.

_____. *Quadros da Literatura Brasileira*. Rio de Janeiro: Tecnoprint, 1969.

LIMA, Heitor Ferreira. *Perfil Político de Silva Jardim*. São Paulo/Brasília, Nacional/INL, 1987.

LIMA, Joaquim Bento Alves de. *Academia Brasileira de Letras*. São Paulo: Revista dos Tribunais, 1942.

LIMA, Yone Soares de. *A Ilustração na Produção Literária. São Paulo – Década de Vinte*. São Paulo: IEB, 1985.

LIMA-BARBOSA, Mário de. *Les Français dans l'Histoire du Brésil*. Paris: Blanchard, 1923.

LINS, Osman. *Lima Barreto e o Espaço Romanesco*. São Paulo: Ática, 1976.

LITVAK, Lily. *España 1900. Modernismo, Anarquismo y Fin de Siglo*. Barcelona: Anthropos, 1990.

LOPES, Juarez Rubens Brandão Lopes. *Desenvolvimento e Mudança Social. Formação da Sociedade Urbano-industrial no Brasil*. São Paulo: Companhia Editora Nacional, 1971.

LOPEZ, Telê Porto Ancona (org.). *Manuel Bandeira: Verso e Reverso*. São Paulo: T. A.Queiroz, 1987.

LOWE, Elizabeth. *The City in Brazilian Literature*. Londres: Associated University Press, 1982.

LUCAS, Fábio. *O Caráter Social da Ficção do Brasil*. São Paulo: Ática, 1985.

LUZ, Madel Terezinha. *Medicina e Ordem Política Brasileira. Políticas e Instituições de Saúde (1850-1930)*. Rio de Janeiro: Graal, 1982.

MACHADO, Roberto *et al*. *Danação da Norma. Medicina Social e Constituição da Psiquiatria no Brasil*. Rio de Janeiro: Graal, 1978.

MACHADO NETO, A. L. *Estrutura Social da República das Letras (Sociologia da Vida Intelectual Brasileira. 1870-1930)*. São Paulo: Grijalbo/Edusp, 1973.

MARTINIÈRE, Guy. *Aspects de la Coopération Franco-Brésilienne. Transplantation Culturelle et Stratégie de la Modernité*. Paris: Presses Universitaires de Grenoble/Maison des Sciences de l'Homme, 1982.

MARTINS, Luís. *Suplemento Literário*. São Paulo: Conselho Estadual de Cultura/Comissão de Literatura, 1972.

_____. *O Patriarca e o Bacharel*. São Paulo: Martins, 1953.

MAUL, Carlos. *O Rio de Janeiro da Bela Época*. Rio de Janeiro: Livraria São José, 1967.

MAYER, Arno J. *A Força da Tradição. A Persistência do Antigo Regime (1848-1914)*. São Paulo: Companhia das Letras, 1990.

MEADE, Teresa A. *Civilizing Rio: Reform and Resistence in a Brazilian City. 1889-1930*. Pennsylvania: Pennsylvania State University Press, 1997.

MEDINA, João. *Eça de Queirós Antibrasileiro?* São Paulo: Edusc, 2000.

MELO, A. L. Nobre de. *Augusto dos Anjos e a Origem de sua Arte Poética*. Rio de Janeiro: José Olympio, 1942.

MENEZES, Raimundo de. *A Vida Boêmia de Paula Nei*. São Paulo: Martins, 1944.

_____. *Bastos Tigre e "La Belle Époque"*. São Paulo: Edart, 1966.

_____. *Guimarães Passos e sua Época Boêmia*. São Paulo: Martins, 1953.

_____. *Emílio de Meneses. O Último Boêmio*. São Paulo: Martins, 1945.

_____. *Aluísio Azevedo. Uma Vida de Romance*. São Paulo: Martins, 1958.

MÉRIAN, Jean-Yves. *Aluísio Azevedo. Vida e Obra (1857-1913). O Verdadeiro Brasil do Século XIX*. Rio de Janeiro: INL, 1988.

MEYER, Augusto. *Preto & Branco*. Rio de Janeiro: Grifo, 1971.

MEYER, Marlyse. *Folhetim. Uma História*. São Paulo: Companhia das Letras, 1996.

_____. *As Mil Faces de um Herói-Canalha e Outros Ensaios*. Rio de Janeiro: Editora da UFRJ, 1998.

MICELI, Sérgio. *Poder, Sexo e Letras na República Velha (Estudo Clínico dos Anatolianos)*. São Paulo: Perspectiva, 1977.

_____. *Intelectuais e Classe Dirigente no Brasil (1920-1945)*. São Paulo: Difel, 1979.

MIGUEL, Jorge. *Manuel Bandeira*. São Paulo: Habra, 1988.

MIGUEL-PEREIRA, Lúcia. *Prosa de Ficção. De 1870 a 1920*. Rio de Janeiro: José Olympio, 1950.

_____. *A Leitora e seus Personagens: Seleta de Textos Publicados em Periódicos (1931-1943) e em Livros*. Rio de Janeiro: Ghaphia, 1992.

MOISES, Massaud. *História da Literatura Brasileira. Simbolismo*. São Paulo: Cultrix/Edusp, 1984.

MONTEIRO, Hamilton M. *Brasil República*. São Paulo: Ática, 1986.

MOREIRA, José Carlos Barbosa. *Monteiro Lobato. Textos Escolhidos*. Rio de Janeiro: Agir, 1962.

MONTELLO, Josué. *Aluísio Azevedo e a Polêmica d' 'O Mulato'*. Rio de Janeiro: José Olympio, 1975.

MORAES, Evaristo de. *Da Monarchia para a Republica (1870-1889)*. Rio de Janeiro: Athena, s.d.

MORAIS, Régis de. *Lima Barreto. O Elogio da Subversão*. São Paulo: Brasiliense, 1983.

MOREYRA, Manoel. *Coelho Netto. Aspectos da sua Vida e sua Obra*. São Paulo: Elvino Pocai, 1940.

MOTTA, Flávio. *Contribuição ao Estudo do "Art Nouveau" no Brasil*. São Paulo: s.e., 1957.

MURICY, Katia. *A Razão Cética. Machado de Assis e as Questões de seu Tempo*. São Paulo: Companhia das Letras, 1988.

NAGLE, Jorge. *Educação e Sociedade na Primeira República*. São Paulo: EPU, 1976

NEEDELL, Jeffrey D. *Belle Époque Tropical. Sociedade e Cultura de Elite no Rio de Janeiro na Virada do Século*. São Paulo: Companhia das Letras, 1993.

NETO, Coelho. *Compêndio de Literatura Brasileira*. Rio de Janeiro: Francisco Alves, 1913.

NEVES, Fernão. *A Academia Brasileira de Letras. Notas e Documentos para a sua História (1896-1940)*. Rio de Janeiro: Publicações da Academia Brasileira, 1940.

NEVES, João. *Dois Perfis. Silveira Martins e Coelho Neto*. Rio de Janeiro: Irmãos Pongetti, 1938.

NEVES-MANTA, I. de L. *A Arte e a Neurose de João do Rio*. Rio de Janeiro: Francisco Alves, 1976.

NOIREIL, Gérard. *Les Ouvriers dans la Société Française. XIXe.-XXe. Siècle*. Paris: Seuil, 1986.

OCTÁVIO, Laura Oliveira Rodrigo. *Elos de uma Corrente, seguidos de Novos Elos*. Rio de Janeiro: Civilização Brasileira, 1994.

OCTÁVIO, Rodrigo. *Minhas Memórias dos Outros. Nova Série*. Rio de Janeiro/Brasília, Civilização Brasileira/INL, 1979.

OEHLER, Dolf. *O Velho Mundo desce aos Infernos. Auto-Análise da Modernidade após o Trauma de Junho de 1848 em Paris*. São Paulo: Companhia das Letras, 1999.

OLIVEIRA, Lúcia Lippi. *A Questão Nacional na Primeira República*. São Paulo: Brasiliense, 1990.

PACHECO, João. *A Literatura Brasileira. O Realismo (1870-1900)*. São Paulo: Cultrix, 1971.

PAES, José Paulo. *Canaã e o Ideário Modernista*. São Paulo: Edusp, 1992.

PASSOS, Gilberto Pinheiro. *A Poética do Legado. Presença Francesa em* Memórias Póstumas de Brás Cubas. São Paulo: Annablume, 1995.

PEIXOTO, Afrânio. "O Sorriso da Sociedade". In: SENNA, Homero. *República das Letras. Entrevistas com Vinte Grandes Escritores Brasileiros*. Rio de Janeiro: Civilização Brasileira, 1996, p. 75-91.

PERROT, Michelle. *Os Excluídos da História. Operários, Mulheres e Prisioneiros*. Rio de Janeiro: Paz e Terra, 1988.

_____ (org.). *História da Vida Privada. Da Revolução Francesa à Primeira Guerra*. São Paulo: Companhia das Letras, 1994.

PEYLET, Gérard. *La Littérature Fin de Siècle de 1884 à 1898. Entre Décadentismo et Modernité*. Paris: Vuibert, 1994.

PINHO, Wanderley. *Salões e Damas do Segundo Reinado*. São Paulo: Martins, s.d.

PONTES, Eloy. *A Vida Inquieta de Raul Pompéia*. Rio de Janeiro: José Olympio, 1935.

PRADO, Antonio Arnoni. *Lima Barreto: O Crítico e a Crise*. Rio de Janeiro/Brasília: Cátedra/INL, 1976.

_____ (org.). *Libertários no Brasil. Memórias, Lutas, Cultura*. São Paulo: Brasiliense, 1987.

PRADO, Décio de Almeida. *História Concisa do Teatro Brasileiro (1570-1908)*. São Paulo: Edusp, 1999.

PROENÇA, Ivan Cavalcanti. *O Poeta do Eu*. Rio de Janeiro: José Olympio, 1980.

PROENÇA, M. Cavalcanti. *Augusto dos Anjos e Outros Ensaios*. Rio de Janeiro: José Olympio, 1959.

RAGO, Margareth. *Do Cabaré ao Lar. A Utopia da Cidade Desciplinar. Brasil: 1890-1930*. Rio de Janeiro: Paz e Terra, 1987.

RAMOS, Silva. *A Reforma Ortográfica e a Academia Brasileira de Letras*. Rio de Janeiro: Livraria Azevedo, 1926.

REARICK, Charles. *Pleasures of the Belle Époque. Entertainment & Festivity in Turn-of-the-Century France*. New Haven: Yale University Press, 1985.

REIS, António Simões dos. *Eça de Queiroz no Brasil*. Rio de Janeiro: Zélio Valverde, 1945.

REIS, Roberto *et al. O Miolo e o Pão. Estudo Crítico e Antologia de Humberto de Campos*. Niterói: UFF/INL, 1986.

REIS, Zenir Campos. *Augusto dos Anjos. Poesia e Prosa*. São Paulo: Atica, 1977.

RIBEIRO, Leonídio. *Afrânio Peixoto*. Rio de Janeiro: Conde, 1950.

RICHARD, Noël. *Le Mouvement Décadent. Dandys, Esthètes et Quintessents*. Paris: Nizet, 1968.

RIVAS, Pierre. *Encontro entre Literaturas. França – Portugal – Brasil*. São Paulo: Hucitec, 1995.

ROCHA, Oswaldo Porto. *A Era das Demolições. Cidade do Rio de Janeiro. 1870-1920*. Rio de Janeiro: Secretaria Municipal de Cultura, 1995.

ROCHE, Daniel. *Les Républicains des Lettres. Gens de Culture et Lumières au XVIIIe Siècle*. Paris: Fayard, 1988

RODRIGUES, João Carlos. *João do Rio. Catálogo Bibliográfico. 1889-1921*. Rio de Janeiro: Secretaria Municipal de Cultura, 1994.

_____. *João do Rio. Uma Biografia*. Rio de Janeiro: Topbooks, 1996.

ROSA, Alberto Machado da. *Eça, Discípulo de Machado? Um Estudo sobre Eça de Queirós*. Lisboa: Presença, 1979.

SALLES, David. *O Ficcionista Xavier Marques: Um Estudo da 'Transição' Ornamental*. Rio de Janeiro: Civilização Brasileira, 1977.

SANCHEZ, Luis Alberto. *Balance y Liquidación del Novecientos*. Santiago de Chile: Ercilla, 1941.

SCHORSKE, Carl E. *Viena Fin-de-Siécle. Política e Cultura*. São Paulo: Companhia das Letras, 1988.

SCHWARCZ, Lilia Moritz. *O Espetáculo das Raças. Cientistas, Instituições e Questão Racial no Brasil (1870-1930)*. São Paulo: Companhia das Letras, 1993.

SCHWARZ, Roberto (org.). *Os Pobres na Literatura Brasileira*. São Paulo: Brasiliense, 1983.

SECCO, Carmen Lúcia Tindó. *Morte e Prazer em João do Rio*. Rio de Janeiro: Francisco Alves/Instituto Estadual do Livro, 1978.

SEVCENKO, Nicolau. *Literatura como Missão. Tensões Sociais e Criação Cultural na Primeira República*. São Paulo: Brasiliense, 1989.

_____. *Orfeu Extático na Metrópole. São Paulo, Sociedade e Cultura nos Frementes Anos 20*. São Paulo: Companhia das Letras, 1992.

SILVA, Ciro. *Quintino Bocaiúva, o Patriarca da República*. Brasília: Editora da Universidade de Brasília, 1983.

SILVA, Eduardo. *As Queixas do Povo*. São Paulo: Paz e Terra, 1988.

SILVA, H. Pereira da. *Lima Barreto. Escritor Maldito*. S.l., s.e., 1976.

SILVA, Maria Lais Pereira da. *Os Transportes Coletivos na Cidade do Rio de Janeiro. Tensões e Conflitos*. Rio de Janeiro: Secretaria Muncipal de Cultura, 1992.

SILVA, Marcos A. da. *Caricata República. Zé Povo e o Brasil*. São Paulo: Marco Zero, 1990.

SODRÉ, Nelson Werneck. *História da Imprensa no Brasil*. Rio de Janeiro: Graal, 1977.

_____. *O Naturalismo no Brasil*. Rio de Janeiro: Civilização Brasileira, 1965.

_____. *Síntese de História da Cultura Brasileira*. Rio de Janeiro: Civilização Brasileira, 1979.

SUFFEL, Jacques. *Anatole France par lui-même*. Paris: Seuil, 1957.

SÜSSEKIND, Flora. *Cinematógrafo de Letras. Literatura, Técnica e Modernização no Brasil*. São Paulo: Companhia das Letras, 1987.

_____. *As Revistas de Ano e a Invenção do Rio de Janeiro*. Rio de Janeiro: Nova Fronteira/FCRB, 1986.

_____. *O Brasil não é longe daqui: o Narrador e a Viagem*. São Paulo: Companhia das Letras, 1990.

TAVARES, A. de Lyra. *Brasil-França, ao longo de 5 Séculos*. Rio de Janeiro: Biblioteca do Exército, 1979.

VELLOSO, Mônica Pimenta. *Modernismo no Rio de Janeiro: Turunas e Quixotes*. Rio de Janeiro: Editora FGV, 1996.

VELOSO, Mariza & MADEIRA, Angélica. *Leituras Brasileiras. Itinerários no Pensamento Social e na Literatura*. São Paulo: Paz e Terra, 1999.

VENTURA, Roberto. *Estilo Tropical. História Cultural e Polêmicas Literárias no Brasil. 1870-1914*. São Paulo: Companhia das Letras, 1991.

VERÍSSIMO, José. *Que é Literatura? e Outros Escriptos*. Rio de Janeiro: Garnier, 1907.

_____. *Estudos de Literatura Brasileira (Primeira a Sétima Séries)*. 7 vols. Belo Horizonte/São Paulo: Itatiaia/Edusp, 1976/1979.

_____. *História da Literatura Brasileira*. Rio de Janeiro: José Olympio, 1969.

_____. *Letras e Literatos. Estudinhos Críticos da Nossa Literatura do Dia. 1912-1914*. Rio de Janeiro: José Olympio, 1936.

VERNEUIL, Maurice & AURIOL, Georges. *Art Nouveau Designs in Color. Alphonse Mucha*. Nova York: Dover, 1974.

VIDAL, Ademar. *O Outro Eu de Augusto dos Anjos*. Rio de Janeiro: José Olympio, 1967.

VIALA, Alain. *Naissance de l'Écrivain. Sociologie de la Littérature à l'Âge Classique*. Paris: Minuit, 1985.

VÍTOR, Nestor. *Tres Romancistas do Norte. Obra Crítica de Nestor Vítor*. Vol. I. Rio de Janeiro: Ministério da Educação e Cultura/ Fundação Casa de Rui Barbosa, 1969.

WEBER, Eugen. *França Fin-de-siècle*. São Paulo: Companhia das Letras, 1989.

Artigos

AGUIAR, Melânia Silva de. "A Missão Histórica da Crítica de José Veríssimo". In: VERÍSSIMO, José. *Estudos de Literatura Brasileira. Sexta Série*. Belo Horizonte/São Paulo: Itatiaia/Edusp, 1977, p. I-IX.

ALBUQUERQUE, Medeiros e. "O Livro mais Estupendo: o *Eu*". In: ANJOS, Augusto dos. *Obra Completa*. Rio de Janeiro: Nova Aguilar, 1995, p. 89-97 (publicado anteriormente em *Jornal do Commercio*, Rio de Janeiro, set. 1928).

ALENCAR, Mário de. "José Veríssimo". *Revista do Brasil*, São Paulo, ano I, n. 2, p. 87-94, fev. 1916.

ALVES, Luiz Carlos. "Últimos Estudos – Introdução". In: VERÍSSIMO, José. *Estudos de Literatura Brasileira. Sétima Série*. Belo Horizonte/São Paulo: Itatiaia/Edusp, 1979, p. 13-19.

ALVES, Marcelo. "A Belle Époque do Brasil Orgulhosamente apresenta: As Aventuras do Homus Cinematograficus. Estrelando João do Rio". *Anuário de Literatura*, Florianópolis, UFSC, n. 4, p. 99-119, 1996.

ALVES, Paulo. "Estado Liberal e Burguesia na Primeira República". *História*, São Paulo, Unesp, vol. 8, p. 9-14, 1989.

_____. "A República e a Construção da Ordem". *História*, São Paulo, Unesp, p. 1-24, 1989.

AMARAL, Glória Carneiro do. "Tristão da Cunha no *Mercure de France*". *Anais do Quarto Congresso da Abralic*. São Paulo: Edusp, ago. 1994, p. 361-365.

ANDRADE, Ana Maria M. de Sousa. "Sob o Signo da Imagem: a Burguesia Carioca de 1900-1950". *À Margem. Revista de Ciências Humanas*. Rio de Janeiro, ano I, n. 1, p. 5-14, jan. 1993.

ANDRADE, Carlos Drummond de. "João do Rio na Vitrina". *João do Rio. Um Escritor entre Duas Cidades. Exposição Iconográfica*. Poços de Caldas: Instituto Moreira Salles/Casa de Cultura de Poços de Caldas, 1992, p. 31-35.

ANDRADE, Manuel Correia de. "Da Monarquia à República". *Ciência e Trópico*, Recife, vol. 17, n. 2, p. 161-170, jul./dez. 1989.

ANDRADE, Rodrigo Melo Franco de. "Prefácio". In: LEONI, Raul de. *Luz Mediterrânea*. São Paulo: Martins, 1949, p. 7-14.

ANTELO, Raúl. "A Profissão do Proveito". In: RIO, João do. *A Profissão de Jacques Pedreira*. São Paulo: Scipione, 1992, p. 153-156.

_____. "Fábulas da Integração Falha". In: FABRIS, Annateresa (org.). *Modernidade e Modernismo no Brasil*. Campinas: Mercado de Letras, 1994, p. 27-38.

_____. "Uma Literatura Centáurica". *Revista Iberoamericana*, University of Pittsburgh, n. 182/183, p. 81-94, jan./jun. 1998.

_____. "Amor Fati: Excesso e Heterogeneidade". *João do Rio. Um Escritor entre Duas Cidades. Exposição Iconográfica*. Poços de Caldas: Instituto Moreira Salles/Casa de Cultura de Poços de Caldas, 1992, p. 37-44.

ANTUNES, Benedito. "Juó Bananére: Virado à Italiana". *Insieme. Revista da Apiesp*, São Paulo, n. 3, p. 24-34, 1992.

ANTUNES, Fátima M. R. Ferreira. "Anarquistas e Comunistas no Futebol de São Paulo". *D. O. Leitura*, São Paulo, 11 (127), p. 2-3, dez. 1992.

ARANHA, Graça. "O Espírito Moderno". *Revista da Academia Brasileira de Letras*, Rio de Janeiro, ano XV, n. 31, p. 225-241, jul. 1924.

ARAÚJO, Vera Lúcia Romariz C. "Sílvio Romero, José Veríssimo e Araripe Júnior: o Olhar Crítico". *Leitura*, Alagoas, AFAL, n. 11/12, p. 25-44, jan./dez. 1994.

ARÊAS, Vilma. "Em Tom Menor". *Remate de Males*, Campinas, Unicamp, n. 11, p. 57-60, 1991.

ASSIS, Machado *et al.* "Academia-Brazileira de Letras. Sessão Inaugural". *Revista Brazileira*. Rio de Janeiro: Sociedade Revista Brazileira, tomo décimo terceiro, p. 129-142, 1897.

ATHAYDE, Tristão de. "Poesia Redentora". In: ALBANO, José. *Rimas*. Rio de Janeiro: Graphia, 1993, p. 218-222 (publicado anteriormente em *Diário de Notícias*, Rio de Janeiro, 12.12.1948).

_____. "O Jovem Octogenário". In: BANDEIRA, Manuel. *Estrela da Vida Inteira (Poesias Reunidas e Poemas Traduzidos)*. Rio de Janeiro: José Olympio, 1988, p. LIII-LV (Publicado primeiramente em *Meio Século de Presença Literária*, 1919-1969).

BANCQUART, Marie-Claire. "Anatole France et l'Esprit Fin de Siècle". *Europe. Revue Littéraire Mensuelle*. Paris, n. 751/752, p. 92-98, nov./dez. 1991.

BANDEIRA, Manuel. "A Paixão Falada (Nota à Primeira Edição)". In: ALBANO, José. *Rimas*. Rio de Janeiro: Graphia, 1993, p. XV-XVIII.

_____. "Li os Versos e me Pareceram de uma Grande Beleza". In: ALBANO, José. *Rimas*. Rio de Janeiro: Graphia, 1993, p. 48-50 (publicado anteriormente em *Flauta de Papel*. Rio de Janeiro: Alvorada, 1957 p. 51-54).

_____. "Augusto dos Anjos". In: ANJOS, Augusto dos. *Obra Completa*. Rio de Janeiro: Nova Aguilar, 1995, p. 114-116 (publicado anteriormente em *Apresentação da Poesia Brasileira*, Rio de Janeiro, 1944).

BARBOSA, Francisco de Assis. "Prefácio". In: BARRETO, Lima. *Recordações do Escrivão Isaías Caminha*. Rio de Janeiro: Mérito, 1948, p. 9-17.

_____. "Prefácio". In: BARRETO, Lima. *Recordações do Escrivão Isaías Caminha*. São Paulo: Brasiliense, 1968, p. 9-27 (publicado anteriormente, sob o título "Lima Barreto, Precursor do Romance Social", em *Revista do Livro*, ano II, n. 8, p. 123-131, dez. 1957).

_____. "As Obras de Lima Barreto". *Arquivos do Centro Cultural Português*, vol. XXIII, p. 969-973, 1987.

_____. "Introdução". In: ANJOS, Augusto dos. *Eu (Poesias Completas)*. Rio de Janeiro: Livraria São José, 1963, p. 9-24.

_____. "Brito Broca e a Vida Literária no Brasil (1903-1961)". *Remate de Males*, Campinas, Unicamp, n. 11, p. 17-21, 1991.

BARBOSA, João Alexandre. "A Crítica em Série". In: VERÍSSIMO, José. *Estudos de Literatura Brasileira. Primeira Série*. Belo Horizonte/São Paulo: Itatiaia/Edusp, 1976, p. 9-33.

_____. "A Biblioteca Imaginária ou o Cânone na História da Literatura Brasileira". In: *A Biblioteca Imaginária*. São Paulo: Ateliê Editorial, 1996, p. 13-58.

BARRETO, Plínio. "Eduardo Prado e seus Amigos (Cartas Inéditas)". *Revista do Brasil*, São Paulo, ano I, n. 2, p. 173-197, fev. 1916.

BARROS, Eudes. "Aproximações e Antinomias entre Baudelaire e Augusto dos Anjos". In: ANJOS, Augusto dos. *Obra Completa*. Rio de Janeiro: Nova Aguilar, 1995, p. 174-179 (publicado anteriormente em *Diário de Notícias*, Rio de Janeiro, dez. 1964).

BATALHA, Cláudio H. de Moraes. "'Nós, Filhos da Revolução Francesa', a Imagem da Revolução no Movimento Operário Brasileiro no Início do Século XX". *Revista Brasileira de História*, São Paulo, vol. 10, n. 20, p. 233-249, mar./ago. 1991.

BATISTA, Marta Rossetti. "Novas Propostas do Período Entre-guerras". In: FERREIRA, Ilsa K. Leal (coord.). *Do Modernismo à Bienal (catálogo)*. São Paulo, Museu de Arte Moderna de São Paulo, 1982.

BÉHAR, Henri. "Les Mots et les Maux de la Tribu". *Europe. Revue Littéraire Mensuelle*. Paris, n. 751/752, p. 38-47, nov./dez. 1991.

BELLO, José Maria. "A Obra de Coelho Neto". *Autores e Livros. Suplemento Literário de "A Manhã"*, Rio de Janeiro, vol. IV, n. 12, p. 184-185, abr. 1943.

BERNARDET, Jean-Claude. "Acreditam os Brasileiros nos seus Mitos? O Cinema Brasileiro e suas Origens". *Revista Usp*, São Paulo, n. 19, p. 17-23, set./out./nov. 1993.

BERNARDO, Antônio Carlos. "Sociedade, Técnica e Industrialização – Uma Abordagem da Sociedade Paulista na Primeira República". *Anais de História*, Assis, Faculdade de Filosofia, Letras e Ciências de Assis, ano II, p. 65-80, 1970.

BERTRAND, Jean-Pierre et al. "Les Romans de la Décadence". *Europe. Revue Littéraire Mensuelle*. Paris, n. 751/752, p. 76-83, nov./dez. 1991.

BOSI, Alfredo. "O Exílio na Pele". *Revista Novos Rumos*, ano 3, ns. 8/9, p. 37-44.

_____. "As Letras na Primeira República". In: FAUSTO, Boris (dir.). *História Geral da Civilização Brasileira. O Brasil Republicano. Sociedade e Instituições (1889-1930)*. Tomo III, vol. 2. Rio de Janeiro: Difel, 1977, p. 293-319.

BOUÇAS, Luiz Edmundo. "João do Rio: Margens da Euforia Republicana". *Terceira Margem*. Rio de Janeiro, Universidade Federal do Rio de Janeiro, ano II, n. 2, p. 77-81, 1994.

_____. "Um Dandy Decadentista e a Estufa do Novo". In: RIO, João do. *A Mulher e os Espelhos*. Rio de Janeiro: Secretaria Municipal de Cultura, 1995, p. 7-12.

BOZZETTO, Roger. "Le Fantastique Fin-de-Siécle, hanté par la Réalité". *Europe. Revue Littéraire Mensuelle*. Paris, n. 751/752, p. 15-26, nov./dez. 1991.

BRAIT, Beth. "A Cortesã como Educadora do Bom Gosto: um Caso Exemplar na Modernização de São Paulo". *Revista da Biblioteca Mário de Andrade*, São Paulo, vol. 53, p. 67-76, jan./dez. 1995.

_____. "A Hilariante História de *Madame Pommery* na Terra do Café". *Anais do Segundo Congresso da Abralic*, Belo Horizonte, vol. III, p. 175-179, ago. 1990.

BRANCO, Wilson Castelo. "A Poesia de Augusto dos Anjos". In: ANJOS, Augusto dos. *Obra Completa*. Rio de Janeiro: Nova Aguilar, 1995, p. 160-165 (publicado anteriormente em *Folha de Minas*, Belo Horizonte, jun. 1959).

BRAYNER, Sonia. "A Mitologia Urbana de Lima Barreto". *Tempo Brasileiro*, n. 33/34, p. 66-82, abr./jun. 1973.

BRESCIANI, Maria Stella M. "O Cidadão da República. Liberalismo versus Positivismo. Brasil: 1870-1900". *Revista Usp*, São Paulo, n. 17, p. 122-135, mar./abr./maio 1993.

BROCA, Brito. "Coelho Neto e Artur Azevedo". *Revista do Livro*, Rio de Janeiro, ano III, n. 12, p. 193-194, dez. 1958.

_____. "No Arquivo de Coelho Neto". *Revista do Livro*. Rio de Janeiro, ano III, n. 10, p. 55-83, jun. 1958.

_____. "Coelho Neto, Romancista". In: NETO, Coelho. *Obra Seleta*. Vol. I. Rio de Janeiro: Aguilar, 1958, p. 3-26.

BUENO, Alexei. "Augusto dos Anjos: Origens de uma Poética". In: ANJOS, Augusto dos. *Obra Completa*. Rio de Janeiro: Nova Aguilar, 1995, p. 21-34.

CAIRO, Luiz Roberto Velloso. "Araripe Júnior e a Invenção da História da Literatura Brasileira". *Anais do Terceiro Congresso da Abralic*. São Paulo: Edusp, vol. II, 1992, p. 85-89.

CALMON, Pedro. "Afrânio Peixoto". *Revista da Academia Brasileira de Letras*, ano 46, vol. 73, p. 45-51, jan./jun. 1947.

CÂMARA, Jayme Adour (entrevista). "Lima Barreto e Jayme Adour". *Revista Branca. Literatura e Arte*, p. 1, 10, 12, 14 e 15, out. 1952.

CAMPOS, Haroldo de. "Bandeira, o Desconstelizador". Metalinguagem. *Ensaios de Teoria e Crítica Literária*. São Paulo: Cultrix, 1976, p. 99-105 (Publicado anteriormente no *Suplemento Literário, O Estado de São Paulo*, São Paulo, 16.04.1966).

CAMPOS, Humberto de. "Emílio de Menezes: o Poeta e o Bohemio". *Revista da Academia Brasileira de Letras*, Rio de Janeiro, n. 22, p. 311-333, abr./jun. 1922.

CAMPOS, Regina Salgado. "Clemenceau e Padre Gaffre, Dois Olhares Franceses sobre o Brasil". *Anais da Abralic*, Florianópolis, Universidade Federal de Santa Catarina, ago. 1998 (CD-ROM).

CANDIDO, Antonio. "Atualidade de um Romance Inatual". In: RIO, João do. *A Correspondência de uma Estação de Cura*. São Paulo: Scipione, 1992, p. IX-XVIII.

_____. "Os olhos, a barca e o espelho". *A Educação pela Noite e Outros Ensaios*. São Paulo: Ática, 1989, p. 39-50 (publicado anteriormente em *O Estado de São Paulo*, São Paulo, 17.10.1976).

_____. "Radicais de Ocasião". *Teresina etc*. Rio de Janeiro: Paz e Terra, 1980, p. 83-94 (publicado anteriormente em *Discurso*, São Paulo, n. 9, 1978).

CANDIDO, Gilda & Antonio. "Introdução". In: BANDEIRA, Manuel. *Estrela da Vida Inteira (Poesias Reunidas e Poemas Traduzidos)*. Rio de Janeiro: José Olympio, 1988, p. LX-LXXVII.

CAPUANO, Cláudio de Sá. "O Dândi e a Modernidade: Aspectos da Ficção de João do Rio". *Palimpsesto*, Rio de Janeiro, UERJ, p. 1-8. Disponível em: <www.uerj.br/~pgletras/revista/claudio.htm>.

CARDOSO, Marília Rothier. "Vida de Burro em Rua de Bonde Elétrico – A Questão do Trabalho na Crônica da Virada do Século". *Anais do Primeiro Congresso da Abralic*, Porto Alegre, vol. II, jun. 1988, p. 212-217.

CARMO, Maria Rosangela do. "Raquítica, mas Rigorosamente Chic. A Moda no Início do Século". *Estudos de História*, Franca, Unesp, n. 2, p. 103-112, 1995.

CAROLLO, Cassiana Lacerda. "Questão da Língua Portuguesa no Brasil e Pensamento Crítico do Realismo". *Arquivos do Centro de Estudos Portugueses*, Universidade Federal do Paraná, Curitiba, vol. 2, n. 2, p. 65-82, jul./dez. 1973, p. 65-82.

CARON, François. "L'Embellie Parisienne à la Belle Époque. L'Invention d'un Modèle de Consommation". *Vingtième Siècle. Revue d'Histoire*, Paris, n. 47, p. 42-57, jul./dez. 1995.

CARONE, Edgard. "Madame Pommery Companhia Limitada". *Análise e Conjuntura*, Belo Horizonte, vol. 5, n. 2, p. 15-36, maio/ago. 1990.

CAPELA, Carlos E. Schmidt & LEUVEN, K. U. "Representações de Migrantes e Imigrantes: o Caso de Juó Bananére". *Revista da Biblioteca Mário de Andrade*, São Paulo, vol. 52, p. 49-58, jan./dez. 1994.

CARDOZO, Manoel da Silveira. "Oliveira Lima, Diplomata da 'Belle Époque'". *Ciência e Trópico*, Recife, n. 1, p. 35-50, jan./jun. 1981.

CARPEAUX, Otto Maria. "Poesia Intemporal". In: BANDEIRA, Manuel. *Estrela da Vida Inteira (Poesias Reunidas e Poemas Traduzidos)*. Rio de Janeiro: José Olympio, 1988, p. lvi-lviii.

CARVALHO, Fernando. "Lima Barreto". *Revista Brasiliense*, São Paulo, n. 13, p. 97-106, set./out.

CARVALHO, José Murilo de. "O Rio de Janeiro e a República". *Revista Brasileira de História*, São Paulo, vol. 55, ns. 8-9, p. 117-138, set. 1984-abr. 1985.

CASTELLO, José Aderaldo. "A Vida de Lima Barreto". *Método e Interpretação*. São Paulo: Conselho Estadual de Cultura/Comissão de Literatura, 1964, p. 75-82.

_____. "O Movimento Academicista". In: COUTINHO, Afrânio (dir.). *A Literatura No Brasil*. Vol. I. Rio de Janeiro: Sul Americana, 1968, p. 296-312.

_____. "Éditos e Inéditos do Movimento Aacdemicista no Brasil. 1641-1820/22". *O Movimento Academicista no Brasil. 1641-1820/22*. São Paulo: Conselho Estadual de Cultura, 1969, tomo I, vol. I, p. VII-XXI.

_____. "O Movimento Academicista". *A Literatura Brasileira. Origens e Unidade (1500-1960)*. São Paulo: Edusp, 1999, p. 90-99.

CASTRO, Aloysio de. "Afrânio Peixoto". *Revista da Academia Brasileira de Letras*, ano 46, vol. 73, p. 51-57, jan./jun. 1947.

CAVALHEIRO, Edgar. "Vida e Obra de Monteiro Lobato". In: LOBATO, Monteiro. *Urupês*. São Paulo: Brasiliense, 1957, p. 3-59.

CESAR, Guilhermino. "Atualidade de Aluísio de Azevedo". In: AZEVEDO, Aluísio. *O Mulato*. São Paulo: Ática, 1977, p. 5-8.

CHACON, Vamireh. "O Golpe Republicano contra o Abolicinismo". *Ciência e Trópico*, Recife, vol. 17, n. 2, p. 171-178, jul./dez. 1989.

CHALHOUB, Sidney. "Medo Branco de Almas Negras: Escravos, Libertos e Republicanos na Cidade do Rio". *Revista Brasileira de História*, São Paulo, vol. 8, n. 16, p. 83-105, mar./ago. 1988.

CHALHOUB, Sidney *et al*. "Trabalho Escravo e Trabalho Livre na Cidade do Rio: Vivência de Libertos, 'Galegos' e Mulheres Pobres". *Revista Brasileira de História*, São Paulo, vol. 55, ns. 8-9, p. 85-116, set. 1984-abr. 1985.

CHAMIE, Mário. "Penumbra de Pommery ou uma Situação para Oswald". *A Linguagem Virtual*. São Paulo: Quiron, 1976.

CHIARELLI, Tadeu. "Gonzaga-Duque: a Moldura e o Quadro da Arte Brasileira". In: DUQUE, Gonzaga. *A Arte Brasileira*. Campinas: Mercado de Letras, 1995, p. 11-52.

CIANCIO, Nicolau. "A Verdade sobre Lima Barreto". *Vamos Ler!* Rio de Janeiro, n. 213, p. 22-23/61, ago. 1940.

CLÉMENT, Michèle. "Un Ésotérisme Proliferant". *Europe. Revue Littéraire Mensuelle*. Paris, n. 751/752, p. 69-75, nov./dez. 1991.

CONDÉ, João. "Flash Autobiográfico de Manuel Bandeira". In: BANDEIRA, Manuel. *Estrela da Vida Inteira (Poesias Reunidas e Poemas Traduzidos)*. Rio de Janeiro: José Olympio, 1988, p. XXXVIII-XXXIX.

COSTA, Emília Viotti da. "Sobre as Origens da República". *Anais do Museu Paulista*, São Paulo, tomo XVIII, p. 63-120, 1964.

_____. "A Nova Face do Movimento Operário na Primeira República". *Revista Brasileira de História*, São Paulo, n. 2, p. 217-232, set. 1982.

COSTA, Nilson do Rosário. "A Questão Sanitária e a Cidade". *Espaço & Debates*, São Paulo, n. 22, p. 5-25, 1987.

CUNHA, Fausto. "Arthur Azevedo ou a Opção Permanente". In: AZEVEDO, Arthur. *Vida Alheia (Contos e Comédias)*. s.l., Bruguera, s.d.

_____. "Augusto dos Anjos salvo pelo Povo". In: ANJOS, Augusto dos. *Obra Completa*. Rio de Janeiro: Nova Aguilar, 1995, p. 165-170.

_____. "Recursos Acumulativos em Coelho Neto". *Revista do Livro*, Rio de Janeiro, ano VI, n. 21-22, p. 75-81, mar./jun. 1961.

CUNHA, Helena Parente. "O Espaço da Rua e da Noite". In: RIO, João do. *Os Melhores Contos de João do Rio*. Rio de Janeiro: Global, 1990, p. 5-9

CUNHA, Tristão da. "Para ele o Mundo de Hoje ainda não nasceu" In: ALBANO, José. *Rimas*. Rio de Janeiro: Graphia, 1993, p. 16-17 (publicado anteriormente em *O Paiz*, Rio de Janeiro, 24.07.1923).

CURY, Maria Zilda Ferreira. "O Avesso do Cartão-Postal. João do Rio perambula pela Capital da República". *Literatura e Sociedade*, Universidade de São Paulo, São Paulo, n. 1, p. 44-53, 1996.

DALLARI, Dalmo de Abreu. "A República dos Oligarcas". *Revista Usp*, São Paulo, n. 3, p. 13-18, set./out./nov. 1989.

DAMASCENO, Darcy. "Arquivo Lima Barreto". *Anais da Biblioteca Nacional*, Rio de Janeiro, vol. 105, p. 3-87, 1985.

DAMATTA, Roberto. "Brasil: Um Belo Jogo de Cintura". *O Correio da Unesco*, ano 21, n. 2, p. 16-17, fev. 1993.

DANIEL, Mary L. "Coelho Neto Revisitado". *Luso-Brazilian Review*, Wisconsin, vol. 30, n. 1, p. 175-180, verão 1993.

DENIPOTI, Cláudio. "Fashionable Images: the Word of Fashion through Photographic Images of the Turn of the Century – A Case Study". *Ibero American. Nordic Journal of Latin American Studies*, vol. XXIV, n. 2, p. 2-18, 1994.

DIAS, Ângela Maria. "Machado de Assis: a Crônica e o Absurdo da História". *Quinto Império. Revista de Cultura e Literaturas de Língua Portuguesa*, Salvador, vol. 1, p. 113-126, 1996.

DIAS, Carmen Lydia de Souza. "Quaresma/Ressurreição". In: BARRETO, Lima. *Triste Fim de Policarpo Quaresma*. São Paulo: Ática, 1987, p. 5-13.

_____. "O outro trabalho de Hércules". In: BARRETO, Lima. *Recordações do Escrivão Isaías Caminha*. São Paulo: Ática, 1984, p. 5-12.

DIAS, Odete Ernest. "Sarau da República. Uma Antropofagia Musical". *Humanidades*, Brasília, Universidade de Brasília, vol. 7, n. 1, p. 4-9, 1990.

DIMAS, Antônio. "João do Rio e o Mito do Progresso". *Revista Usp*, São Paulo, n. 17, p. 224-226, mar./abr./maio 1993.

_____. "Manuel Bandeira no Diário Nacional". *Língua e Literatura. Revista dos Deptos. de Letras da FFLCH/USP*, São Paulo, vol. 6, ano VI, n. 6, p. 25-36, 1977.

_____. "Um Companheiro de Lobato: Hilário Tácito". In: ZILBERMAN, Regina. *Atualidade de Monteiro Lobato*. Porto Alegre: Mercado Aberto, 1983, p. 125-132.

_____. "A Encruzilhada do Fim do Século". In: PIZARRO, Ana (org.). *América Latina. Palavra, Literatura e Cultura. Emancipação do Discurso*. Vol. 2. São Paulo/Campinas: Memorial da América Latina/Unicamp, 1994, p. 535-574.

DOMINGUES, Chirley. "'Chega de Saudade' (Um Estudo sobre a Recepção Crítica de João do Rio)". *Anuário de Literatura*, Florianópolis, UFSC, n. 4, p. 139-149, 1996.

DUPUIT, Christine. "Presse et Littérature à la Fin du Siècle". *Europe. Revue Littéraire Mensuelle*. Paris, n. 751/752, p. 111-121, nov./dez. 1991.

ENDERS, Armelle. "Pour en finir avec la 'politiique du café au lait'. Etat fédéral, interets regionaux et interets du café sous la Primiére République (1889-1930)". *Cahiers du Brésil Contemporain*, Paris, n. 19, p. 69-91, set. 1996.

ENGEL, Magali Gouveia. "Imagens Femininas em Romances Naturalistas Brasileiros (1881-1903)". *Revista Brasileira de História*, São Paulo, vol. 9, n. 17, p. 237-258, ago./set. 1989.

FABRIS, Annateresa. "O Cenário e o Espaço de Trabalho: Representações da Modernidade na Produção Cultural Brasileira (1900-1922). *Revista da Biblioteca Mário de Andrade*, São Paulo, vol. 50, p. 145-150, jan./dez. 1992.

FABRIS, Mariarosaria. "Cinema: da Modernidade ao Modernismo". In: FABRIS, Annateresa (org.). *Modernidade e Modernismo no Brasil*. Campinas: Mercado de Letras, 1994, p. 97-110.

FACIOLI, Valentim. "República dos Bruzundangas: por que não me ufano de meu país". In: BARRETO, Lima. *Os Bruzundangas*. São Paulo: Ática, 1985, p. 7-12.

_____. "Mário de Andrade e a Cidade de São Paulo: Aspectos". *Revista da Biblioteca Mário de Andrade*, São Paulo, vol. 50, p. 62-79, jan./dez. 1992.

FALCÃO, Edgard de Cerqueira. "Meu Convívio com Afrânio Peixoto". *Leopoldianum. Revista de Estudos e Comunicações*, São Paulo, vol. VII, n. 20, p. 65-70, dez. 1980.

FALCÃO, Luís Aníbal. "Com ele perdemos uma Esquisita Flor do Passado". In: ALBANO, José. *Rimas*. Rio de Janeiro: Graphia, 1993, p. 12-15 (publicado anteriormente em *Do meu Alforje*. Rio de Janeiro: Livraria Geral Franco-Brasileira, 1945, p. 9-17; e *Boletim de Ariel*, Rio de Janeiro, ano II, n. 2, p. 330-34, nov. 1932).

FAORO, Raymundo. "A Questão Nacional: a Modernização". *Estudos Avançados*. Universidade de São Paulo, vol. 6, n. 14, p. 7-22, jan./abr. 1992.

FARIA, Gentil de. "Revisitando a 'Belle Époque' Carioca". *Colóquio Letras*, Lisboa, n. 143/144, p. 244-247, jan./jun. 1997.

FARIA, João Roberto. "Retrato de um Republicano quando Jovem". *Revista Usp*, São Paulo, n. 3, p. 65-78, set./out./nov. 1989.

FARIA, José Escobar. "A Poesia Científica de Augusto dos Anjos". In: ANJOS, Augusto dos. *Obra Completa*. Rio de Janeiro: Nova Aguilar, 1995, p. 141-149 (publicado anteriormente em *Revista do Livro*, Rio de Janeiro, jun. 1956).

FARIA, Octávio de. "Coelho Neto". In: COUTINHO, Afrânio (dir.). *A Literatura no Brasil*. Vol. III. São Paulo/Rio de Janeiro: Sul Americana, 1969, p. 209-217.

_____. "Coelho Neto". *Revista do Livro*, Rio de Janeiro, ano I, ns. 3-4, p. 75-81, dez. 1956.

_____. "Apresentação". In: Coelho Neto. *Romance*. Rio de Janeiro: Agir, 1958, p. 5-14.

FAVALLI, Clotilde P. S. "Policarpo Quaresma: República e Pré-Modernismo". *Ciências e Letras. Revista da Faculdade Porto-Alegrense de Educação, Ciências e Letras*, Porto Alegre, n. 25, p. 33-42, 1999.

FEIJÓ, Martin Cezar. "A Moça, o Bonde e a Lira (Aos Arlequins Melancólicos na Metrópole)". *Memória*, São Paulo, ano V, n. 17, p. 13-16, jan./fev./mar. 1993.

FERREIRA, Antonio Celso. "O Peso da Farda: Militares, Nação e República". *História*, Unesp, São Paulo, p. 25-36, 1989.

_____. "No fio da navalha: classes populares na República sob os olhos dos historiadores". *História*, Unesp, São Paulo, vol. 8, p. 1-8, 1989.

FERREIRA, João Antonio. "Tempos de Irreverência: Rio de Janeiro". *D. O. Leitura*, São Paulo, 10 (114): 12-13, nov. 1991.

FERREIRA, Lígia Fonseca. "Les Positivistes Brésiliens face à L'Esclavage et la Question Ethnique au Brésil". *Cahiers du Brésil Contemporain*, Paris, n. 29-30, p. 43-67, set. 1996.

FIGUEIREDO, Jakson de. "Prefácio". In: BARRETO, Lima. *Feiras e Mafuás*. São Paulo: Brasiliense, 1956, p. 9-14 (publicado anteriormente em *A Lusitana*, Rio de Janeiro, 10.06.1916).

FIGUEIREDO, Vinicius de. "O Contratualismo Local de Joaquim Nabuco" *Novos Estudos Cebrap*, São Paulo, n. 39, p. 180-188, jul. 1994.

FILHO, Adonias. "Ciclo Baiano". In: COUTINHO, Afrânio (dir.). *A Literatura no Brasil*. Vol. III. São Paulo/ Rio de Janeiro: Sul Americana 1969, p. 248-259.

FILHO, Cândido Motta. "Por Obra e Graça de Afrânio Peixoto". *Notas de um Constante Leitor*. São Paulo: Martins, 1960, p. 167-171.

FILHO, Oswaldo C. Louzada. "A Mão e a Enxada (A Síntese Incompleta de Lima Barreto)". *Almanaque. Cadernos de Literatura e Ensaio*. São Paulo, n. 4, p. 79-86, 1977.

FILHO, Théo. "Julguei fosse o Poeta uma Simples Vítima dos Difamadorres" In: ALBANO, José. *Rimas*. Rio de Janeiro: Graphia, 1993, p. 18-25 (trecho de *Uma Viagem Movimentada (Cenas Transatlânticas)*. Rio de Janeiro: Schettino, 1922, p. 51-64).

FONTES, Hermes. "Crônica Literária". In: ANJOS, Augusto dos. *Obra Completa*. Rio de Janeiro: Nova Aguilar, 1995, p. 49-52 (publicado anteriormente em *Diário de Notícias*, Rio de Janeiro, jul. 1912).

FONTOURA, João Neves da. "O 'Adeus' da Academia". *Revista da Academia Brasileira de Letras*, ano 46, vol. 73, p. 31-32, jan./jun. 1947.

_____. "Estudo sobre Coelho Neto". *Autores e Livros. Suplemento Literário de "A Manhã"*, Rio de Janeiro, vol. IV, n. 12, p. 181, abr. 1943.

FORTUNA, Felipe. "Quando Olavo Bilac fez rir". *A Escola da Sedução*. Porto Alegre: Artes e Ofícios, 1991, p. 9-21.

FREYRE, Gilberto. "O Período Republicano". *Boletim Bibliográfico. Biblioteca Pública Municipal de S. Paulo*, São Paulo, vol. II: 61-72, jan./fev./mar. 1944 (publicado anteriormente em *O Estado de São Paulo*, São Paulo, 30.09.1943/02, 07 e 09.10.1943).

FUKELMAN, Clarisse. "Nos Bastidores da História: Algumas Escritoras Brasileiras de 1900 a 1930". *Luso-Brazilian Review*, vol. 26, n. 2, p. 33-42, inverno 1989.

FURLAN, Stélio. "A Errância Investigante do Cronista". *Anuário de Literatura*, Universidade Federal de Santa Catarina, Florianópolis, n. 3, p. 143-149, 1995.

GAMA, Domício. "Cartas a José Veríssimo". *Revista da Academia Brasileira de Letras*, Rio de Janeiro, n. 136.

GEISE, Wilhelm. "Afrânio Peixoto, Romancista". *Revista da Academia Brasileira de Letras*, Rio de Janeiro, ano 23, n. 130, p. 131-173, out. 1932.

GENS, Armando & GENS, Rosa Maria de Carvalho. "A Visita do Inspetor ou o Dublê de Sanitarista". In: COSTALLAT, Benjamim. *Mistérios do Rio*. Rio de Janeiro: Prefeitura da Cidade do Rio de Janeiro, 1995, p. 9-16.

GLEDSON, Jonh. "Brito Broca e Machado de Assis – Algumas Notas". *Remate de Males*, Campinas, Unicamp, n. 11, p. 39-42, 1991.

GODOY, Adoasto de. "O Triste Fim de Lima Barreto". *Boletim de Ariel. Mensário Crítico-bibliográfico*, Rio de Janeiro, ano II, n. 1, p. 30, out. 1932.

GÓES, Fernando. "Notícia sobre a Poesia Pré-Modernista". In: *Panorama da Poesia Brasileira. O Pré-Modernismo*. Vol. V. Rio de Janeiro: Civilização Brasileira, 1960, p. XXI-XLI.

GOMES, Eugênio. "Lima Barreto". In: COUTINHO, Afrânio (dir.). *A Literatura no Brasil*. Vol. III. São Paulo/ Rio de Janeiro: Sul Americana, 1969, p. 203-209.

_____. "Os Setenta Anos de 'Jana e Joel'". In: MARQUES, Xavier. *Praieiros. Jana e Joel, A Noiva do Golfinho, O Arpoador, Maria Rosa*. Salvador, GRD, 1969, p. VII-X (publicado anteriormente em *Correio da Manhã*, Rio de Janeiro, 1949; transcrito nos *Anais da Academia Brasileira de Letras*; transcrito em MARQUES, Xavier. *Jana e Joel*. 4ª ed. Salvador: Progresso, s.d.).

_____. "Xavier Marques". In: MARQUES, Xavier. *Praieiros. Jana e Joel, A Noiva do Golfinho, O Arpoador, Maria Rosa*. Salvador: GRD, 1969, p. 193-197.

GRAHAM, Richard. "Joaquim Nabuco, Conservative Historian". *Luso-Brazilian Review*, Wisconsin, vol. 17, n. 1, p. 1-16, 1980.

GRIECO, Agrippino. "Prefácio". In: BARRETO, Lima. *Marginália. Artigos e Crônicas*. São Paulo: Brasiliense, 1956, p. 9-17 (publicado anteriormente em *Vivos e Mortos*. Rio de Janeiro: José Olympio, 1947).

_____. "Era bem mais do seu Tempo do que pretendia ser". In: ALBANO, José. *Rimas*. Rio de Janeiro: Graphia, 1993, p. 42-47 (publicado anteriormente em *São Francisco de Assis e a Poesia Cristã*. Rio de Janeiro: José Olympio, 1950, p. 198-205).

_____. "Um Livro Imortal". In: ANJOS, Augusto dos. *Obra Completa*. Rio de Janeiro: Nova Aguilar, 1995, p. 81-89 (publicado anteriormente em *O Jornal*, Rio de Janeiro, set. 1932; e em *Evolução da Poesia Brasileira*. Rio de Janeiro, 1932).

GUILLEMIN, Alain. "Le Réalisme Éternel des Champs. Les Campagnes Françaises sous le Regard des Romanciers, 1881-1904". *Europe. Revue Littéraire Mensuelle*. Paris, n. 751/752, p. 99-110, nov./dez. 1991.

HARDMAN, Francisco Foot. "Técnica e Sociedade: Maquinismo como Espetáculo no Brasil Pré-industrial". *Remate de Males*, Campinas, Unicamp, n. 7, p. 157-166. 1987.

_____. "Utopias e Messianismos no Brasil (1870-1920). Trilhas Românticas da Modernidade". *Anais do Segundo Congresso de Abralic*, São Paulo, Edusp, vol. I, 1995, p. 539-547.

_____. "Brito Broca, Arqueólogo: a Dignidade do Detalhe". *Remate de Males*, Campinas, Unicamp, n. 11, p. 73-81, 1991.

_____. "Antigos Modernistas". In: NOVAES, Adauto (org.). *Tempo e Historia*. São Paulo: Companhia das Letras/Secretaria Municipal de Cultura, 1992, p. 289-305.

HELD, Maria Sílvia Barros de. "Gonzaga Duque: Alguns Aspectos de sua Crítica de Arte". *Comunicarte*, Pontifícia Universidade Católica, Campinas, vol. 5, ns. 9/10, p. 90-100, 1987.

HERRON, Robert. "The Individual, Society, and Nature in Lima Barreto's Theory of Literature". *Língua e Literatura. Revista dos Depts. de Letras da FFLCH da USP*, São Paulo, ano II, n. 2, p. 201-219, 1973.

_____. "Lima Barreto's Isaías Caminha as a Psychological Novel". *Luso-Brazilian Review*, vol. VIII, n. 2, p. 26-38, dez. 1971.

HOCHMAN, Gilberto. "Regulando os Efeitos da Interdependência: Sobre as Relações entre Saúde Pública e Construção do Estado (Brasil 1910-1930)". *Estudos Históricos*, Rio de Janeiro, vol. 6, n. 11, p. 40-61, 1993.

HOLANDA, Sérgio Buarque de. "Prefácio". In: BARRETO, Lima. *Clara dos Anjos*. São Paulo: Brasiliense, 1956, p. 9-19 (publicado anteriormente no *Diário de Notícias*, Rio de Janeiro, 23/30. 01.1949; publicado posteriormente em *Cobra de Vidro*. São Paulo: Perspectiva, 1978, p. 131-146).

HOUAISS, Antônio. "Prefácio". In: BARRETO, Lima. *Vida Urbana*. São Paulo: Brasiliense, 1956, p. 7-41.

_____. "Sobre Augusto dos Anjos". *Seis Poetas e um Problema*. Rio de Janeiro: Tecnoprint, 1967, p. 45-55.

_____. "Reportagem. Cinqüentenário da Morte de Augusto dos Anjos". In: ANJOS, Augusto dos. *Obra Completa*. Rio de Janeiro: Nova Aguilar, 1995, p. 170-174 (publicado anteriormente em *Correio da Manhã*, Rio de Janeiro, nov. 1964).

IANNONE, Carlos Alberto. "A Obra de Raul Pompéia". In: POMPÉIA, Raul. *O Ateneu*. São Paulo: Editora Três, 1973, p. 15-21.

IVO, Lêdo. "A República da Desilusão". *A República da Desilusão. Ensaios*. Rio de Janeiro: Topbooks, 1994, p. 111-117.

JATOBÁ, Roniwalter. "Bondes na Cidade". *Memória*, Depto. de Patrimônio da Eletropaulo, São Paulo, ano IV, n. 15, p. 38-47, jul./ago./set. 1992.

JONES, Julie. "Paulo Barreto's *O bebê de tarlatana rosa*: a Carnival Adventure". *Luso-Brazilian Review*, vol. XXIV, n. 1, p. 27-33.

JÚNIOR, Álvaro Santos Simões. "A Literatura Civilizada da República". *Anais do Quarto Congresso da Abralic*, São Paulo, Edusp, ago. 1994, p. 57-60.

JÚNIOR, Benjamin Abdala. *Ecos do Brasil: Eça de Queirós, leituras brasileiras e portuguesas*. São Paulo: Senac, 2000.

JÚNIOR, Davi Arrigucci. "Conversa entre Fantasmas (Brito Broca e os Americanos). *Remate de Males*, Campinas, Unicamp, n. 11, p. 67-72, 1991.

JÚNIOR, Peregrino. "Presença de Afrânio Peixoto". *Revista da Academia Brasileira de Letras*, Rio de Janeiro, ano 46, vol. 74, p. 317-325, jul./dez. 1947.

JÚNIOR, Tercio Sampaio Ferraz. "A Constituição Republicana de 1891". *Revista Usp*, São Paulo, n. 3, p. 19-24, set./out./nov. 1989.

KINNEAR, J. C. "The 'Sad End' of Lima Barreto's Policarpo Quaresma". *Bulletin of Hispanic Studies*, Liverpool, vol. LI, n. 1, p. 60-75, jan. 1974.

KLEIN, Herbert S. "A Integração Social e Econômica dos Imigrantes Portugueses no Brasil nos Finais do Século XIX e no Século XX". *Análise Social*, Lisboa, vol. XXVIII, n. 121, p. 235-265, 1993.

KOLLERITZ. "Café e Política: 1889-1930". *História*, Unesp, São Paulo, vol. 8, p. 15-28, 1989.

KOPKE, Carlos Burlamaqui. "Augusto dos Anjos. Um Poeta e sua Identidade". In: ANJOS, Augusto dos. *Obra Completa*. Rio de Janeiro: Nova Aguilar, 1995, p. 150-160 (publicado anteriormente em *Alguns Ensaios de Literatura*, Rio de Janeiro, 1958).

LAJOLO, Marisa. "Jornalistas e Escritores: A Cordialidade da Diferença". *Projeto Memória de Leitura*, Unicamp, Campinas. Disponível em: <http://www.unicamp.br/iel/memoria/ensaios/marisa.html>.

LEITE, Ligia Chiappini Moraes. "Velha Praga? Regionalismo Literário Brasileiro". In: PIZARRO, Ana (org.). *América Latina. Palavra, Literatura e Cultura. Emancipação do Discurso*. Vol. 2. São Paulo/Campinas: Memorial da América Latina/Unicamp, 1994, p. 665-702.

LEITE, Serafim. "A Amizade Portuguesa de Afrânio Peixoto". *Revista da Academia Brasileira de Letras*, Rio de Janeiro, ano 46, vol. 73, p. 57-60, jan./jun. 1947.

LEITE, Sylvia H. Telarolli de A. "O Regionalismo Paulista na Primeira República: Crescimento e Desgaste". *História*, Unesp, São Paulo, p. 49-62, 1989.

_____. "O Pré-Modernismo em São Paulo", *Revista de Letras*, Unesp, São Paulo, vol. 35, p. 167-184, 1995.

LEME, Maria Cristina da Silva. "A Formação do Pensamento Urbanístico, em São Paulo, no Início do Século XX". *Espaço e Debates*, São Paulo, Neru, n. 34, p. 64-71, 1981.

LEMOS, Luciana Fonseca Medeiros de. "O Papel da Mulher enquanto Escritora: uma Análise de Textos em Prosa no Início do Século". *Leitura*, Alagoas, AFAL, n. 18, p. 109-133, jul./dez.1996.

LIMA, Alceu Amoroso. "Prefácio". In: BARRETO, Lima. *Vida e Morte de M. J. Gonzaga de Sá*. São Paulo: Brasiliense, 1956, p. 9-16 (publicado posteriormente em *Primeiros Estudos I. Contribuição à História do Modernismo Literário. O Pré-modernismo de 1919 a 1920*. Rio de Janeiro: Agir, 1948).

_____. "As Últimas Palavras de Afrânio Peixoto". *Revista da Academia Brasileira de Letras*, Rio de Janeiro, ano 46, vol. 73, p. 36-42, jan./jun. 1947.

LIMA, Herman. "Coelho Netto: as Duas Faces do Espelho". In: NETO, Coelho. *Obra Seleta*. Vol. I. Rio de Janeiro: Aguilar, 1958, p. XI-LXXXII.

_____. "Tratava-se duma Criatura integralmente Despaisada". In: ALBANO, José. *Rimas*. Rio de Janeiro: Graphia, 1993, p. 37-41 (publicado anteriormente em *Poeira do Tempo*. Rio de Janeiro: José Olympio, 1967, p. 117-123).

LIMA, Luís Costa. "A Crítica Literária na Cultura Brasileira do Século XIX". *Cadernos CERU*, Universidade de São Paulo, São Paulo, n. 17, p. 35-68, set. 1982.

LINS, Álvaro. "Augusto dos Anjos. Poeta Moderno". In: ANJOS, Augusto dos. *Obra Completa*. Rio de Janeiro: Nova Aguilar, 1995, p. 116-127 (publicado anteriormente em *Jornal de Crítica. Quarta Série*. Rio de Janeiro, nov. 1941; e *A Manhã*, Rio de Janeiro, mar. 1947).

LINS, Vera Lúcia de Oliveira. "Arte, Espaço e Transformação: uma Leitura do Diário de Gonzaga Duque". *Anais do Segundo Congresso da Abralic*. Belo Horizonte, vol. II, 1990, p. 368-375.

_____. "A Crítica Utópica de Gonzaga Duque". *Anais do Quarto Congresso da Abralic*. São Paulo: Edusp, ago. 1994, p. 1021-1023.

_____. "Crítica e Utopia nos Escritos de Gonzaga Duque: Uma Terceira Margem do Moderno". *Qfwfq*, Universidade do Estado do Rio de Janeiro, vol. 2, n. 1, p. 78-88, 1996.

LISBOA, Maria Manuel. "Manuel Bandeira: Sexualidade e Subversão". *Colóquio Letras*, Lisboa, 115/116, p. 73-88, maio/ago. 1990.

LOPES, Maria Angélica. "Júlia Lopes de Almeida e o Trabalho Feminino na Burguesia". *Luso-Brazilian Review*, Wisconsin, vol. 26, n. 1, p. 45-57, 1989.

_____. "O Crime da Galeria Crystal, em 1909: a Jornalista como Árbitro". *Travessia*, Florianópolis, n. 23, p. 167-176, 1991.

LOPES, Marcos Ap. "Coelho Neto: Devaneios Poéticos na Escrita *Art Nouveau*". *Anais do Quarto Congresso da Abralic*, São Paulo, Edusp, ago. 1994, p. 601-605.

LOPES, Oscar. "O Theatro Brasileiro. Seus Dominios e Aspirações". *Annaes da Bibliotheca Nacional do Rio de Janeiro*, Rio de Janeiro, vol. 38, p. 35-45, 1916.

LUCAS, Fábio. "Do Esteticismo Brasileiro: Tradição e Dependência". *Revista Iberoamericana*, vol. L, n. 126, p. 211-219, jan./mar. 1984.

LUSO, João. "Coelho Neto". *Revista da Academia Brasileira de Letras*, Rio de Janeiro, ano 27, n. 159, p. 328-345, mar. 1935.

LUSTOSA, Isabel. "Humor e Política na Primeira República". *Revista Usp*, São Paulo, n. 3, p. 53-64, set./out./nov. 1989.

MACHADO, Raul. "Augusto dos Anjos". In: ANJOS, Augusto dos. *Obra Completa*. Rio de Janeiro: Nova Aguilar, 1995, p. 97-111 (publicado anteriormente em *Dança de Idéias*, Rio de Janeiro, 1939).

MAIO, Marcos C. "A Medicina de Nina Rodrigues: Análise de uma Trajetória Científica". *Cadernos de Saúde Pública*, Rio de Janeiro, vol. 11, n. 2, p. 226-237, abr./jun. 1995.

MALARD, Letícia. "Introdução". In: VERÍSSIMO, José. *Estudos de Literatura Brasileira. Quarta Série*. Belo Horizonte/São Paulo: Itatiaia/Edusp, 1977, p. 3-9.

MALATIAN, Teresa Maria. "Catolicismo e Monarquia na Primeira República". *História*, Unesp, São Paulo, vol. 11, p. 159-169, 1992.

MANOEL, Marise. "A Sátira em Emílio de Menezes: a Brasilidade de Sobrecasaca". *História. Questões e Debates*, Associação Paranaense de História, Curitiba, ano 11, n. 20/21, p. 89-102, jun./dez. 1990.

MARANHÃO, Ricardo. "Chaminés em Versos Modernistas". *Memória*, Depto. de Patrimônio da Eletropaulo, São Paulo, ano V, n. 17, p. 90-92, jan./fev./mar. 1993.

MARGIOCO, Garcia. "O Bohemio Immortal". *Careta*, São Paulo, ano XV, n. 750, nov. 1922.

MARTHA, Alice Áurea Penteado. "Policarpo Quaresma: A História Carnavalizada". *Revista de Letras*, São Paulo, Unesp, vol. 32, p. 119-125, 1992.

MARTINS, Luís. "João do Rio: a Vida, o Homem, a Obra". In: RIO, João do. *Uma Antologia*. Rio de Janeiro: Instituto Nacional do Livro, 1971, p. 7-17.

MARTINS, Noeli Terezinha Pereira. "A Concepção de Criação Literária nos Romances de Lima Barreto". *Letras de Hoje*, Porto Alegre, n. 33, p. 59-62, set. 1978.

MCLAIN JR., W. Douglas. "Alberto Torres, *Ad Hoc* Nationalist". *Luso-Brazilian Review*, Wisconsin, vol. IV, n. 2, p. 17-34, dez. 1967.

MENDES, Oscar. "Um Crítico Julgador". In: VERÍSSIMO, José. *Estudos de Literatura Brasileira. Terceira Série*. Belo Horizonte/São Paulo: Itatiaia/Edusp, 1977, p. 3-17.

MENDONÇA, Bernardo de. "Lírica de um Errante e Peregrino (Nota à Terceira Edição)". In: ALBANO, José. *Rimas*. Rio de Janeiro: Graphia, 1993, p. XI-XIV.

MENDONÇA, Sonia Regina de. "O Ruralismo Brasileiro na Primeira República: Um Debate de Idéias". À Margem. Revista de Ciências Humanas, Rio de Janeiro, ano I, n. 1, p. 25-40, jan. 1993.

MESSER, Orna. "Brito Broca e João do Rio". HARDMAN, Francisco Foot. "Brito Broca, Arqueólogo: a Dignidade do Detalhe". *Remate de Males*, Campinas, Unicamp, n. 11, p. 83-87, 1991.

MEYER, Marlyse. "Folhetim para Almanaque ou Rocambole, A Ilíada de Realejo". *Almanaque*, São Paulo, Brasiliense, n. 14, p. 7-22, 1982.

MINÉ, Elza. *Páginas Flutuantes. Eça de Queirós e o Jornalismo no Século XIX*. São Paulo: Ateliê Editorial, 2000.

MIGUEL PEREIRA, Lúcia. "Prefácio". In: BARRETO, Lima. *Clara dos Anjos*. Rio de Janeiro: Mérito, 1948, p. 13-21.

MIRANDA, Hermínio de. "Eca de Queiroz e Machado de Assis". *Vamos Ler*, Rio de Janeiro, ano IX, n. 485, p. 52/60, nov. 1945.

MOLLIER, Jean-Yves. "La Naissance de la Culture Médiatique à la Belle Époque. Mise en Place des Structures de Diffusion de Masse". *Éttudes Littéraires. Théories, Analyses et Débats*, Université Laval, vol. 30, n. 1, 1997

MOLLOY, Sylvia. "Decadentismo e Ideologia: Economias de Desejo na América Hispânica Finissecular". In: CHIAPPINI, L. & AGUIAR, Flávio W. (orgs.). *Literatura e História na América Latina. Seminário Internacional (1991)*. São Paulo: Edusp, 1993, p. 11-27.

MONTEIRO, Claudio A. S. "La Proclamation de la République au Brésil (15.11.1889): sa Reconnaisance par la France". *Cahiers du Brésil Contemporain*, Paris, n. 23, p. 93-108, set. 1994.

MONTEIRO, Mário. "Eça de Queiroz e o Brasil". *Vamos Ler*, Rio de Janeiro, ano VII, n. 269, p. 22-23/52, set. 1941.

MONTELLO, Josué. "Um Velho sem Velhice: Arthur Azevedo". In: AZEVEDO, Arthur. *Contos Fora de Moda*. Rio de Janeiro: Livraria Prado, 1955, p. 3-6.

MONTENEGRO, Braga. "José Albano". In: ALBANO, José. *Rimas*. Rio de Janeiro: Graphia, 1993, p. 223-235 (publicado anteriormente em ALBANO, José. *Poesias*. Rio de Janeiro: Agir, 1958).

MONTENEGRO, Olívio. "Prefácio". In: BARRETO, Lima. *Coisas do Reino do Jambon*. São Paulo: Brasiliense, 1956, p. 9-19.

MORAES, Eliane Robert. "Memórias de um Cafetina". *Memória*, Depto. de Patrimônio da Eletropaulo, São Paulo, ano IV, n. 15, p. 70-77, jul./ago./set. 1992.

MOREIRA, Vivaldi. "José Veríssimo e o Brasil". In: VERÍSSIMO, José. *Estudos de Literatura Brasileira. Primeira Série*. Belo Horizonte/São Paulo: Itatiaia/Edusp, 1976, p. I-XI.

MOTTA, Flávio. "Art-Nouveau, Modernismo, Ecletismo e Industrialismo". In: ZANINI, Walter (org.). *História Geral da Arte no Brasil*. Vol. 1. São Paulo: Instituto Walther Moreira Salles, 1983, p. 453-484.

MURICI, Andrade. "Augusto dos Anjos e o Simbolismo". In: ANJOS, Augusto dos. *Obra Completa*. Rio de Janeiro: Nova Aguilar, 1995, p. 127-133 (publicado anteriormente em *Panorama do Simbolismo Brasileiro*, Rio de Janeiro, 1952).

MUZART, Zahidé Lupinacci. "A Questão do Cânone". *Anuário de Literatura*, Florianópolis, UFSC, n. 3, p. 85-94, 1995.

NASCIMENTO, José Leonardo do. "Cultura Européia e Realidade Brasileira. Um Debate no Final do Século XIX". In: SOUZA, Eliana Maria de Melo (org.). *Cultura Brasileira. Figuras da Alteridade*. São Paulo: Hucitec, 1996, p. 33-44.

NERLICH, Carlos A. "Um Prosador Artista do Novo Mundo". *Revista da Academia Brasileira de Letras*, Rio de Janeiro, ano 27, n. 159, p. 346-349, mar. 1935.

NETO, Paulo Coelho. "Imagem de uma Vida". In: NETO, Coelho. *Obra Seleta*. Vol. I. Rio de Janeiro: Aguilar, 1958, p. LXXXIII-CVI.

_____. "Coelho Neto". *Autores e Livros. Suplemento Literário de "A Manhã"*, Rio de Janeiro, vol. IV, n. 12, p. 185, abr. 1943.

NUNES, Maria Luisa. "Triste Fim de Policarpo Quaresma de Lima Barreto". *África. Literatura, Arte e Cultura*. Lisboa, vol. II, ano II, n. 9, p. 476-480, jul./set. 1980.

OAKLEY, R. J. "Ambientação nos Romances de Lima Barreto". *Littera*, Rio de Janeiro, ano V, n. 13, p. 21-30, jan./jun. 1975.

_____. "Vida e Morte de M. J. Gonzaga de Sá: a Carlyleian View of Brazilian History". *Bulletin of Hispanic Studies*, Liverpool, vol. LXIII, n. 4, p. 339-353, out. 1986.

OITICICA, José. "Augusto dos Anjos". In: ANJOS, Augusto dos. *Obra Completa*. Rio de Janeiro: Nova Aguilar, 1995, p. 112-113 (publicado anteriormente em *A Manhã*, Rio de Janeiro, nov. 1941).

OLINTO, Antônio. "The Negro Writer and the Negro Influence in Brazilian Literature". *African Forum. A Quarterly Journal of Contemporary Affairs*, vol. 2, n. 4, p. 5-19, primavera 1967.

OLIVEIRA, Franklin. "Ler Coelho Neto". *A Semana de Arte Moderna na Contramão da História e Outros Ensaios*. Rio de Janeiro: Topbooks, 1993, p. 59-72.

OLIVEIRA LIMA, M. de. "Prefácio". In: BARRETO, Lima. *Triste Fim de Policarpo Quaresma*. São Paulo: Brasiliense, 1959, p. 9-13 (publicado anteriormente em *O Estado de São Paulo*, São Paulo, 13.11.1916).

OLIVIERI-GODET, Rita. "Le Paris de la *Belle Époque* vu par l'écrivain brésilien Nestor Vítor: Topographie et Physiologie d'une ville-mirroir". *Cahier*, Centre de Recherche sur les Pays Lusophones, Paris, n. 6, 1999.

OSAKABE, Haquira. "O Mapa Literário de Brito Broca". *Remate de Males*, Campinas, Unicamp, n. 11, p. 43-46, 1991.

PAES, José Paulo. "O art nouveau na literatura brasileira". *Gregos e Baianos*. São Paulo: Brasiliense, 1985, p. 64-80.

_____. "Augusto dos Anjos e o *art nouveau*". PAES, José Paulo. *Gregos e Baianos. Ensaios*. São Paulo: Brasiliense, 1985, p. 81-92.

_____. "Bandeira Tradutor ou o Esquizofrênico Incompleto". *Tradução e Comunicação. Revista Brasileria de Tradutores*, São Paulo, n. 9, p. 9-20, dez. 1986.

_____. "Pela República, com Humor". *Os Perigos da Poesia e Outros Ensaios*. Rio de Janeiro: Topbooks, 1997, p. 69-77.

PAIXÃO, Sylvia Perlingeiro. "O Olhar Condescendente (Crítica Literária e Literatura Feminina no Século XIX e Início do Século XX). *Travessia*, Florianópolis, n. 21, p. 50-63, 1990.

_____. "Mulheres em Revista: a Participação Feminina no Projeto Modernista do Rio de Janeiro dos Anos 20". *Anais do VI Encontro da Anpoll*, Goiânia, vol. 1, p. 38-53, 1993.

PALMIERI, Enrique Marini. "Recepción del Modernismo Literario Hispanoamericano. Sinceridad o Afectación?". *Acta Literaria*, Universidad de Concepción, Chile, n. 21, p. 25-43, 1996.

PAOLI, Maria Célia. "São Paulo Operária e suas Imagens (1900-1940)". *Espaço & Debates*, São Paulo, n. 33, p. 27-41, 1991.

PECHMAN, Sérgio & FRITSCH, Lilian. "A Reforma Urbana e o seu Avesso: Algumas Considerações a Propósito da Modernização do Distrito Federal na Virada do Século". *Revista Brasileira de História*, São Paulo, vol. 55, ns. 8-9, p. 139-195, set. 1984-abr. 1985.

PEIXOTO, Afrânio. "A Academia Brasileira". *Revista da Academia Brasileira de Letras*, Rio de Janeiro, ano XIV, n. 25/26, p. 23-44, jan./jun. 1923.

PENNA, Lincoln de Abreu. "O progresso da Ordem. O Florianismo na Lógica do Consenso Mínimo. *Locus. Revista de História*. Juiz de Fora, vol. 2, n. 2, p. 7-24.

PETIT, Lucette. 'Rio: La Ville Allégorique de la Fiction Machadienne". *Cahier n 3*, Centre de Recherche sur les Pays Lusophones, *Paris*, p. 51-75.

PEREIRA, Astrojildo. "Posições Políticas de Lima Barreto". *Crítica Impura (Autores e Problemas)*. Rio de Janeiro: Civilização Brasileira, 1963, p. 34-54 (publicado anteriormente em BARRETO, Lima. *Bagatelas*. São Paulo: Brasiliense, 1956).

_____. "Lição de Lima Barreto". *Crítica Impura (Autores e Problemas)*. Rio de Janeiro: Civilização Brasileira, 1963, p. 263-265.

PEREIRA, José Carlos Seabra. "No Centenário de João do Rio". *Colóquio Letras*. Lisboa, n. 67, p. 78-80, maio 1982.

PEREIRA, Lúcia-Miguel. "Machado de Assis e Eça de Queiroz". *Revista de Portugal*, Coimbra, n. 8, p. 474-478, jul. 1939.

PERESTRELLO, Marialzira. "Ainda sobre a História da Psicanálise no Brasil". *Revista Brasileira de Psicanálise*, São Paulo, vol. 29, n. 3, 1995.

PETRONE, Maria Theresa Schorer. "As Crises da Monarquia e o Movimento Republicano". *Revista do Instituto de Estudos Brasileiros*. Universidade de São Paulo, São Paulo, n. 16, p. 31-41, 1975.

PIMENTEL, Osmar. "Notícia de Lima Barreto". *Apontamentos de Leitura*. São Paulo: Conselho Estadual de Cultura/Comissão de Literatura, 1959, p. 121-128.

PINHEIRO, Paulo Sérgio. "O Proletariado Industrial na Primeira República". In: FAUSTO, Boris (dir.). *História Geral da Civilização Brasileira. O Brasil Republicano. Sociedade e Instituições (1889-1930)*. Tomo III, vol. 2. Rio de Janeiro: Difel, 1977, p. 137-178.

PONNAU, Gwenhaël. "L'Écriture dans les Marges". *Europe. Revue Littéraire Mensuelle*. Paris, n. 751/752, p. 84-91, nov./dez. 1991.

PONTES, Eloi. "Algumas Palavras sobre Lima Barreto". *Autores e Livros*. Suplemento Literário de *A Manhã*, Rio de Janeiro, vol. IV, n. 17, p. 260, maio 1943.

POSSAS, Lídia Maria Viana. "Personagens Femininas da Obra de Lima Barreto. 'Triste Fim de Policarpo Quaresma'". *Mimesis. Revista da Área de Ciências Humanas*. Bauru/São Paulo, vol. 10, n. 1, p.43-54, 1989.

PRADO, Antonio Arnoni. "Sobre *Injustiças de um Revoltado* (Brito Broca)". *Remate de Males*, Campinas, Unicamp, n. 11, p. 31-37, 1991.

_____. "Nacionalismo Literário e Cosmopolitismo". In: PIZARRO, Ana (org.). *América Latina. Palavra, Literatura e Cultura. Emancipação do Discurso*. Vol. 2. São Paulo/Campinas: Memorial da América Latina/Unicamp, 1994, p. 597-613.

_____. "Dialética da Grã-Finagem (Notas sobre a Irreverência da *Belle Époque*)". In: MENEZES, Emílio de. *Obra Reunida*. Rio de Janeiro: José Olympio, 1980, p. XVIII-XXVII.

PRADO, Décio de Almeida. "Pósfácio. Do Tribofe à Capital Federal". In: AZEVEDO, Arthur. *O Tribofe*. Rio de Janeiro: Nova Fronteira/Casa de Rui Barbosa, 1986, p. 253-281.

_____. "Prefácio". In: BARRETO, Lima. *Impressões de Leitura*. São Paulo: Brasiliense, 1956, p. 9-44.

PROENÇA, M. Cavalcanti. "Coelho Neto". In: NETO, Coelho. *Turbilhão*. São Paulo: Tecnoprint, s.d., p. 5-7.

_____. "Introdução". In: NETO, Coelho. *Turbilhão*. São Paulo: Tecnoprint, s.d., p. 8-9.

_____. "Introdução". In: NETO, Coelho. *Rei Negro*. São Paulo: Tecnoprint, s.d., p. 9-11.

QUADROS, B. "Primeiro Contato com Lima Barreto". In: BARRETO, Lima. *Correspondência*. Tomo II. São Paulo: Brasiliense, 1956, p. 9-14 (publicado anteriormente em *Vida Nova*, Rio de Janeiro, 25.01.1936).

RABASSA, Gregory. "Negro Themes and Characters in Brazilian Literature". *African Forum. A Quarterly Journal of Contemporary Affairs*, vol. 2, n. 4, p. 20-34, primavera 1967.

RAGO, Margareth. "Nos Bastidores da Imigração: o Tráfico das Escravas Brancas". *Revista Brasileira de História*, São Paulo, vol. 9, n. 18, p. 145-180, ago./set. 1989.

_____. "Imagens da Prostituição na Belle Époque Paulistana". *Cadernos Pagu*, Campinas, Unicamp, n. 1, p. 31-44, 1993.

RAMOS, Péricles Eugênio da Silva. "Consciência Estética e Aspiração à Forma". In: PIZARRO, Ana (org.). *América Latina. Palavra, Literatura e Cultura. Emancipação do Discurso*. Vol. 2. São Paulo/Campinas: Memorial da América Latina/Unicamp, 1994, p. 307-337.

REGO, José Lins do. "Sobre Lima Barreto". *Autores e Livros*. Suplemento Literário de *A Manhã*, Rio de Janeiro, vol. IV, n. 17, p. 265, maio 1943.

_____. "Augusto dos Anjos e o Engenho Pau D'Arco". In: ANJOS, Augusto dos. *Obra Completa*. Rio de Janeiro: Nova Aguilar, 1995, p. 133-141 (publicado anteriormente em *Homens, Seres e Coisas*, Rio de Janeiro, 1952).

REIS, Roberto. "Por uma Arqueologia do Modernismo". *Letras*, Curitiba, Universidade Federal do Paraná, n. 37, p. 101-114, 1988.

_____. "Preguiça Pastosa. Repensando o Cânon Literário Brasileiro". *Santa Barbara Portuguese Studies*, University of California, vol. I: 122-139, 1994.

REIS, Zenir Campos. "Vida em Tempos Escuros". *Nossa América. Revista do Memorial da América Latina*, São Paulo, n. 3, p. 32-38, 1990.

RESENDE, Beatriz. "Lima Barreto e a República". *Revista Usp*, São Paulo, n. 3, p. 89-94, set./out./nov. 1989.

_____. "Rio de Janeiro, Cidade da Crônica". In: RESENDE, Beatriz (org.). *Cronistas do Rio*. Rio de Janeiro: José Olympio/CCBB, 1995, p. 33-55.

RIBEIRO, Gladys Sabina. "'Por que você veio encher o pandulho aqui?' Os Portugueses, o Antilusitanismo e a Exploração das Moradias Populares no Rio de Janeiro da República Velha". *Análise Social*, Lisboa, vol. XXIX, n. 127, p. 631-654, 1994.

RIBEIRO, Gladys Sabina & ESTEVES, Martha de Abreu. "Cenas de Amor: Histórias de Nacionais e de Imigrantes". *Revista Brasileira de História*, São Paulo, vol. 9, n. 17, p. 217-235, ago./set. 1989.

RIBEIRO, João. "A Coelho Neto". *Autores e Livros*. Suplemento Literário de *A Manhã*, Rio de Janeiro, vol. IV, n. 12, p. 182, abr. 1943.

_____. "Prefácio". In: BARRETO, Lima. *Numa e a Ninfa*. São Paulo: Brasiliense, 1956, p. 9-12 (publicado anteriormente em *O Imparcial*, Rio de Janeiro, 07.05.1917).

_____. "Era, em Verdade, um Pedante de Marca". In: ALBANO, José. *Rimas*. Rio de Janeiro: Graphia, 1993, p. 7-11 (publicado anteriormente em *Revista Nacional*, São Paulo, ano II, n. 7, p. 411, 1923).

_____. "O Poeta do 'Eu'". In: ANJOS, Augusto dos. *Obra Completa*. Rio de Janeiro: Nova Aguilar, 1995, p. 73-76 (publicado anteriormente em *O Imparcial*, Rio de Janeiro, mar. 1920).

ROCHA, José de Moura. "Importância Filosófica da Escola de Recife". *Sumposium. Revista da Universidade Católica de Pernambuco*, Recife, vol. 21, n. 1, p. 47-67, 1979.

RODRIGUES, Antonio Medina. "Machado e a República Tangível". *Revista Usp*, São Paulo, n. 3, p. 79-88, set./out./nov. 1989.

RODRIGUES, João Carlos. "A Flor e o Espinho". In: RIO, João do. *Histórias da Gente Alegre*. Rio de Janeiro: José Olympio, 1981, p. VIII-XVIII.

_____. "João do Rio e Poços de Caldas". *João do Rio. Um Escritor entre Duas Cidades. Exposição Iconográfica*. Poços de Caldas, Instituto Moreira Salles/Casa de Cultura de Poços de Caldas, 1992, p. 19-29.

RODRIGUES, Newton. "República, Realidade e Metáfora". *Revista Usp*, São Paulo, n. 3, p. 3-12, set./out./nov. 1989.

ROSENFELD, Anatol. "A Costela de Prata de A. dos Anjos". *Doze Estudos*. São Paulo: Conselho Estadual de Cultura, 1959, p. 7-12 (publicado posteriormente em *Texto/Contexto*. São Paulo: Perspectiva, 1969).

SAES, Flávio A. Marques de. "Estado e Sociedade na Primeira República: a Questão Monetária e Cambial durante a Crise Cafeeira (1896-1906)". *Revista Brasileira de História*, São Paulo, n. 1/2, p. 243-258, set. 1981.

_____. "A Controvérsia sobre a Industrialização da Primeira República". *Estudos Avançados*, São Paulo, vol. 3, n. 7, p. 20-39, set./dez. 1989.

SALDANHA, Nelson. "Sobre a República: Considerações Intempestivas". *Ciência e Trópico*, Recife, vol. 17, n. 2, p. 213-224, jul./dez. 1989.

SALES, Antônio. "Coelho Neto". *Revista da Academia Brasileira de Letras*, Rio de Janeiro, ano 27, vol. 47, n. 158, p. 164-169, fev. 1935.

_____. "Do Lirismo Passional ao Êxtase Místico". In: ALBANO, José. *Rimas*. Rio de Janeiro: Graphia, 1993, p. 214-217 (publicado anteriormente em *Aspectos*, Fortaleza, ano I, n. 1, 1967).

SALES, Fernando. "Afrânio Peixoto e seu Primeiro Romance". In: PEIXOTO, Afrânio. *A Esfinge*. São Paulo: Clube do Livro, 1978, p. 9-10.

_____. "Biografia de Afrânio Peixoto". In: PEIXOTO, Afrânio. *A Esfinge*. São Paulo: Clube do Livro, 1978, p. 13-21.

SALIBA, Elias Thomé. "A Dimensão Cômica do Dilema Brasileiro: Testemunhos da Belle Époque (1890-1914)". *Cultura Vozes*, São Paulo, n. 1, p. 46-53, jan./fev. 1993.

_____. "Juó Bananére e o Humor Ítalo-caipira". *Cultura Vozes*, ano 86, vol. 86, n. 3, p. 53-58, maio/jun. 1992.

_____. "O Dilema da América e o Dilema Nacional: o Humor Verbal na Belle Époque Brasileira (1890-1914)". In: BESSONE, Tânia Maria Tavares & QUEIROZ, Tereza Aline P. (orgs.). *América Latina: Imagens, Imaginação e Imaginário*. Rio de Janeiro/ São Paulo: Expressão e Cultura/Edusp, 1997, p. 391-405.

SANTIAGO, Silviano. "Fechado para Balanço (Sessenta Anos de Modernismo)". *Nas Malhas da Letra*. São Paulo: Companhia das Letras, 1989, p. 75-93.

_____. "Uma Ferroada no Peito do Pé (Dupla Leitura de Triste Fim de Policarpo Quaresma)". *Revista Iberoamericana*, vol. L, n. 126, p. 31-46, jan./mar. 1984.

_____. "Lenha na Fogueira (Leituras em Francês de Brito Broca)". *Remate de Males*, Campinas, Unicamp, n. 11, p. 61-66, 1991.

SANTOS, Antônio Noronha. "Prefácio". In: BARRETO, Lima. *Correspondência*. Tomo I. São Paulo: Brasiliense, 1956, p. 9-15.

_____. "Dois Artigos sobre Lima Barreto". *Autores e Livros. Suplemento Literário de "A Manhã"*, Rio de Janeiro, vol. IV, n. 17, p. 265, maio 1943.

SHARPE, Peggy. "O Caminho Crítico d'*A Viúva Simões*". In: ALMEIDA, Júlia Lopes de. *A Viúva Simões*. Florianópolis: Mulheres, 1999, p. 9-26.

SCHPUN, Monica Raisa. "Du Bon Usage de L'Amour. Stratégies Matrimoniales et Rapports Conjugaux à São Paulo, 1920-1929". *Cahiers des Ameriques Latines*, Université de la Sorbonne Nouvelle, Paris, n. 18, 1994.

SECCO, Carmen L. T. Ribeiro. "A Moda como um 'Ritual Tranqüilizador' na ficção de João do Rio". *Convergência. Revista Cultural do Centro de Estudos do Real Gabinete Português de Leitura*, Rio de Janeiro, ano II, n. 3, p. 75-85, jul./dez. 1977.

SENNA, Homero. "Vida Breve de João do Rio". In: RIO, João do. *A Correspondência de uma Estação de Cura*. São Paulo: Scipione, 1992, p. 132-136 (publicado anteriormente em BIBLIOTECA NACIONAL. *Paulo Barreto. 1881-1921*. Catálogo da Exposição Comemorativa do Centenário de Nascimento. Rio de Janeiro, 1981, p. 9-12).

SERPA, Phocion. "Lima Barreto". *Variações Literárias*. Rio de Janeiro: São Benedicto, 1931, p. 27-66.

SERRA, Tânia. "Memória Cultural e a Construção da Identidade Cultural Brasileira: o Cânone Literário Romântico Oficial". *Cerrados*, Universidade de Brasília, Brasília, ano 7, n. 8, p. 45-54, 1998.

_____. "Graça Aranha e a Academia Brasileira de Letras". *Projeto Memória de Leitura*, Campinas, Unicamp, p. 1-9. Disponível em: <http://www.unicamp.br/iel/histlist/tserra2.html>.

SEVCENKO, Nicolau. "O Cosmopolitismo Pacifista da Belle Époque: Uma Utopia Liberal". *Revista de História*, Universidade de São Paulo, São Paulo, n. 114, p. 85-94, jan./jun. 1983.

_____. "A República Enclausurada". *Revista Usp*, São Paulo, n. 3, p. 25-36, set./out./nov. 1989.

_____. "O Fardo do Homem Culto: Literatura e Analfabetismo no Prelúdio Republicano". *Almanaque*, São Paulo, Brasiliense, n. 14, p. 80-83, 1982.

SILVA, Hélio. "Idéia da República: 1870 até 1889. Propaganda, Proclamação e Consolidação". *Análise e Conjuntura*, Belo Horizonte, vol. 5, n. 2, p. 7-11, maio/ago. 1990.

SILVA, José Maria de Oliveira. "Salvar a América – Educação e História: Nuances do Radicalismo Republicano em Manoel Bonfim". *Revista Brasileira de História*, São Paulo, n. 19, p. 115-134, set. 1989/fev. 1990.

SILVA, Maria Manuela Ramos de Souza. "A República Velha e o Sentimento Anti-Lusitano". In: MAZZOTTI, Alda J. et al. *Tecendo Saberes*. Rio de Janeiro: Diadorim, 1994, p. 291-302.

SILVA, Maurício. "Primeira República e Maximalismo no Brasil". *D. O. Leitura*, Imprensa Oficial do Estado, São Paulo, n. 142, p. 4, mar. 1994.

_____. "Intertextualidades Limabarretianas". *Inter-American Review of Bibliography*, Washington, n. 2, p. 301-315, 1994.

_____. "Marginalidade Literária em Lima Barreto". *Mimesis*, Bauru, V. 16, n. 1, p. 113-122, 1995.

_____. "Influências Queirosianas". *Leopoldianum. Revista de Estudos e Comunicações*, Santos, vol. XXII, n. 60, p. 119-122, abr. 1996.

_____. "Conflitos e Euforia na *Belle Époque* Carioca". *Ciências e Letras. Revista da Faculdade Porto-Alegrense de Educação, Ciências e Letras*, Porto Alegre, n. 17, p. 41-51, ago. 1996.

_____. "Anatole France e Anatolianos no Brasil". *Quadrant*, Montpellier, n. 13, p. 47-56, 1996.

_____. "Júlia Lopes de Almeida e o Poder Doméstico". *Letras & Letras*, Universidade Federal de Uberlândia, Uberlândia, vol. 13, n. 1, p. 119-126, jan./jul. 1997.

_____. "Academia *versus* Confeitaria: Duas Tendências Literárias na *Belle Époque* Carioca". *Revista Letras*, Universidade Federal do Paraná, Curitiba, n. 46, p. 63-82, 1996.

_____. "Benjamim Costallat: o Primeiro Autor *kitsch* da Literatura Brasileira". *Ciências e Letras. Revista da Faculdade Porto-Alegrense de Educação, Ciências e Letras*, Porto Alegre, n. 20, p. 101-108, 1997.

_____. "Revisão do Pré-Modernismo Brasileiro: Uma Proposta". *Iberoamericana. Nordic Journal of Latin American Studies*, Stockholm, vol. 26, ns. 1-2, p. 63-75, 1996.

_____. "Visão Geral da Obra de Lima Barreto". *Estudos Acadêmicos Unibero*, São Paulo, ano IV, n. 8, p. 61-81, ago. 1998.

_____. "A Linguagem do Poder e o Poder da Linguagem: Lima Barreto e a Língua Portuguesa". *Revista de Estudos da Linguagem*, Universidade Federal de Minas Gerais, vol. 7, n. 1, p. 91-105, jan./jun. 1998.

_____. "Confrontos Literários e Lingüísticos no Pré-Modernismo Brasileiro: Lima Barreto *versus* Coelho Neto". *Boletim*, Centro de Letras e Ciências Humanas, Universidade Federal de Londrina, n. 35, jul./dez. 1998, p. 105-130.

_____. "Passadistas e Saudosistas: Os Detratores da Modernidade na Primeira República". *Ciência e Trópico*, Fundação Joaquim Nabuco, Recife, vol. 25, n. 2, p. 281-299, jul./dez. 1997.

_____. "O Sorriso da Sociedade: Literatura e Academicismo no Brasil". *Revista de Critica Literaria Latinoamericana*, Lima-Hannover, n. 49, p. 145-176, 1999.

_____. "Uma Literatura à Beira da Modernização". *Leopoldianum. Revista de Estudos e Comunicações*, Santos, ano 25, n. 68, p. 99-105, jun. 1999.

_____. "Lima Barreto e Coelho Neto: Divergências Literárias na Literatura Brasileira da Passagem do Século". *Matraga*, Uerj, Rio de Janeiro, n. 12, p. 1-16, 1999. Disponível em: <www.uerj.br/~pgletras/revista/mauricio.htm>.

_____. "A Cidade dos Vícios: Releitura de Coelho Neto". *Itinerários*, Universidade Estadual Paulista, Araraquara, n. 11, p. 209-217, 1997.

_____. "Reforma Ortográfica e Nacionalismo Lingüístico no Brasil". *Revista Philologus*, Círculo Fluminense de Estudos Filológicos e Lingüístico, Rio de Janeiro, vol. 15, n. 15, p. 58-67, set./dez. 1999.

_____. "Profissionalização do Escritor e Publicidade Editorial: Dois Capítulos da Leitura Pré-Modernista no Brasil". *Revista Magma*, Universidade de São Paulo, São Paulo, n. 6, p. 65-77, 1999.

_____. "Eça de Queirós: Influências". *Revista do Centro de Estudos Portugueses*, Universidade de São Paulo, São Paulo, n. 2, p. 71-74, 1999.

_____. "Pré-Modernismo e Historiografia Literária Brasileira (Para o Estabelecimento de um Cânone Pré-Modernista Brasileiro)". *Latin American Literary Review*. University of Pittsburgh, Pittsburgh, vol. 27, n. 54, p. 53-67, jul.-dez. 1999.

SILVA, Raymundo. "O Anedotário de Lima Barreto". *Vamos Ler!* Rio de Janeiro, n. 207, p. 22-23, jul. 1940.

SIMÕES, Irene Jeanete Gilberto. "O Tecidodas Raízes: o Pensamento Estético de Lima Barreto". *Leopoldianum*, Santos, vol. VIII, n. 21, p. 63-78, ago. 1981.

SIMÕES, João Gaspar. "Machado de Assis e Eça de Queiroz ou o Humor e a Ironia". *Revista do Brasil*, 3ª fase, ano IV, n. 37, p. 1-3, jul. 1941.

SENNA, Homero. "Brito Broca e Alexandre Eulálio: Afinidades Eletivas". *Remate de Males*, Campinas, Unicamp, n. 11, p. 27-30, 1991.

SLAMA, Béatrice. "Où vont les Sexes? Figures Romanesques et Fantasmes 'Fin de Siècle'". *Europe. Revue Littéraire Mensuelle*. Paris, n. 751/752, p. 27-37, nov./dez. 1991.

SOARES, Orris. "Elogio de Augusto dos Anjos". In: ANJOS, Augusto dos. *Eu e Outras Poesias*. Rio de Janeiro: Bedeschi, s.d., p. 21-46.

SODRÉ, Nelson Werneck. "Influência do Eça". *Vamos Ler*, Rio de Janeiro, ano IV, n. 167, p. 3, out. 1939.

SOIHET, Rachel. "Mulheres Ousadas e Apaixonadas – Uma Investigação em Processos Criminais Cariocas (1890-1930). *Revista Brasileira de História*, São Paulo, vol. 9, n. 18, p. 199-216, ago/set. 1989.

SOMBRA, José. "Para o nosso Poeta, a Vida é uma Doença da Alma e o Mundo é uma Citá Dolente". In: ALBANO, José. *Rimas*. Rio de Janeiro: Graphia, 1993, p. 26-36 (publicado anteriormente em *Almanaque do Ceará*, Fortaleza, 1924).

SOUZA, José Inácio de Melo. "Descoberto o Primeiro Filme Brasileiro". *Revista Usp*, São Paulo, n. 19, p. 171-173, set./out./nov. 1993.

SPEBER, Suzi Frankl. "Vida Literária". *Remate de Males*, Campinas, Unicamp, n. 11, p. 47-55, 1991.

SPENCER, Elbio. "Augusto dos Anjos num Estudo Incolor". In: ANJOS, Augusto dos. *Obra Completa*. Rio de Janeiro: Nova Aguilar, 1995, p. 180-185 (publicado anteriormente em *Jornal do Commercio*, Rio de Janeiro, abr. 1967).

SÜSSEKIND, Flora. "O Cronista & o Secreta Amador". In: RIO, João do. *A Profissão de Jacques Pedreira*. São Paulo: Scipione, 1992, p. IX-XXXI.

TARALLO, Fernando. "Diagnosticando uma Gramática Brasileira: o Português d'aquém e d'além-mar ao Final do Século XIX". In: ROBERTS, Ian & KATO, Mary A. (orgs.). *Português Brasileiro. Uma Viagem Diacrônica*. Campinas: Editora da Unicamp, 1993, p. 69-105.

TAVARES, Adelmar. "Ouvindo Coelho Neto". *Autores e Livros*. Suplemento Literário de *A Manhã*, Rio de Janeiro, vol. IV, n. 12, p. 179, abr. 1943.

TEIXEIRA, António Braz. "Farias Brito". *Revista Brasileira de Filosofia*, São Paulo, vol. XLII, n. 175, p. 249-267, jul./ago./set. 1944.

TERRAMORSI, Bernard. "La Fin du Siècle ou le Retour d'Âge". *Europe. Revue Littéraire Mensuelle*. Paris, n. 751/752, p. 3-14, nov./dez. 1991.

TIBAJI, Alberto. "A Paródia em Revista: Uma Face da Construção do Teatro no Brasil". *Cultura Vozes*, Rio de Janeiro, n. 2, p. 208-219, mar./abr. 1999.

TORRES, Antonio. "O Poeta da Morte". In: ANJOS, Augusto dos. *Eu e Outras Poesias*. Rio de Janeiro: Bedeschi, s.d., p. 7-19.

VALENÇA, Rachel Teixeira. "Introdução". In: AZEVEDO, Arthur. *O Tribofe*. Rio de Janeiro: Nova Fronteira/Casa de Rui Barbosa, 1986, p. 17-32.

_____. "Arthur Azevedo e a Língua Falada no Teatro". In: AZEVEDO, Arthur. *O Tribofe*. Rio de Janeiro: Nova Fronteira/Casa de Rui Barbosa, 1986, p. 225-252.

_____. "O 'Quando Havia Província' de Brito Broca". *Remate de Males*, Campinas, Unicamp, n. 11, p. 103-105, 1991.

_____. "João do Rio: Vida e Obra". *João do Rio. Um Escritor entre Duas Cidades. Exposição Iconográfica*. Poços de Caldas, Instituto Moreira Salles/Casa de Cultura de Poços de Caldas, 1992, p. 11-17.

VAZ, Lilian Fessler. "Dos Cortiços às Favelas e aos Edifícios de Apartamentos – a Modernização da Moradia no Rio de Janeiro". *Análise Social*, Lisboa, vol. XXIX, n. 127, p. 581-597, 1994.

VECCHI, Roberto. "Decadentismo e Alguns Equívocos do Moderno: D'Annunzio e Graça Aranha". *Anais do Quarto Congresso da Abralic*, São Paulo, Edusp, ago. 1994, p. 899-903.

_____. "Algumas Trilhas Dannunzianas no Pré-Modernismo Brasileiro". *Remate de Males*, Campinas, Unicamp, n. 18, p. 123-150, 1998.

VELLOSO, Mônica Pimenta. "A Literatura como Espelho da Nação". *Estudos Históricos*, Rio de Janeiro, vol. 1, n. 2, p. 239-263, 1998.

VENTURA, Roberto. "Euclides da Cunha e a República". *Estudos Avançados*, São Paulo, vol. 10, n. 26, p. 275-291, jan./abr. 1996.

VIEIRA, Celso. "Coelho Neto". *Revista da Academia Brasileira de Letras*, Rio de Janeiro, ano 27, vol. 47, n. 158, p. 154-163, fev. 1935.

VILHENA, Maria da Conceição. "As Duas 'Cantigas Medievais' de Manuel Bandeira". *Revista do Instituto de Estudos Brasileiros*, São Paulo, n. 17, p. 51-66, 1975.

VÍTOR, Nestor. "Vida e Morte de M. J. Gonzaga de Sá por Lima Barreto". In: *Obra Crítica de Nestor Vítor*. Vol. II. Rio de Janeiro/Curitiba: Fundação Casa de Rui Barbosa/Secretaria de Estado da Cultura e do Esporte, 1973, p. 143-150.

_____. "A Água, o Fogo. Conferências Realizadas por Coelho Neto". In: *Obra Crítica de Nestor Vítor*. Vol. III. Rio de Janeiro/Curitiba: Fundação Casa de Rui Barbosa/Secretaria de Estado da Cultura e do Esporte, 1979, p. 287-289.

_____. "Treva por Coelho Neto". In: *Obra Crítica de Nestor Vítor*. Vol. I. Rio de Janeiro/Curitiba: Fundação Casa de Rui Barbosa/Secretaria de Estado da Cultura e do Esporte, 1969, p. 374-378.

_____. "A Festa de Coelho Neto". In: *Obra Crítica de Nestor Vítor*. Vol. I. Rio de Janeiro/Curitiba: Fundação Casa de Rui Barbosa/Secretaria de Estado da Cultura e do Esporte, 1969, p. 446-449.

_____. "Mais um Livro de Afrânio Peixoto". In: *Obra Crítica de Nestor Vítor*. Vol. III. Rio de Janeiro/Curitiba: Fundação Casa de Rui Barbosa/Secretaria de Estado da Cultura e do Esporte, 1979, p. 216-220 (publicado anteriormente em O Globo, 24.12.1928).

_____. "Livro das Damas e Donzelas por D. Júlia Lopes de Almeida". In: *Obra Crítica de Nestor Vítor*. Vol. I. Rio de Janeiro/Curitiba: Fundação Casa de Rui Barbosa/Secretaria de Estado da Cultura e do Esporte, 1969, p. 386-388.

_____. "As Religiões do Rio por João do Rio (Paulo Barreto)". In: *Obra Crítica de Nestor Vítor*. Vol. I. Rio de Janeiro/Curitiba: Fundação Casa de Rui Barbosa/Secretaria de Estado da Cultura e do Esporte, 1969, p. 382-385.

XAVIER, Elódia. "Júlia Lopes de Almeida: o Discurso do Outro". *Travessia*, Florianópolis, n. 23, p. 178-184, 1991.

WALDMAN, Berta. "Brito Broca e Alexandre Eulálio: Dois Viajantes". *Remate de Males*, Campinas, Unicamp, n. 11, p. 21-25, 1991.

WEHRS, Carlos. "Algumas Considerações Acerca do Rio Antigo, Segundo a Obra Literária de Aluísio de Azevedo". *Revista do Instituto Histórico e Geográfico Brasileiro*, Rio de Janeiro, vol. 151, n. 367, p. 245-266, abr./jun. 1990.

Teses

ALVAREZ, Marcos César. *Bacharéis, Criminologistas e Juristas: Saber Jurídico e Nova Escola Penal no Brasil (1889-1930)*. São Paulo, FFLCH/USP, 1996 (Tese de doutorado).

ALVES, Lizir Arcanjo. *Poesia e Vida Literária na Bahia de 1890 a 1915*. São Paulo, FFLCH/USP, 1986 (Dissertação de mestrado).

BRANDÃO, Gilda Vilela. *Entre a Festa e o Desespero. A Decadência em João do Rio*. Maceió, UFAL, 1996 (Dissertação de mestrado).

CARA, Salete de Almeida. *A Exceção e a Regra. Estudo sobre a Linhagem Criativa da Crítica Brasileira no Momento do Parnasianismo-Simbolismo*. São Paulo, FFLCH/USP, 1979 (Tese de doutorado).

CARVALHO, Flávia Paula. *A Representação da Natureza no Regionalismo Pré-Modernista*. São Paulo, FFLCH/USP, 1994 (Dissertação de mestrado).

CAVALIERI, Ruth Villela. *Academia de Letras: Sobrevivência, Ludismo e Ritualização*. Rio de Janeiro, PUC, 1990 (Tese de doutorado).

COSTA, Ediná Alves. *Vigilância Sanitária. Defesa e Proteção da Saúde*. São Paulo, Faculdade de Saúde Pública, USP, 1998 (Tese de doutorado).

CRESPO, Regina Ainda. *Crônicas e Outros Registros: Flagrantes do Pré-Modernismo (1911-1918)*. Campinas, Unicamp, 1990 (Dissertação de mestrado).

ELAZARI, Judith Mader. *Lazer e Vida Urbana. São Paulo, 1850-1910*. São Paulo, FFLCH/USP, 1979 (Dissertação de mestrado)

ELEUTÉRIO, Maria de Lourdes. *De Esfinges e Heroínas. A Condição da Mulher Letrada na Transição do Fim do Século*. São Paulo, FFLCH, 1997 (Tese de doutorado).

EL FAR, Alessandra. *A Encenação da Imortalidade. Uma Análise da Academia Brasileira de Letras nos Primeiros Anos (1897-1924)*. São Paulo, FFLCH/USP, 1997 (Dissertação de mestrado).

FERREIRA, Sandra Aparecida. *Entre a Biblioteca e o Bordel. A Sátira Narrativa em* Madame Pommery *de Hilário Tácito*. São Paulo, FFLCH/USP, 1998 (Dissertação de mestrado).

GENS FILHO, Armando Ferreira. *Visibilidade e Espacialidade: Poetas, Poemas, Livros, Jornais e Centros Culturais entre 1870-1900*. São Paulo, FFLCH/USP, 1999 (Tese de doutorado).

FRANÇA, Jean Marcel Carvalho. *A Literatura e o Literato no Rio de Janeiro do Século XIX*. Belo Horizonte, UFMG, 1994 (Tese de doutorado).

HELD, Maria Sílvia Barros de. *Considerações Plásticas sobre "Art Nouveau" nos Anúncios Publicitários Ilustrados do Início do Século XX em São Paulo*. São Paulo, ECA/USP, 1981 (Dissertação de mestrado).

JÚNIOR, Milton Marques. *Da Ilha de São Luís aos Refolhos de Botafogo: a Trajetória Literária de Aluísio Azevedo da Província à Corte*. João Pessoa, Universidade Federal da Paraíba, 1995 (Tese de doutorado).

LEITE, Marli Quadros. *O Purismo Lingüístico. Suas Manifestações no Brasil*. São Paulo, FFLCH/USP, 1996 (Tese de doutorado).

LIMA, Yedda Dias. *Academia Brasílica dos Acadêmicos Renascidos. Fontes e Textos*. São Paulo, FFLCH/USP, 1980 (Tese de doutorado).

LOPES, Marcos Aparecido. *No Purgatório da Crítica. Coelho Neto e o seu Lugar na História da Literatura Brasileira*. Campinas, Unicamp, 1997 (Dissertação de mestrado).

MENDONÇA, Marina Gusmão de. *Desenvolvimento e Miséria. As Raízes da Revolta de 1904*. São Paulo, FFLCH/USP, 1988 (Dissertação de mestrado).

NADÓLSKIS, Hêndricas. *A Língua Literária de Lima Barreto: Traços Distintivos*. São Paulo, FFLCH/USP, 1989 (Tese de doutorado).

OLIVEIRA, Ana Luiza Martins Camargo. *Revistas em Revista... Imprensa e Práticas Culturais em Tempos de República. 1890-1922*. São Paulo, FFLCH/USP, 1997 (Tese de doutorado).

ORLOV, Martha Lívia Volpe. *A Revista do Brasil e a Formação de uma Consciência Nacional.* São Paulo, FFLCH/USP, 1980 (Dissertação de mestrado)

PAIVA, Denise Maria de. *As Categorias da Literatura Brasileira na Revista do Brasil (1916-9).* Assis, Unesp, 2 vols., 1992 (Dissertação de mestrado).

PAULILLO, Maria Célia Rua de A. *Penumbrismo e Participação Social. Afonso Schmidt e a Literatura Paulista (1906-1928).* São Paulo, USP, 1999 (Tese de doutorado).

PENNA, Lincoln de Abreu. *O Progresso da Ordem. O Florianismo e a Construção da República.* São Paulo, FFLCH/-USP, 1994 (Tese de doutorado).

PRADO, Antonio Arnoni. *Lauréis Insígnes no Roteiro de 22.* São Paulo, FFLCH/USP, 1979 (Tese de doutorado).

RESENDE, Beatriz. *Dentes Negros Cabelos Azuis. Lima Barreto e a Cidadania em Fragmentos.* Rio de Janeiro, UFRJ, 1989 (Tese de doutorado).

SÁ, Jorge de. *João do Rio. À Margem da Modernidade?.* São Paulo, FFLCH/USP, 1987 (Tese de doutorado).

SIGNER, Rena. *Academia Brasileira de Letras: Nacionalismo à Francesa.* São Paulo, FFLCH/USP, 1988 (Dissertação de mestrado).

SILVA, José Maria de Oliveira. *Da Educação à Revolução. Radicalismo Republicano em Manoel Bomfin.* São Paulo, FFLCH/USP, 1990 (Dissertação de mestrado).

TEORIA GERAL E LITERÁRIA

Livros

ALBERT, P. & TERROU, F. *História da Imprensa.* São Paulo: Martins Fontes, 1990.

ALI, Said. *Dificuldades da Língua Portuguesa. Estudos e Observações.* Rio de Janeiro: Francisco Alves, 1930.

ARISTÓTELES; HORÁCIO; LONGINO. *A Poética Clássica.* Trad. Jaime Bruna. São Paulo: Cultrix/Edusp, 1981.

AUERBACH, Erich. *Mimesis. A Representação da Realidade na Literatura Ocidental.* São Paulo: Perspectiva, 1976.

AUROUX, Sylvain. *A Revolução Tecnológica da Gramatização.* Campinas: Editora da Unicamp, 1992.

BAKHTIN, Mikhail. *Problemas da Poética de Dostoiévski.* Rio de Janeiro: Forense-Universitária, 1981.

_____. *Questões de Literatura e de Estética. A Teoria do Romance.* São Paulo: Hucitec, 1990.

_____. *Marxismo e Filosofia da Linguagem. Problemas Fundamentais do Método Sociológico na Ciência da Linguagem.* São Paulo: Hucitec, 1988.

_____. *The Formal Method in Literay Scholarship. A Critical Introduction to Sociological Poetics.* Londres: Johns Hopkins, 1978.

_____. *A Cultura Popular na Idade Média e no Renascimento. O Contexto de François Rabelais.* São Paulo/Brasília: Hucitec/Universidade de Brasília, 1987.

BARROS, Diana Luz Pessoa de & FIORIN, José Luiz. *Dialogismo, Polifonia, Intertextualidade. Em Torno de Bakhtin.* São Paulo: Edusp, 1994.

BARTHES, Roland. *Le Degré Zéro de l'Écriture.* Paris: Seuil, 1972

BARTHES, Roland et al. *Littérature et Réalité.* Paris: Seuil, 1982.

_____. *Poétique du Récit.* Paris: Seuil, 1977.

_____. *Estructuralismo y Literatura.* Buenos Aires: Ediciones Nueva Visión, 1970.

BELLEMIN-NOËL, Jean. *Psicanálise e Literatura.* São Paulo: Cultrix, 1983.

BENJAMIN, Walter. *Magia e Técnica, Arte e Política. Ensaios sobre Literatura e História da Cultura.* São Paulo: Brasiliense, 1986.

_____. *Rua de Mão Única.* São Paulo: Brasiliense, 1994.

_____. *Charles Baudelaire. Um Lírico no Auge do Capitalismo.* São Paulo: Brasiliense, 1995.

BENVENISTE, Émile. *Problemas de Lingüística Geral.* São Paulo: Companhia Editora Nacional/Edusp, 1976.

BERSANI, Leo. *Théorie et Violence. Freud et l'Art.* Paris: Seuil, 1984.

BINNI, Walter. *La Poetica del Decadentismo.* Firenze: Sansoni, 1962.

BLOOM, Harold. *A Angústia da Influência. Uma Teoria da Poesia.* Rio de Janeiro: Imago, 1991.

BOIVIN, Émile. *Histoire du Journalisme.* Paris: Presses Universitaires de France, 1949.

BOURDIEU, Pierre. *Ce que parler veut dire. L'économie des échanges linguistiques.* Paris: Fayard, 1982.

_____. *As Regras da Arte. Gênese e Estrutura do Campo Literário.* São Paulo: Companhia das Letras, 1996.

BOURNNEUF, Roland & OUELLET, Réal. *O Universo do Romance*. Coimbra, Almedina, 1976.

BRANDÃO, Helena H. Nagamine. *Introdução à Análise do Discurso*. Campinas: Editora da Unicamp, 1997.

BRANDÃO, Roberto de Oliveira. *A Tradição Sempre Nova*. São Paulo: Ática, 1976.

BROOKS, Peter. *Psychoanalysis and Storytelling*. Cambridge: Blackwell, 1994.

CANDIDO, Antonio *et al*. *A Personagem de Ficção*. São Paulo: Perspectiva, 1987.

CAPELATO, Maria Helena R. *Imprensa e História do Brasil*. São Paulo: Contexto/Edusp, 1988.

CARS, Jean des & PINON, Pierre. *Paris-Haussmann*. *"Le Pari d'Haussmann"*. Paris: Picard, 1991.

CARVALHAL, Tania Franco. *Literatura Comparada*. São Paulo: Ática, 1986.

CASA NOVA, Vera. *Lições de Almanaque. Um Estudo Semiótico*. Belo Horizonte: Editora UFMG, 1996.

CASSIRER, Ernst. *Language and Mithy*. Nova York: Dover, 1953.

CHAMPIGNEULLE, B. *A "Art Nouveau"*. São Paulo: Verbo/Edusp, 1976.

CHARTIER, Roger (org.). *Práticas de Leitura*. São Paulo: Estação Liberdade, 1996.

CIDADE, Hernâni. *O Conceito de Poesia como Expressão da Cultura. Sua Evolução através das Literaturas Portuguesa e Brasileira*. São Paulo: Livraria Acadêmica, 1946.

CITELLI, Adilson. *Linguagem e Persuasão*. São Paulo: Ática, 1997.

CLANCIER, Anne. *Psychanalyse et Critique Littéraire*. Toulouse: Nouvelle Recherche/ Privat, 1973.

COSTA, Lígia Militz. *A Poética de Aristóteles. Mímese e Verossimilhança*. São Paulo: Ática, 1992.

COUTO, Hildo H. do. *O que é Português Brasileiro*. São Paulo: Brasiliense, 1994.

CUNHA, Celso. *Língua Portuguesa e Realidade Brasileira*. Rio de Janeiro: Tempo Brasileiro, 1986.

_____. *Uma Política do Idioma*. Rio de Janeiro: Tempo Brasileiro, 1976.

DELEVOY, Robert L. *Victor Horta*. Bruxelas: Elsevier, 1958.

DOSSE, François. *A História em Migalhas. Dos Annales à Nova História*. São Paulo/Campinas: Ensaio/Editora da Unicamp, 1992.

DUCHET, Claude *et al*. *Sociocritique*. Paris: Nathan, 1979.

EAGLETON, Terry. *Teoria Literária. Uma Introdução*. São Paulo: Martins Fontes, s.d.

ESTRELA, Edite. *A Questão Ortográfica. Reforma e Acordos da Língua Portuguesa*. Lisboa: Editorial Notícias, s.d.

ETIEMBLE. *Comparaison n'est pas raison. La crise de la littérature comparée*. Paris: Gallimard, 1963

FERRARA, Lucrécia d'Aléssio. *Ver a Cidade: Cidade, Imagem, Leitura*. São Paulo: Nobel, 1988.

FIORIN, José Luiz. *Linguagem e Ideologia*. São Paulo: Ática, 1988.

FISCHER, Claude S. *The Urban Experience*. Nova York: Harcourt Brace Jovanovich, 1976.

FOKKEMA, Douwe W. *História Literária, Modernismo e Pós-Modernismo*. Lisboa: Vega, s.d.

FORSTER, E. M. *Aspectos do Romance*. Porto Alegre: Globo, 1969.

FOUCAULT, Michel. *As Palavras e as Coisas. Uma Arqueologia das Ciências Humanas*. São Paulo: Martins Fontes, 1987.

_____. *A Arqueologia do Saber*. Rio de Janeiro: Forense-Universitária, 1987.

FRYE, Northrop. *Anatomia da Crítica*. São Paulo: Cultrix, s.d.

_____. *O Caminho Crítico. Um Ensaio sobre o Contexto Social da Crítica Literária*. São Paulo: Perspectiva, 1973.

GADET, Françoise & HAK, Tony (orgs.). *Por uma Análise Automática do Discurso. Uma Introdução à Obra de Michel Pêcheux*. Campinas: Editora da Unicamp, 1993.

GOLDMANN, Lucien. *A Sociologia do Romance*. Rio de Janeiro: Paz e Terra, 1976.

GOMES, Renato Cordeiro. *Todas as Cidades, a Cidade. Literatura e Experiência Urbana*. Rio de Janeiro: Rocco, 1994.

GNERRE, Maurizzio. *Linguagem, Escrita e Poder*. São Paulo: Martins Fontes, 1987

GUIMARÃES, Eduardo & ORLANDI, Eni Puccinelli (orgs.). *Língua e Cidadania. O Português no Brasil*. Campinas: Pontes, 1996.

GUILLÉN, Claudio. *Entre lo Uno y lo Diverso. Introducción a la Literatura Comparada*. Barcelona: Editorial Crítica, 1985.

HARTMAN, Geoffrey H. (ed.). *Psychoanalysis and the Question of the Text*. Baltimore: The Johns Hopkins University Press, 1978.

HORACIO. *Arte Poética*. In: ARISTÓTELES, HORACIO, LONGINO. *A Poética Clássica*. São Paulo: Cultrix/Edusp, 1981, p. 53-68

HUNT, Lynn. *A Nova História Cultural*. São Paulo: Martins Fontes, 1995.

HUTCHEON, Linda. *A Theory of Parody. The Teachings of Twentieth-Century Art Forms*. Nova York/ Londres: Methuen, 1985.

ISER, Wolfgang. *L'Acte de Lecture. Théorie de l'Effet Esthétique*. Sprimont: Mardaga, 1997.

JAMESON, Fredric. *O Inconsciente Político. A Narrativa como Ato Socialmente Simbólico*. São Paulo: Ática, 1992.

JAUSS, Hans Robert. *A História da Literatura como Provocação à Teoria Literária*. São Paulo: Ática, 1994.

KRISTEVA, Julia. *Le langage, cet inconnu. Une initiation à la linguistique*. Paris: Seuil, 1981.

KUNDERA, Milan. *The Art of the Novel*. Londres: Faber and Faber, 1988.

LANSON, Gustave. *Méthodes de l'Histoire Littéraire*. Paris: Les Belles Lettres, 1925.

_____. *Essais de Méthode de Critique et d'Histoire Littéraire*. Paris: Hachette, 1965.

LAPA, M. Rodrigues. *Estilística da Língua Portuguesa*. Coimbra, 1975.

LAVER, James. *A Roupa e a Moda. Uma História Concisa*. São Paulo: Companhia das Letras, 1993.

LEFÉBVRE, Henri. *La Revolución Urbana*. Madri: Alianza Editorial, 1983.

LESSING, Gotthold Efraim. *Laocoonte o sobre los Límites em la Pintura y la Poesía*. Buenos Aires: Orbis, 1985.

LEUENROTH, Edgard. *A Organização dos Jornalistas Brasileiros. 1908-1951*. São Paulo: Com-Arte, 1987.

LIMA, Alceu Amoroso. *O Jornalismo como Gênero Literário*. São Paulo: Com-Arte/ Edusp, 1990.

LODGE, David. *After Bakhtin. Essays on Fiction and Criticsm*. Londres: Routledge, 1990.

_____ (ed.). *Modern Criticism and Theory. A Reader*. Londres/Nova York: Longman, 1988.

LUBBOCK, Percy. *A Técnica da Ficção*. São Paulo: Cultrix/Edusp, 1976.

LUFT, Celso Pedro. *Literatura Portuguesa e Brasileira*. Porto Alegre: Globo, 1979.

_____. *Língua e Liberdade. O Gigolô das Palavras. Por uma Nova Concepção da Língua Materna*. Porto Alegre: L&PM, 1985.

LUKÁCS, György. *La Signification Présente du Réalisme Critique*. Paris: Gallimard, 1960.

MAFFESOLI, Michel. *A Conquista do Presente*. Rio de Janeiro: Rocco, 1984.

MAINGUENEAU, Dominique. *O Contexto da Obra Literária. Enunciação, Escritor, Sociedade*. São Paulo: Martins Fontes, 1995.

_____. *Novas Tendências em Análise do Discurso*. Campinas: Pontes/ Editora da Unicamp, 1997.

_____. *Elementos de Lingüística para o Texto Literário*. São Paulo: Martins Fontes, 1996

MARCUSE, Herbert. *A Dimensão Estética*. São Paulo: Martins Fontes, 1981.

MARTIN, Marc. *Médias et Journalistes de la République*. Paris: Odile Jacob, 1997.

MARTINS, Nilce Sant'Anna. *História da Língua Portuguesa. Século XIX*. São Paulo: Ática, 1988.

MEDINA, Cremilda. *Notícia. Um Produto à Venda. Jornalismo na Sociedade Urbana e Industrial*. São Paulo: Summus, 1988.

MELO, Gladstone Chaves de. *A Língua do Brasil*. Rio de Janeiro: Editora FGV, 1975.

MELO, José Marques de. *Sociologia da Imprensa Brasileira*. Petrópolis, Vozes, 1973.

MEYER-MINNEMANN, Klaus. *La Novela Hispanoamericana de Fin de Siglo*. Cidade do México: Fondo de Cultura Económica, 1991.

MITCHELL, Bonner. *Les Manifestes Littéraires de la Belle Époque. 1886-1914. Anthologie Critique*. Paris: Seghers, 1966.

MONTEIRO, Mário Ypiranga. *Aspectos Evolutivos da Língua Nacional*. Manaus: s.e., 1946.

MOREL, Edmar. *A Trincheira da Liberdade. História da Associação Brasileira de Imprensa*. Rio de Janeiro: Record, 1988.

MORETTO, Fulvia M. L. (org.). *Caminhos do Decadentismo Francês*. São Paulo: Perspectiva/Edusp, 1989.

MUIR, Edwin. *A Estrutura do Romance*. Porto Alegre: Globo, 1975.

NEVES, Maria Helena de Moura. *A Vertente Grega da Gramática Tradicional*. São Paulo/Brasília: Hucitec/Editora Universidade de Brasília, 1987, p. 98.

NEWTON, K. M. (ed./int.). *Twentieth-Century Literary Theory. A Reader*. Londres: Macmillan, 1993.

NITRINI, Sandra. *Literatura Comparada. História, Teoria e Crítica*. São Paulo: Edusp, 1997.

OLINTO, Antônio. *Jornalismo e Literatura*. Rio de Janeiro: Imprensa Nacional, 1955.

OLINTO, Heidrun Krieger. *Histórias de Literatura. As Novas Teorias Alemãs*. São Paulo: Ática, 1996.

_____ (sel., trad., apr.). *Ciência da Literatura Empírica: Uma Alternativa*. Rio de Janeiro: Tempo Brasileiro, 1989.

ORLANDI, Eni Puccinelli (org.). *Gestos de Leitura. Da História no Discurso*. Campinas: Editora da Unicamp, 1994.

PERRONE-MOISÉS, Leyla. *Altas Literaturas. Escolha e Valor na Obra Crítica dos Escritores Modernos*. São Paulo: Companhia das Letras, 1998.

PICHOIS, Claude & ROUSSEAU, André-M. *La Littérature Comparée*. Paris: Librairie Armand Colin, 1967.

PINTO, Edith Pimentel. *História da Língua Portuguesa. Século XX*. São Paulo: Ática, 1988.

PRAZ, Mario. *Literatura e Artes Visuais*. São Paulo: Cultrix/Edusp, 1982.

RAMA, Angel. *A Cidade das Letras*. São Paulo: Brasiliense, 1985.

RAMOS, Ricardo. *Do Reclame à Comunicação. Pequena História da Propaganda no Brasil*. São Paulo: Atual, 1985.

RICHARDS, I. A. *Princípios de Crítica Literária*. Porto Alegre: Globo, 1971.

SALDANHA, Nelson. *O Jardim e a Praça. O Privado e o Público na Vida Social e Histórica*. São Paulo: Edusp, 1993.

SANTOS, Milton. *A Urbanização Brasileira*. São Paulo: Hucitec, 1994.

SANT'ANNA, Affonso Romano. *Paródia, Paráfrase e Cia*. São Paulo: Ática, 1988.

SARTRE, Jean-Paul. *Que é Literatura?* São Paulo: Ática, 1989.

SCARPIT, Robert. *Sociologie de la Littérature*. Paris: Presses Universitaires de France, 1964.

SCHILLER, F. von. *Poèsie Naïve et Poèsie Sentimentale*. Trad. Robert Leroux. Paris: Aubier, 1947.

SCHÜLLER, Donaldo. *Teoria do Romance*. São Paulo: Ática, 1989.

SENNETT, Richard. *O Declínio do Homem Público. As Tiranias da Intimidade*. São Paulo: Companhia das Letras, 1993.

SINGER, Paul. *Economia Política da Urbanização*. São Paulo: Brasiliense, 1976.

SOARES, Angélica. *Gêneros Literários*. São Paulo: Ática, 1989.

SOBRINHO, Barbosa Lima. *O Problema da Imprensa*. São Paulo: Edusp/Com-Arte, 1997.

SOUZA, Itamar de. *O Compadrio: da Política ao Sexo*. Petrópolis: Vozes, 1981.

SPINA, Segismundo. *Na Madrugada das Formas Poéticas*. São Paulo: Ática, 1982.

STEINER, George. *Linguagem e Silêncio. Ensaios sobre a Crise da Palavra*. São Paulo: Companhia das Letras, 1988.

_____. *On Difficulty and Other Essays*. Oxford: Oxford University Press, 1980.

_____. *Extraterritorial. A Literatura e a Revolução da Linguagem*. São Paulo: Companhia das Letras, 1990.

TADIÉ, Jean-Yves. *Le Critique Littéraire au XXe. Siècle*. Paris: Pierre Belfond, 1987.

TIEDEMANN, Rolf. *Études sur la Philosophie de Walter Benjamin*. Paris: Actes Sud, 1987.

TODOROV, Tzvetan. *Mikhaïl Bakhtine. Le Principe Dialogique*. Paris: Seuil, 1981.

_____. *Poética*. Lisboa: Teorema, 1973.

_____ (org.). *Théorie de la Littérature. Textes des Formalistes Russes*. Paris: Seuil, 1965.

VAN TIEGHEM, Paul. *La Littérature Comparée*. Paris: Librairie Armand Colin, 1939.

VELHO, Otávio Guilherme (org.). *O Fenômeno Urbano*. Rio de Janeiro: Zahar, 1979.

VEYNE, Paul. *Comment on écrit l'histoire*. Paris: Seuil, 1978.

VOVELLE, Michel. *Ideologias e Mentalidades*. São Paulo: Brasiliense, 1987.

WALTERS, Thomas (ed.). *Art Nouveau Graphics*. Nova York: St. Martin, 1974.

WHITE, Hayden. *Trópicos do Discurso. Ensaios sobre a Crítica da Cultura*. São Paulo: Edusp, 1994.

WILLIAMS, Raymond. *O Campo e a Cidade na História e na Literatura*. São Paulo: Companhia das Letras, 1989.

_____. *Cultura*. Rio de Janeiro: Paz e Terra, 1992.

YOUNG, Robert (ed., int.). *Untying the Text: A Pos-Structuralist Reader*. Londres/Nova York: Routledge, 1987.

ZAGURY, Eliane. *A Escrita do Eu*. Rio de Janeiro: Civilização Brasileira, 1982.

Artigos

ALBANO, Celina & WERNECK, Nisia. "Anotações Sobre Espaço e Vida Cotidiana". *Revista de Estudos Regionais e Urbanos*, Núcleo de Estudos Regionais e Urbanos, São Paulo, ano 6, n. 17, p. 33-43, 1986.

ARRUDA, José Jobson. "História da História". *Revista da Faculdade de Letras*, Lisboa, n. 21/22, p. 211-222, 5.ª Série, 1996/1997.

BARROS, Diana Luz Pessoa de. "Dialogismo e Enunciação". *Anais do Quinto Encontro da Anpoll*, Porto Alegre, s.e., 1991.

BRAIT, Beth. "Vozes: a Co-participação Discursiva". *Anais do Quinto Encontro da Anpoll*, Porto Alegre, s.e., 1991.

BRESCIANI, Maria Stella Martins. "Metrópoles: as Faces do Monstro Urbano (As Cidades no Século XIX). *Revista Brasileira de História*, São Paulo, vol. 5, ns. 8/9, p. 33-68, set. 1984/abr. 1985.

BUCK-MORSS, Susan. "O *Flâneur*, o Homem-Sanduíche e a Prostituta: a Política do Perambular". *Espaço e Debates*. São Paulo, n. 29, p. 9-31, 1990.

CAMPOS, Maria Consuelo Cunha. "Cânone e Literatura. Estado Atual da Questão". *Qfwfq*, Rio de Janeiro, Universidade Estadual do Rio de Janeiro, vol. 1, n. 1, p. 47-67, 1995.

CARRANZA, Luz Rodríguez. "De la Retórica a la Historia Literaria". *La Torre*, Universidad de Puerto Rico, Porto Rico, ano II, n. 4/5, p. 391-406, abr./set. 1997.

CARVALHAL, Tania Franco. "O Lugar da Literatura Comparada Na América Latina (Preliminares de uma Reflexão)". *Boletim Bibliográfico. Biblioteca Mário de Andrade*. São Paulo, vol. 47, n. 1/4, p. 9-16, jan./dez. 1986

_____. "Literatura Comparada: a Estratégia Interdisciplinar". *Revista de Literatura Comparada*, Abralic, Niterói, vol. 1, p. 9-21, 1991.

_____. "Comparativismo Literário e História: a Busca de Imagens Fundadoras". In: SOUZA, Eneida M. de & PINTO, Júlio C. M. (orgs.). *Primeiro e Segundo Simpósios de Literatura Comparada. Anais*. Universidade Federal de Minas Gerais, Belo Horizonte, vol. 1, p. 229-238, 1987.

CHAGASTELLES, Tania Maria Seggiaro. "A Contribuição da Escola dos Annales para a Historiografia do Seculo XX". *Ciências e Letras. Revista da Faculdade Porto-Alegrense de Educação, Ciências e Letras*, Porto Alegre, n. 18, p. 7-22, 1997.

COSTA, Danuta Teresa Mozejko de. "Variaciones en las Relaciones Intertextuales como Estrategias de Verosimilización". *Signo e Seña*, Universidad de Buenos Aires, Buenos Aires, n. 1, p. 51-65, nov. 1992.

CUNHA, Fausto. "Alceste". *A Luta Literária*. Rio de Janeiro: Lidador, 1964, p. 165-169.

DÄLLENBACH, Lucien. "Intertexte et autotexte". *Poétique*, Paris, n. 27, p. 282-296, 1979.

DAVIS, Kingsley. The origin and Growth of Urbanization in the World". *The American Journal of Sociology*, vol. 60, n. 5, p. 429-437, mar. 1955.

DIMAS, Antonio. "Ambigüidade da Crônica: literatura ou jornalismo?". *Littera*, ano IV, n. 12, p. 46-51, set./dez. 1974.

DOSSE, Françoise. "L'Histoire Littéraire, Fille de Clio". *Le Français Aujourd'hui*. Paris, n. 72, p. 31-39, dez. 1985.

FAURE, Alain. "Urbanisation et Exclusion dans le Passé Parisien (1850-1950)". *Vingtième Siècle. Revue d'Histoire*, Paris, n. 47, p. 58-69, jun./set. 1995.

FÁVERO, Leonor Lopes. "Paródia e Dialogismo". *Anais do Quinto Encontro da Anpoll*, Porto Alegre, s.e., 1991.

FERRARA, Lucrécia d'Allessio. "Um Olhar entre Vizinhos. Espaço Social: Linguagem e Interpretação". *Espaço e Debates*. São Paulo, n. 29, p. 32-41, 1990.

FIORIN, José Luiz. "Polifonia Textual e Discursiva". *Anais do Quinto Encontro da Anpoll*, Porto Alegre, s.e., 1991.

FONSECA, Maria N. Soares. "Intertextualidade e Intercontextualidade – Formas de Aproximação entre o Eu e o Outro". *Cadernos de Lingüística e Teoria da Literatura*, Belo Horizonte, Faculdade de Letras a UFMG, vols. 9/10 (18-20): 145-159, 1987/1988.

FREITAS, Maria Teresa de. "A História na Literatura: Princípios de Abordagem". *Revista de História*, Universidade de São Paulo, n. 117, p. 171-176, jul./dez. 1984.

GODELIER, Maurice. "Poder y Lenguaje". *Eco. Revista de la Cultura de Occidente*, Bogotá, tomo XLI/1, n. 247, p. 88-99, maio 1982.

GULLEY, Norman. "Aristotle on the Purposes of Literature". In: BARNES, J.; SCHOFIELD, M.; SORABJI, R. (eds.). *Articles on Aristotle*. Londres: Duckworth, 1979, p. 166-177.

HAUSER, Susanne. "The Perception of the City". *Espace et Sociétes. Revue Critique Internationale de l'Amenagement de l'Architecture et de l'Urbanization*. France, n. 47, 1985.

HUTCHEON, Linda. "Parody Without Ridicule: Observations on Modern Literary Parody". *Canadian Review of Comparative Literature*, n. 5, p. 201-211, primavera 1978.

IDT, Geneviève. "'Intertextualités', 'transposition', critique des sources". *Nova Renascença*, p. 5-20, jan./mar. 1984.

ISSACHAROFF, Michael. "Parody, Satire and Ideology, or the Labyrinth of Reference". *Rivista di Letterature Moderne e Comparate*, vol. XLII, Nuova Serie, fasc. 3, p. 211-221, jul./set. 1989.

JENNY, Laurent. "A Estratégia da Forma". *Poétique*, Coimbra, n. 27, p. 5-49, 1979.

JONAS, Stephan. "Urbanisme Réformiste et Habitation em Europe au début du XXème. Siècle". *Espace et Sociétes. Revue Critique Internationale de l'Amenagement de l'Architecture et de l'Urbanization*. France, n. 34/35, jun./dez. 1980.

JOSEF, Bella. "O Espaço da Paródia, o Problema da Intertextualidade e a Carnavalização". *Tempo Brasileiro*. n. 62, p. 53-70, jul./set. 1980.

KERMODE, Frank. "Canon y período". *Historia y Valor. Ensayos sobre Literatura y Sociedad*. Barcelona, Venísula, 1990, p. 143-166.

KROEBER, A. L. "On the Principle of Order in Civilization as Exemplified by Changes of Fashion". *American Antropologist*, vol. 21, n. 3, p. 235-263, jul./set. 1919.

LAJOLO, Marisa. "A *Biblioteca Lusitana*, Tetravô Ilustre da História da Literatura em Língua Portugesa". *Revista Brasileira de Literatura Comparada*, São Paulo, Abralic, n. 2, p. 87-95, maio 1994.

_____. "Literatura e História da Literatura: Senhoras muito Intrigantes". In: MALLARD, Letícia *et al. História da Literatura. Ensaios*. Campinas: Editora da Unicamp, 1994, p. 19-36.

_____. "Leitura-literatura: mais do que uma rima, menos do que uma solução". In: ZILBERMAN, R.; SILVA, Ezequiel T. (org.). *Leitura. Perspectivas Interdisciplinares*. São Paulo: Ática, 1988, p. 87-99.

LOPES, Edward. "Carnavalização e Dialogicidade em Bakhtin". *Anais do Quinto Encontro da Anpoll*, Porto Alegre, s.e., 1991.

LUKÁCS, György. "'Tendency' or Partisanship?". *Essays on Realism*. Cambridge/Massachussets, The MIT Press, 1980, p. 33-44.

MIGNOLO, Walter. "Lógica das Diferenças e Políticas das Semelhanças da Literatura que Parece História ou Antropologia, e Vice-Versa". In: CHIAPPINI, L. & AGUIAR, Flávio W. (orgs.). *Literatura e História na América Latina. Seminário Internacional (1991)*. São Paulo: Edusp, 1993, p. 115-135

MONTEIRO, Charles. "A Nova História: Novos Problemas e Novas Abordagens". *Ciências e Letras. Revista da Faculdade Porto-Alegrense de Educação, Ciências e Letras*, Porto Alegre, n. 18, p. 23-28, 1997.

NEVES, Margarida de Souza. "História da Crônica. Crônica da História". In: RESENDE, Beatriz (org.). *Cronistas do Rio*. Rio de Janeiro: José Olympio/CCBB, 1995, p. 15-31.

NITRINI, Sandra. "Em torno da literatura comparada". *Boletim Bibliografico. Biblioteca Mário de Andrade*. São Paulo, vol. 47, n. 1/4, p. 39-53, jan./dez. 1986

OLINTO, Heidrun Krieger. "Estratégias de Canonização nas Letras". *Travessia*, Florianópolis, UFSC, n. 29/30, p. 43-54, 1994/1997.

PAES, José Paulo. "Huysmans ou a Nevrose do Novo". In: HUSMANS, J.-K. *Às Avessas*. São Paulo: Companhia das Letras, 1987, p. 5-28.

PÉREZ, Alberto Julián. "Aproximaciones al canon: la literatura latinoamericana y la critica en lengua inglesa". *Modernismo, Vanguardias, Posmodernidad. Ensayos de Literatura Hispanoamericana*. Buenos Aires, Corregidor, 1995, p. 306-316.

PERRONE-MOISÉS, Leyla. "Literatura Comparada, Intertexto e Antropofagia". In: *Flores da Escrivaninha*. São Paulo: Companhia das Letras, 1990, p. 91-99

PRETI, Dino. "Para um Aproveitamento Sociolingüístico do Texto Literário". *Tradução e Comunicação. Revista Brasileira de Tradutores*, São Paulo, n. 3, p. 7-22, dez. 1983.

PREZIOSI, Donald. "Structure as Power: The Mechanism of Urban Meaning". *Espace et Sociétes. Revue Critique Internationale de l'Amenagement de l'Architecture et de l'Urbanization*. France, n. 47, p. 45-55, 1985.

QUESADA, María Sáenz. "Historia y Literatura". *Todo es Historia*, Argentina, Año XVII, n. 212, p. 66-79, dez. 1984.

RAUCH, André. "Mises en Scène du Corps à la Belle Époque". *Vingtième Siècle. Revue d'Histoire*. Paris, n. 4, p. 33-44, out./dez. 1993.

REIS, Roberto. "Cânon". In: JOBIM, José Luís (org.). *Palavras da Crítica. Tendências e Conceitos no Estudo da Literatura*. Rio de Janeiro: Imago, 1992, p. 65-92.

REMÉDIOS, Maria Luiza Ritzel. "O Entretecer da História e da Ficção". *Discursos. Estudos de Língua e Cultura Portuguesa*. Coimbra, n. 7, p. 13-25, maio 1994.

RIOUX, Jan-Claude. "Littérarité et Historicité". *Le Français Aujourd'hui*. Paris, n. 73, p. 19-31, mar. 1986.

RIVAS, Pierre. "Paris como a Capital Literária da América Latina". In: CHIAPPINI, L. & AGUIAR, Flávio W. (orgs.). *Literatura e História na América Latina. Seminário Internacional (1991)*. São Paulo: Edusp, 1993, p. 99-104.

SALIBA, Elias Thomé. "Mentalidades ou História Sociocultural; a Busca de um Eixo Teórico para o Conhecimento Histórico". *Margem*, Faculdade de Ciências Sociais da PUC, São Paulo, n. 1, p. 29-36, mar. 1992.

SÁNCHEZ, Ana Maria Amar. "Canon y Traicion: Literatura *versus* Cultura de Masas". *Revista de Critica Literaria Latinoamericana*, Lima-Berkerley, n. 45, p. 43-53, 1997.

SANTOS, Milton. "Macanismos de Crescimento Urbano nos Países em Vias de Desenvolvimento". *América Latina*. Rio de Janeiro, Centro Latino-Americano de Pesquisas em Ciências Sociais, ano 12, n. 4, p. 134-148, out./dez. 1969.

SCHORSKE, Carl E. "A Cidade segundo o Pensamento Europeu – de Voltaire a Spengler". *Espaço & Debate*, São Paulo, n. 27, p. 47-57, 1989.

SILVA, Anazildo Vasconcelos da. "A Auto-referenciação Poética". *Tempo Brasileiro*, n. 40, p. 35-49, jan./mar. 1975.

SILVEIRA, Leonardo Augusto da. "Cânon e Poder". *Qfwfq*, Rio de Janeiro, Universidade Estadual do Rio de Janeiro, vol. 2, n. 1, p. 30-41, 1996.

SILVEIRA, Sousa da. "A Língua Nacional e o seu Estudo". *Revista de Língua Portuguesa*, Rio de Janeiro, n. 9, p. 17-32, jan. 1921.

THIESSE, Anne-Marie. "Les Infortunes Littéraires. Carrières de Romanciers Populaires à la Belle Époque". *Actes de la Recherche en Sciences Sociales*, n. 60, p. 31-46, nov. 1985.

VÉSCIO, Luiz Eugênio. "Os Annales, a História e a Literatura". *Mimesis. Revista da Área de Ciência Humanas*. Universidade do Sagrado Coração, Bauru, vol. 16, n. 1, p. 13-33, 1995.

VIANNA, Thereza Christina Vicente. "Cânone e Literatura Menor". *Qfwfq*, Rio de Janeiro, Universidade Estadual do Rio de Janeiro, vol. 2, n. 1, p. 7-29, 1996.

VILA MAIOR, Dionísio & REIS, Carlos. "Literatura e História". *Discursos. Estudos de Língua e Cultura Portuguesa*. Coimbra, n. 7, p. 83-91, maio 1994.

WELLEK, René. "A Crise da Literatura Comparada". *Conceitos de Crítica*. São Paulo: Cultrix, s.d., p. 244-255.

ZAVALA, Iris M. "El canon o el corpus modélico: historia y literatura". *La Torre*, Universidad de Porto Rico, Porto Rico, ano II, n. 4/5, p. 281-298, abr./set. 1997.

_____. "El Canon y la Escrita en Latinoamérica". *Casa de la Américas*, La Habana, n. 212, p. 33-40, jul./set. 1998.

ZILBERMAN, Regina. "De Sabiás e Rouxinóis: O Diálogo Brasil-Portugal na Nascente Historiografia da Literatura Brasileira". *XIII Encontro da Anpoll, Papers* para as Reuniões do GT História da Literatura. Disponível em: <www.unicamp.br.iel.histlist/reginaz.html>.

_____. "A Leitura no Brasil: sua História e suas Instituições". *Projeto Memória de Leitura*, Unicamp, Campinas. Disponível em: <http://www.unicamp.br/iel/memoria/ensaios/reginaz.html>, p. 1-8.

DICIONÁRIOS, MANUAIS BIBLIOGRÁFICOS E AFINS

BRIGHT, William (ed.). *International Encyclopedia of Linguistics*. Oxford: Oxford University Press, 1992.

CALDERÓN, Demetrio Estébanez. *Diccionario de Términos Literarios*. Madri: Alianza Editorial, 1996.

COUTINHO, Afrânio & SOUSA, Galante de (dir.). *Enciclopédia de Literatura Brasileira*. 2 vols. Rio de Janeiro: FAE, 1990.

FLEISCHMANN, Wolfgang Bernurd (gen. ed.). *Encyclopedia of World Literature*. Nova York: Frederick Ungar, 1969.

FOSTER, David W. & RELA, Walter. *Brazilian Literature. A Research Bibliography*. Nova York: Garland, 1990.

HOLMAN, C. Hugh & HARMON, William. *A Handbook to Literature*. Nova York: Macmillan, 1992.

LUFT, Celso Pedro. *Dicionário de Literatura Portuguesa e Brasileira*. Porto Alegre: Globo, 1979.

MENESES, Raimundo de. *Dicionário Literario Brasileiro*. Rio de Janeiro: Livros Técnicos e Científicos, 1978.

MOISÉS, Massaud. *Dicionário de Termos Literários*. São Paulo: Cultrix, 1978.

NASCENTES, Antenor. *Efemérides Cariocas*. Rio de Janeiro: Brasiliana, 1965.

REIS, Carlos & LOPES, Ana Cristina M. *Dicionário de Narratologia*. Coimbra: Livraria Almedina, 1994.

SHAW, Harry. *Dicionário de Termos Literários*. Lisboa: Dom Quixote, 1982.

SHIPLEY, Joseph T. *Dictionary of World Literature*. Nova York: The Philosophical Library, 1943.

SILLS, David L. *Enciclopedia Internacional de las Ciencias Sociales*. Vol. 6. Madri: Aguilar, 1975.

Esta obra foi impressa em Santa Catarina no outono de 2013 pela Nova Letra Gráfica & Editora. No texto foi utilizada a fonte Sabon, em corpo 10 e entrelinha de 15,5 pontos.